政権交代の政治力学

イギリス労働党の軌跡 1994-2010

今井貴子──［著］

Seeking and Maintaining Power

The Strategies, Achievements and Lessons of the British Labour Party, 1994-2010

東京大学出版会

Seeking and Maintaining Power:
The Strategies, Achievements and Lessons of the British Labour Party, 1994-2010
Takako IMAI
University of Tokyo Press, 2018
ISBN978-4-13-036267-2

はしがき

本書は、一九八〇年代に党史上もっとも深刻な党勢の低迷を経験したイギリス労働党（the Labour Party）が、党首二代にわたる党の立て直しを経て、一九九四年に党首に就任したブレア（Tony Blair）の下で抜本的な自己改革を遂げて政権を獲得し（一九九七年）、長期政権を維持させ（一九九七〜二〇一〇年）、総選挙に敗退する（二〇一〇年）までの一連の過程を実証的に検討することを通じて、現代における政権交代の意義と教訓を考察するものである。

今日、政権交代を問うことにはいかなる意味があるのか。デモクラシーの在り方は決して一様ではないが、それでも、ときの政権に公然と異議を突きつけ、それに取って代わろうとする対抗的な政治勢力にしかるべき地位を与えることが、リベラル・デモクラシーを機能させる上できわめて重要であることに異論の余地はないだろう。暴力を拒絶し、表現の自由と公の場での異議申し立ての権利を保障することは、自由で公正な選挙と同様にリベラル・デモクラシーの根幹を成す。本書が扱うイギリスは、議会の最大野党に「大文字を冠する　Opposition with a Capital 'O'」ことで、それが憲政上不可欠な固有の存在であると明示してきた国として知られる。議会で多数を占める政党によって形成される政府が強大な権限を有するからこそ、それに対抗し、代わるべき政権を担いうる野党は、権力抑制装置として重大な機能をはたす。そして、小選挙区制に支えられた政権交代のあるデモクラシーの代表例として、イギリスは一九九〇年代以降の日本における政治改革の中心的な参照対象となった。とりわけ、一九九八年に結成された民主党は、ブレア労働党による「成功」を範として、その経験を積極的に取り入れようとした。

ところが、今日の日本では政権交代についてきわめて否定的な見方が蔓延している。民主党は二〇〇九年九月に政権交代を実現したが、政権成立から一年も経たぬうちに参院選で敗北し、二〇一一年以降、東日本大震災と原発事故という未曾有の危機への対応を迫られたにせよ、その政権運営は混迷をきわめた。結局、民主党は、二〇一二年一二月の総選挙で大敗を喫し、わずか三年三ヶ月で下野したのである。高校授業料実質無償化など、いくつかの政策領域で人への投資という観点に立った重要な転換の端緒が見られたことは確かだが、民主党政権の経験が政権交代への失望感を浸透させた事実は否定できない。

本書は、民主党の「失敗」とブレア労働党の「成功」との対比を意図するものではないが、それでもなお、日本の政治を考えるためのヒントを提示できるだろう。例えば、民主党の「失敗」を論じる際、頻繁に指摘されるのは、政権交代に至るまでの準備期間に、中・長期的な政権構想にもとづく政策作りや体制作りが不十分であったこと、政権維持のための権力の安定化や支持基盤の強化のための認識が不十分であったこと、であるが、野党をめぐる情勢が変化している現在でも、これらについてブレア労働党の経験から導き出せる教訓は少なくないはずである。イギリスにおいても、一九七九年以降、保守党が四回連続で総選挙に勝利し、二大政党による政権交代はもはや過去のものになった、といった議論すら浮上した。この意味において、最大野党たる労働党が直面しなければならなかった政権交代の困難は、自民党の圧倒的優位（連立政権のかたちを取りもするが）に挑んだ民主党の困難に通ずるものであったともいえよう。一九七九年に下野した労働党が再び政権を獲得するのはようやく一九九七年のことであり、政権交代の実現には、有権者の在り様も政策立案の前提も大きく変化した中で、新たな力学を作動させる必要があった。

本書では、ブレア労働党による政権交代は、保守党政権の不人気やブレアのカリスマ性にばかり拠るのではなく、むしろ新たな政権交代の力学に働きかけるべく、周到に準備し行動したことがその背景にあった点、そして、政権を維持しつつ独自の政策目標を実現するために、戦略的な政策手段が採用されていた点に着目する。

時代状況に目を向ければ、一九九七年の政権交代は、福祉国家の転換期の中で生じた。他の先進諸国も同様だが、グローバル化と脱工業化の進展によって、政府が均衡財政・雇用拡大・所得の平等化といった社会正義を同時に実現することはますます困難になったとされる条件の下で、労働党は政権に就いた。ブレア労働党政権は、一九八〇年代に急速に深刻化した社会の分断を克服し、包摂社会を実現すると謳ったわけだが、あえて先走り気味に指摘してしまうなら、今日のイギリス社会は、幾重にも交錯する深い亀裂を依然として抱え込んでいる。それを広く知らしめたのが、二〇一六年六月、イギリスのEU離脱を決した国民投票であった。労働党政権の政策的帰結と国民投票の結果の間に何らかの因果関係を求めることには議論の余地があるが、少なくとも、包摂社会の実現を目指した政策群が、なぜ思惑通りの成果を生まなかったのかは精査されなければならない。

すなわち本書は、時代を画した一つの政権交代の実現とその後長期政権の維持を可能ならしめた政治力学の分析から、現代イギリスの政治社会を見通す視座を提示しようとするものである。同時に、政権に対する批判票の受け皿となり政権を窺う政治勢力が不在となって久しい日本の政治についても、今後を展望するための材料を示しうるであろう。

本書で利用される主たる資料は、刊行されている関係者の回顧録、野党期の労働党内の議事録、未公刊物を含む政策パンフレット、私信、労働党関係者の個人ペーパー、主要新聞・雑誌、等である。個人ペーパーのうちとくに本書にとって重要であったのが、キノック（Neil Kinnock）元労働党党首の Kinnock Papers、ソーヤ（Tom Sawyer）元労働党書記長の Sawyer Papers、ブランケット（David Blunkett）元教育雇用相・内務相・労働年金相 の Blunkett Papers である。また、キノック元党首やソーヤ元書記長に加えて、労働党政権の閣僚経験者、政策顧問等へのインタヴューを通じて得た知見も、本書の行論に反映されている。

目　次

序章　政権交代にどうアプローチするか

1　歴史的な政権交代——問題の所在

一九九七年の政権交代

一九九七年五月一日木曜日。イギリスの労働党は、この日に投開票が行われた総選挙で総議席六五九のうち四一九議席を獲得し、自党以外の全ての政党の獲得議席数を一七九上回る歴史的大勝を収めた。労働党党首ブレアは、戦後最も若い四三歳で首相に就任した。表0-1（四頁）から読み取れるように、ブレア労働党政権の誕生は一九七九年のサッチャー（Margaret Thatcher）保守党政権の成立以来、一八年という第二次世界大戦後で最長のブランクを挟んだ政権交代であった。

労働党が獲得した議席数が結党以来最多であったのに対し、保守党の議席数は一六五にとどまった。労働党は二〇〇一年、二〇〇五年総選挙でも勝利し、二〇〇七年六月にブレアからブラウン（Gordon Brown）へと首相の座を引き継ぎながら二〇一〇年五月までの一三年にわたって三期連続の政権を維持した。歴史的と評するに相応しい一九九七年の政権交代は、労働党が結党以来経験したことのない長期政権をもたらしたのだった。

ただし、華々しいブレア労働党政権の船出が必ずしも人々の圧倒的な支持によるものではなかったことには注意が必要である。歴史的な一九九七年総選挙を特徴づけたもう一つの重要な事実は、前回一九九二年総選挙を六・三ポイント下回る七一・四パーセントという戦後最低の投票率であった。投票率の低下は二〇〇一年総選挙でさらに加速し、五九・四パーセントにまで下落する。投票率を押し下げた一因は労働党の伝統的支持基盤である北部イングランドの大規模な棄権にあり、従来の労働党支持層がブレアの率いる「新しい労働党《ニュー・レイバー》」に強い不信感を抱いた結果と見られる。

困難な政治プロジェクト――政権交代への道程と「第三の道」

歴史的な政権交代に至るまで、労働党は深刻な低迷期と劇的なまでの盛り返しを経験した。一九九二年総選挙で労働党が四度連続の敗北を喫したときには、イギリスの政党システムが、二大政党制から一党優位政党制へと移行したとさえ論じられた。一九八〇年代、混迷を続ける野党労働党を尻目にイギリス政治で圧倒的優位にあったのは、サッチャー率いる保守党であった。「自由な経済と強い国家」を目指すサッチャリズムは、イギリスに大きな衝撃を与えた（Gamble 1994）。戦後の福祉国家の発展を可能ならしめた、いわゆる合意の政治を放逐したサッチャー保守党政権は、イギリスの在り様を根本から転換させたといってよい。二大政党の一翼からの不名誉な陥落。それが現実的に語られもした労働党は、新たな時代環境に適応し政権を奪還するために組織から政策に至るまでの自己再規定の過程を経験することになる。そうして労働党がたどりついたのが、従来とは全く異なる路線を志向するブレア党首によるニュー・レイバー革命だった。はたして労働党が歩んだ政権交代への道程はいかなるものであったのか。圧倒的な劣勢を覆して再び政権を奪還するにはいかなる力学が働いたのか。これが本書を貫く第一の問いになる。

第二の問いは、政権を奪還した労働党は一体何を成し遂げ、いかなる教訓を残したのか、である。一九九七年の総選挙に際して、ブレアは、「新しい労働党《ニュー・レイバー》・新しいイギリス《ニュー・ブリテン》」というスローガンを掲げ、政権交代を遂げたわけだが、ブレアは、ニュー・レイバーこそが、政治に新しい局面を切り拓きうることを強く主張した（Labour Party 1997b）。ニュー・レイバーの新しさを内外に強くアピールする目的で、ブレアが一九九八年に満を持して発表したのが「第三の道」である（Blair 1998）。ブレアによれば、「第三の道」とは、第一の道＝オールド・レフトとも表現された伝統的な労働党のやり方

（大規模な国家介入と重税）と、第二の道＝サッチャー以来の保守党政権が推し進めたニュー・ライト（ネオ・リベラリズムと新保守主義の融合）との対立を乗り越える「社会民主主義の現代化」であった（Blair 1998）。

この政治構想は、ブレアの有力なアドバイザーであった社会学者ギデンズ（Anthony Giddens）の著書とあいまって、ブレア労働党政権の「革新的な progressive」特性を理解する手引きとして読まれ、広く論争を喚起した（Giddens 1998, 2001; Toynbee 2002; Merkel 2001; Merkel *et al.* 2007; 高木ほか 二〇〇三）。論争の焦点は、ブレアの掲げる第三の道がはたして本当に既存の二つの道を乗り越えているのかにあった。本書で明らかにするように、労働党にとって二つの道の融合や超克は決して自明ではなく、政権交代の実現を目指す過程では、「第三の道」の在り方をめぐって多様な政策アイディアが党内論争を惹起した。この政権交代に至るまでの準備過程、そして政権交代後の実践過程にこそ、労働党による政権交代の意義とその後続いた長期政権の功罪を評価する重要な手がかりが見い出されるのである。

問題の所在

「第三の道」自体が論争的であったように、政権交代とその後の労働党長期政権への評価についても大きく割れている。以下ではその多様な評価について整理をしておきたい。

まず今日なお根強い評価は、革新を訴えたニュー・レイバーこそが、政権奪還の過程においても、政権期の政策実践の過程においても、サッチャリズムをイギリスの政治社会に根づかせる仕上げの仕事をしたとするものである[1]（Aiginger and Guger 2006; Jenkins 2007; Seldon 2007; Lund 2008; Lee 2008）。論者によっては、ブレア労働党はたんにサッチャー以降の政治パラダイムに受け身で対応したのではなく、市場を通じた富の創出を積極的に優先して、事実上は「第二の道」を邁進したのだと捉える（Lee 2008; S. Hall 2003: 13–14）。こうした批判的な見方は労働党内にも存在し、議会では労働党議員による大量の造反として、選挙区レヴェルでは草の根の党活動家の反発や有権者の棄権もしくは離反として発現した（Shaw 2007: xi）。政権奪還を目指した労働党の最大の目的が前保守党政権の継承であったとすれば、保守党政権との違いを示しうる市

表 0-1　イギリス総選挙結果（1945-2017 年）

	投票率（%）	得票数・得票率（%）								獲得議席数				
実施日＼政党		保守党	保守党得票数	労働党	労働党得票数	自民党 2)	自民党得票数	SNP／PC 3)	その他	保守党	労働党	自民党	SNP／PC	その他
1945 年 7 月 5 日 1)	72.7	39.8	9,988,306	47.8	11,995,152	9.0	2,248,226	0.2	2.5	213	393	12	0	22
1950 年 2 月 23 日	84.0	43.5	12,502,567	46.1	13,266,592	9.1	2,621,548	0.1	1.2	298	315	9	0	2
1951 年 10 月 25 日	82.5	48.0	13,717,538	48.8	13,948,605	2.5	730,556	0.1	0.6	321	295	6	0	3
1955 年 5 月 26 日	76.7	49.7	13,286,569	46.4	12,404,970	2.7	722,405	0.2	0.9	345	277	6	0	2
1959 年 10 月 8 日	78.8	49.4	13,749,830	43.8	12,215,538	5.9	1,638,571	0.4	0.6	365	258	6	0	1
1964 年 10 月 15 日	77.1	43.4	12,001,396	44.1	12,205,814	11.2	3,092,878	0.5	0.8	304	317	9	0	0
1966 年 3 月 31 日	75.8	41.9	11,418,433	48.0	13,064,951	8.5	2,327,533	0.7	0.9	253	363	12	0	2
1970 年 6 月 18 日	72.0	46.4	13,145,123	43.0	12,179,341	7.5	2,117,035	1.7	1.8	330	287	6	1	6
1974 年 2 月 28 日	78.7	37.9	11,868,906	37.2	11,639,243	19.3	6,063,470	2.6	3.2	297	301	14	9	14
1974 年 10 月 10 日	72.8	35.8	10,464,817	39.3	11,457,079	18.3	5,346,754	3.5	3.2	277	319	13	14	12
1979 年 5 月 3 日	76.0	43.9	13,697,690	36.9	11,532,148	13.8	4,313,811	2.0	3.3	339	269	11	4	12
1983 年 6 月 9 日	72.7	42.4	13,012,315	27.6	8,456,934	25.4	7,780,949	1.5	3.1	397	209	23	4	17
1987 年 6 月 11 日	75.3	42.3	13,763,066	30.8	10,029,778	22.6	7,341,633	1.6	2.6	376	229	22	6	17
1992 年 4 月 9 日	77.7	41.8	14,093,007	34.4	11,560,484	17.9	5,999,606	2.4	3.5	336	271	20	7	17
1997 年 5 月 1 日	71.4	30.7	9,600,943	43.2	13,518,167	16.8	5,242,947	2.5	6.7	165	419	46	10	19
2001 年 6 月 7 日	59.4	31.7	8,357,615	40.7	10,724,953	18.3	4,814,321	2.5	6.8	166	413	52	9	19
2005 年 5 月 5 日	61.4	30.7	8,784,915	35.3	9,552,436	22.0	5,985,454	2.1	8.8	198	356	62	9	21
2010 年 5 月 6 日	65.1	36.1	10,726,614	29.0	8,609,527	23.0	6,836,824	2.3	8.4	307	258	57	9	19
2015 年 5 月 7 日	66.2	36.9	11,334,226	30.4	9,347,273	7.9	2,415,916	5.3	19.9	331	232	8	59（56）	11
2017 年 6 月 8 日	68.8	42.4	13,669,883	40.0	12,878,460	7.4	2,371,910	3.5	7.1	318	262	12	39（35）	18

出所）Butler and Butler（2000），The Electoral Commission（http://www.electoralcommission.org.uk/election-data/index.cfm?epage=s），馬場・平島（2010），European Election Database（http://www.nsd.uib.no/european_election_database/country/uk/），*BBC News* をもとに筆者作成。

注 1）開票結果の公表は 1945 年 7 月 26 日。

注 2）自由党（1945-79 年）。自由党／社会民主党による「連合」（1983-87 年）。自由民主党（以下，自民党とする）（1992 年- ）。

注 3）SNP: The Scottish National Party，スコットランド国民党。PC: Plaid Cymru，プライド・カムリ（ウェールズ党）。（　）内は SNP の議席数。

場の陥穽を補償する政策は、あくまでも周辺的あるいは対処療法的な意味しか持たないことになる。

対照的に、ニュー・レイバーは結局のところ「第一の道」から離れることはなかったとする見方がある。こうした評価の浸透を強く促したのが、二〇一〇年総選挙で政権交代を実現したキャメロン（David Cameron）保守党であった。キャメロンは、同選挙戦で、二〇〇七年以降の金融危機が起こるずっと前から労働党政権下でなされた放漫な社会支出の拡大こそが、イギリスを深刻な財政難に陥れた元凶なのだと国民に訴えた（Lupton *et al.* 2013）。

あるいは、「第一か、第二か」といった二項対立とは異なる評価を下した専門家集団がある。ロンドン大学のヒルズ（John Hills）が率いる研究グループの検証によれば、労働党政権が成し遂げたのは、第一に、市場経済を重視した規制緩和策等が促した長期にわたる安定した好景気の実現であり、第二に、「第一の道」を凌ぐほどの再分配効果をもたらしたことであった（Hills 2017）。とりわけ再分配効果について、社会政策学者グレナースター（Howard Glennerster）は早くも労働党政権第一期が終わった段階で、一九九七年の政権交代後の不平等是正策の効果を強調した。グレナースターは、「低所得層やその世帯の子どもに向けた政策は賞賛に値するし効果的である。力強い経済成長に照らしてみれば規模が小さいのかもしれないが、不平等対策に向けられた予算は、過去二〇年間に採られた政策の方向性を明らかに反転させた」と論じた（Glennerster 2001: 402）。要するに、「第三の道」を内実のあるものとして前向きに評価したのである。ニュー・レイバーへの評価の鍵になるのは、自由市場主義にきわめて親和的な政策と、社会正義の実現を志向する政策との間にいかに折り合いがつけられ、それがいかなる成果に結びついたか、であろう。

本書で取り組む問い

このような議論に鑑みて、本書では、労働党による政権交代がどのように成し遂げられ、政権交代時に掲げられた政策革新の試みとはいかなる意義があったのか、そして労働党政権はそれをどこまで実現できたのかを明らかにすることを試みる。

行論にあたって中心的に検討する対象は、次の三つである。

（1）労働党による「現代化」（刷新）の実践、「現代化」の内実、その総選挙マニフェストとの関係、公約の形成（野党による自己改革と公約の形成過程）。

（2）公約の実現可能性を予め担保するための準備（公約の実現可能性を確保する方策）。

（3）政権交代後における公約の実践、政権与党としての労働党がイギリス政治社会にもたらしたもの（公約実行の際の政治戦略とそのインパクト）。

これらの問いに取り組むにあたって、本書が中心的な分析視角として用いるのが、「制約の中の裁量 constrained discretion」である。それというのも、政権交代を目指す政党は常に制度上の経路や状況に拘束されるのであるから、革新を謳ったとしてもそこには自ずと制約がある。したがって、政策形成者が採りうる選択肢を制約する要素を確認した上で、政策形成者がそれらの制約にどのように対応しようとしたのか、なおかつどのように裁量を活かすのかが探究されなければならない[2]（Clift and Tomlinson 2007: 4–19）。

本書では、次のように上記三つの点を検討していく。まず、選挙政治上の制約、制度的制約、経済環境による制約を考察する。これらの制約に対応し裁量を発揮する際に政治アクターがどの程度自律性を確保しているのかは、政治アクターの権力資源の大小に拠ると捉える。その上で、権力資源を何に対してどのように投じるかによって公約の性格とその実践の在り方に違いが生じると考える。ここでの中心的な分析対象は、財政政策、雇用政策、社会福祉政策である。これら三つの政策領域は、「経済的効率と社会的公正の両立」を掲げた「第三の道」路線の核心であり、四度連続の敗退に終わった一九九二年総選挙の直後から労働党の政策形成過程の支配的なテーマとなった福祉国家改革と市場経済に向けた政策と密接なかかわりを持つ（Driver 2008）。

2 野党の役割と政権交代の意義

ここで、そもそもなぜ現代政治において政権交代が問われなければならないのかを簡潔に述べておきたい。フィンレイ（Moses I. Finley）によれば、もとよりデモクラシーは参加と自由を基礎原理とし、その本質は合意とともに反対意見を交えた討論に価値をおくことに見出される（Finley 1985）。つまり、デモクラシーが本来的に要求するのは、意見の不一致や批判の容認である。近代代議制デモクラシーの核心とは、政府に対峙する組織された批判勢力を政体の重要な構成要素とした点に存すると言ってよいだろう（Linsey 1929; Dahl 1966: 387）。内閣に圧倒的な権力集中が見られるイギリスにおいて、選挙を通じて周期的に政権交代が起こる可能性を絶えず担保しておくことこそが、寡頭制へと向かいうる権力を抑制しデモクラシーを保持する上で重大な意味を持ってきた（Lijphart 1999）。それでは、イギリス政治史において野党および政権交代の意義とはどのように論じられてきたのだろうか。

イギリス政治における野党の役割

野党を「反対党 opposition」と呼び習わすイギリスにおいて、その存在意義の理解に欠かせない前提がある。それは、議会主権の国イギリスが近代的な議院内閣制度の発展とともに、政権党に対する自由な異議申し立ての回路としての「公式な」反対党を制度化してきたことである（Potter 1966; Helms 2004: 26）（以下では反対党は原則として「野党」と表記する）。イギリスの野党の起源は、選挙制度改革によってデモクラシーが萌芽的に形成されつつあった一九世紀前半に遡る。「国王・女王陛下の反対党 His/Her Majesty's Opposition」という言葉が下院（庶民院。the House of Commons）の議場で最初に使われたのは、一八二六年であるとされている（Foord 1964: 196）。野党が政体の一部として公認された契機は、一八四一年総選挙であった。ピール（Robert Peel）の率いた保守党がときのメルボーン（Viscount Melbourne）内閣の与党であったホイッグ党（当時。後の自由党）に大勝した選挙結果を受けて、ヴィクトリア女王は野党第一党保守党による組閣を認めた（第二次ピール内閣）。かくして野党第一党は、「選挙政党として政権交代のルールの中に取り入れられることになった」のである（篠原　一九八六：五三）。ここでいうルールとは、議会の最大野党が、「国王・女王陛下に忠誠なる反対党」という呼称の下、「大文字で書かれる独特の存在」として政体の一部を成すと保障されたことを意味する（Bagehot 1867; 篠原　一九八六：五四）。

「大文字を冠した」野党と政権与党との間には、機能面における明確な「分化」が生じた（篠原　一九八六：五四）。政権党は、議事の設定（後述の「野党日」を除く）から特別委員会の委員の構成、法案の議決に至るまで、野党をはるかに凌ぐ権限を行使することができる（Helms 2004: 26-27）。対照的に議場において劣位にある野党第一党には、その地位を保障するために、「影の内閣（Shadow Cabinet）」を組織しそれを運営することを支える歳費等の具体的な制度上の措置が積み重ねられてきた。野党第一党に求められたのは、政府の行動と政策を精査し、批判し、対抗すること、そして何よりも政権を担いうる、信頼できる責任ある代替勢力たる機能をはたすことである（デンヴァー　一九九八：八三―八四）。換言すれば、野党には、議場に埋め込まれた権力抑制装置の責務が課せられたのである（Punnett 1973）。議会と国民の関係からみれば、人々に現政権を代えうる選択肢が保障されたことを意味した。(3)

イギリスの政権交代の特性

次に、政権交代が生じうる条件について検討する。まず指摘できるのは、小選挙区制は二大政党による政権交代を促す制度だという「デュヴァルジェの法則」は現実政治に常に当てはまるとは限らないということである。じっさいのところ、この法則のモデルともされたイギリスでは、一九七九年から二〇一七年に至る三八年の間に総選挙は一〇回実施されたが、政権交代が生じたのは三回（一九七九年、一九九七年、二〇一〇年）のみであり、政権交代の周期の長期化が確認される（表0－1、表0－2参照）。小選挙区制だけでは二大政党間の政権交代が保障されないとすれば、政権交代のあるデモクラシーには、それ以外の要素が不可欠だということになる。

高橋進は政権交代が生じる条件として、（1）政治的気候変動、（2）党改革の二点を挙げる（高橋 二〇〇八）。（1）政治的気候変動とは、長期的な政権に代わる「断続的な」政権交代の際に、[4]現政権への飽きや失望といった言葉で表現される政権交代前の状況である。イギリスでは、しばしば「変化の時期 time for change」と呼ばれる。ただし、世論のムードあるいは「風」だけでは政権交代の十分条件とはならない。なぜならば、政権交代には、それを手繰り寄せようとする政治アクターの主体的な行動によって「風」に実態を与えることが必要だからである（Minkin 2014; Shaw 1996）。それが、（2）の党改革である。

表 0-2 戦後歴代首相と政権党（1945-2017 年）

首相就任年月	首　相	政権党
1945 年 7 月	**クレメント・アトリー**	**労働党**
1951 年 10 月	**ウィストン・チャーチル**	**保守党**
1955 年 4 月	アンソニー・イーデン	保守党
1957 年 1 月	ハロルド・マクミラン	保守党
1963 年 10 月	アレック・ダグラス＝ヒューム	保守党
1964 年 10 月	**ハロルド・ウィルソン**	**労働党**
1970 年 6 月	**エドワード・ヒース**	**保守党**
1974 年 3 月	**ハロルド・ウィルソン**	**労働党**
1976 年 4 月	ジェイムス・キャラハン	労働党
1979 年 5 月	**マーガレット・サッチャー**	**保守党**
1990 年 11 月	ジョン・メイジャー	保守党
1997 年 5 月	**トニー・ブレア**	**労働党**
2007 年 6 月	ゴードン・ブラウン	労働党
2010 年 5 月	**デイヴィッド・キャメロン**	**保守党**
2015 年 5 月	デイヴィッド・キャメロン	保守党
2017 年 6 月	テリーザ・メイ	保守党

出所）Butler and Butler 2000, *BBC News* をもとに筆者作成。
注）太字は政権交代を示す。

長期にわたって野党の座に甘んじた政党は、政権交代を目指してしばしば党改革を実践する。典型例に挙げられるのが、大連合政権に加わる前の西ドイツの社会民主党（SPD）、そして一九八〇年代以降のイギリス労働党である。一九五〇年代後半以降のSPDによる党改革の要点は、（1）党組織改革、（2）基本理念・基本政策の転換、（3）（連邦議会）選挙で勝利するための「党の顔」の存在である。党改革を考える際に注意すべきは、それが党内政治の論理のみに従うのではなく、対立政党との関係の中で行われることである。本書で取り上げるイギリス労働党もまた、その自己改革が、対立政党である保守党への接近や模倣だとの批判を内外から受けながら、そのような批判をかわすために政策面でいかに新機軸を打ち出すかに政治力を費やした（高橋 二〇〇八：一八二）。既存の研究が政権交代を理

図0-1 「制約の中の裁量」イメージ図

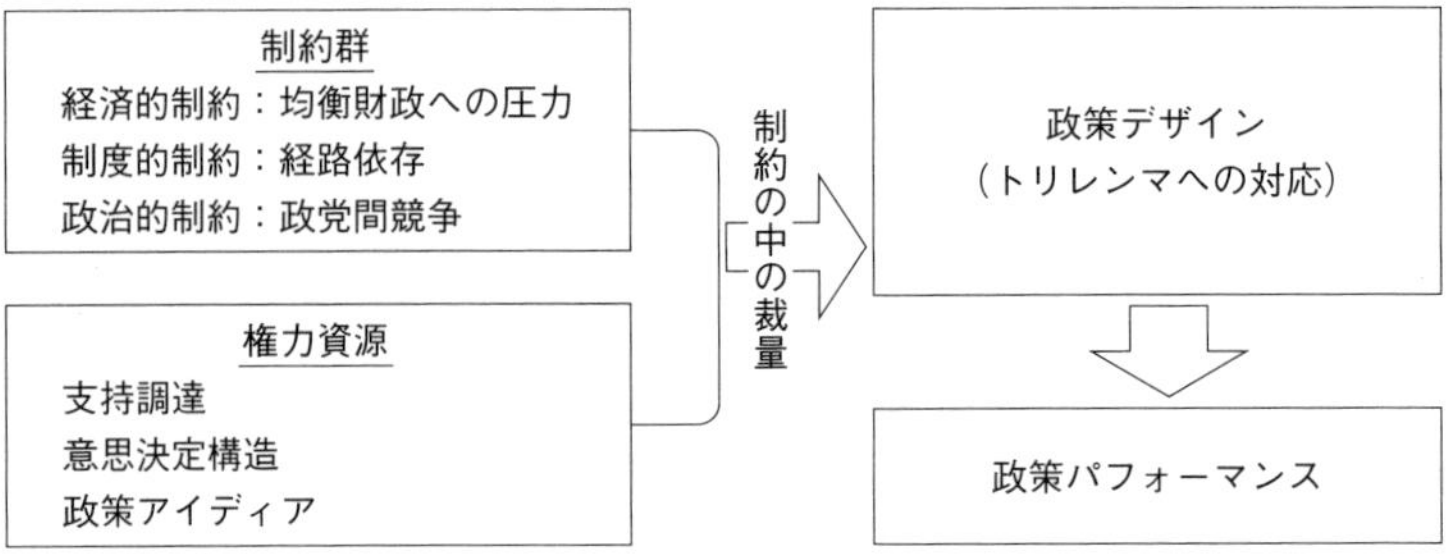

出所）筆者作成。

解する上で重要な視角を提供していることは間違いないが、様々な制約に枠付けられながらも「新機軸」を打ち出して、政権交代へと結びつけていく際の政治力学については議論が十分に尽くされているとはいえない。野党が自らを取り巻く様々な制約をどのように受け止め、その制約の中でいかにして「新機軸」を打ち出す裁量の余地を見い出すのか、そして裁量をいかなる戦略的意図を持って何に対してどのように用いるのか、といった点はこの力学を理解する上で欠かせない視点であろう。そこで本書では、野党第一党の政策形成を条件づける経済的、制度的、政治的制約と、その中で裁量の発揮を後押しする権力資源、すなわち（1）有権者の支持、（2）党改革と党内の意思決定構造、（3）政策アイディアの三つの要素を分析の俎上に載せる（図0－1）。

3　政策形成過程における制約と権力資源

三つの次元の制約要因

まず制約群は、経済、制度、政治的要因に大別される。ただし、制約が政治アクターの特定の行動や選択を困難にする要因になると同時に、応答の仕方によっては目標の追求を促進する要因にもなる点には注意しておきたい（Merkel *et al.* 2007）。

経済的要因の最たるものは、グローバル市場から各国の政府に課される均衡財政への圧力である[5]。ロドリック（Dani Rodrik）によれば、高度に発展を遂げたグローバル市場（ハイパー・グローバリゼーション）の中では、市場の信任を獲得し、自国に貿易や資本投資を引きつけようとする各国政府は「黄金の拘束服」を装着し、「政府によって提供されるサービスは、国際市場の円滑化を促進するものに限られる」ことになる。ここでいう「黄金の拘束服」とは、具体的には、金融引き締め、小さい政府、低い税率、流動的な労働市場、規制緩和、民営化、全世界に開かれた経済、を意味する（ロドリック 二〇一四：二三四）。経済のグローバル化が、とりわけ社会民主主義政党にとって大きな制約要因となることは早くから指摘されてきた。シャルプ（Fritz Scharpf）は端的にこういう。「〔社会民主主義政党は〕完全雇用、実質賃金の上昇、所得移転の増大、公共サービスの拡大と改善、これらを同時に実行することはもはやできない。今後、社会民主主義は、世界経済の厳しい状況とそれがもたらすその政策オプションへの制約を受け入れない限り、経済政策で何らかの影響力を持ちうることはできない」（Scharpf 1991）。これに対してギャレット（Geoffrey Garrett）は、左派政党が市場の生み出す不平等を是正する政策を実行する余地は、グローバリゼーションによっても弱まってはいないことを各国の財政政策から実証した（Garrett 1998）。本書では、ブレア労働党はグローバル経済にきわめて親和的な政策を遂行する一方、社会的投資とともに再分配政策を実践する可能性を常に窺っていたことに注目する。

次に、制度的制約を見てみよう。ここでいう「制度」とは、政策体系を方向づけ政治アクターの行為の「受容可能な限度」を規定する規範的、構造的枠組みを指す（ピータース 二〇〇七：一一三）。制度には、「あるアクターの政策過程に対して及ぼす影響力の程度を規定」したり、「アクターの自己利益の定義・解釈（目的の設定）とそれを実現するための手段の選択肢を規定」したり、さらには、「アイディアの形成や普及、その政策過程への入力を規定」したりする機能がある（内山 一九九八：四三）。

制度的制約でとくに重要なのが制度の経路依存（path dependence）、すなわち、ある時点の政策発展の程度や方向性が過去の政策プログラムによって制限を受けることである（Pierson 2000）。例えば、戦後福祉国家の中心的な政策群の抜本的削減は、強い抵抗に遭遇することになる。制度が改革への抵抗力を備えるのは、制度を作り運営することに莫大なコストがかかり、変更が非合理的であるからである（制度的膠着）。同時に、制度がその恩恵を享受する受益者集団を生み出し、これらの集団が既得権益を守ろうと圧力をかけるからでもある(6)（Pierson 1994; 2000）。公的年金の削減といった制度変更はきわめて不人気で強い抵抗を受けるのだが、それでもなお制度削減を目指す政治家は、そうした非難を「回避」する戦略を採ろうとするのである（Weaver 1986; 新川 二〇〇四）。これらの議論を踏まえて本書が中心的に取り上げる制度的制約は、ケインズ－ベヴァリッジ型福祉国家という長期的に形成された制度、およびサッチャー以降の保守党政権からの政策遺産である。

しかし、だからといってそこには制度改変の余地がないという結論にはもちろんならない。ハッカー（Jacob Hacker）は、経路依存論を前提とした制度改変のパタンを、政治家の現状維持志向とその制度の転換に対する抵抗の度合いから、制度放置、制度併設、制度転用、制度置換・廃棄というマトリクスに分類する（Hacker 2005）。北山俊哉によれば、これらから導き出されるのは、「制度とは合理的な問題解決のために設計されたり、選択されたりというよりも、経路依存の上で既存の制度を前提に発展・進化していくとするもの」だということである（北山 二〇一一）。本書ではこの見地に立って、ブレア労働党がいかにこの制度的制約に対応したのかを明らかにしていく。

政治的要因で重要になるのは、政党間競争上の優劣である。既存の研究では、一九七九年の下野以降、労働党が政権奪還を目指す上で、優位に立つ保守党への猛烈な「追い上げ」の政治を行ったとする見方が有力である（Heffernan 2000）。へファーナン（Richard Heffernan）によれば、不利な立場におかれた対抗政党は、勝利政党の形成した選好配置に自らを適応させる戦略を選択する合理的な理由がある。こうした野党による適応戦略は「追い上げの政治 politics of catch-up」にほかならないと論じられる（Heffernan 2000）。

しかしながら本書では、政権奪還を目指す野党の行動について、勝利政党への「追い上げ」という側面を必ずしも否定はしないものの、野党の追い上げの道筋は必ずしも自明ではないことを明らかにする。政権奪還を目指した労働党の政治過程を見れば、同じ制約の中にあっても、党首によって、また首脳部のメンバーによって、異なる政権構想を抱いていた。制約の下で選択しうる道は複数あり、選択された目標がどの程度実現されるかは選択にあたる政治アクターの権力資源と裁量を発揮する方向性に左右される。

政党の権力資源

政権獲得を目指す野党がその目的をいかにしてはたしえるのか、政権獲得を達成して野党から政権党に転じた政党が政権の任期中に設定した目標をどの程度達成できるのかは、自らの裁量で活用できる権力資源の多寡とそれを投じる際の戦略に強く規定される（Norton 2008: 93; Heffernan 2005）。とりわけ、政党がおかれている構造と同時に政治社会的なエージェントとの関係性に着目する必要がある（Merkel *et al.* 2007）。資源は複合的に構成されるが、本書では野党期から政権期に至るまでの労働党について、（1）有権者等からの支持調達、（2）意思決定構造における組織上の特性、（3）政策アイディアの調達、という三つの次元の権力資源から、政権交代へとつながる力学、および政権を維持し公約や目標を達成する力学について考察することとする。

（1）まず、野党および党首が、有権者および有力な圧力団体等からどれだけの支持を調達できるかは、権力資源の多寡を左右するものとみなす。長期にわたる政党間競争の中で劣勢にあった野党が、どのようにして有権者等から信任を得たのかが検討されねばならない。

（2）組織上の権力資源では、党内の意思決定構造、議会党の権力配置、議会党と院外党との権力バランスから党首脳部の自律性の在り方が検討される。

党首脳部の分析では、野党期の労働党が調達しえた資源として、野党第一党の地位を保障しその役割をはたすことを促すイギリス特有の政治制度を視野に収める必要がある。[7] 野党の活動を支える取り決めとして本書が着目するのは次の三つである。第一に、一九七〇年代に導入された野党首脳部に対象を特化した国庫補助金（「ショート資金」）[8]、第二に、選挙中に提示されたマニフェストの公約にもとづいて政権与党が下院で提出した法案の成立を、上院（貴族院。the House of Lords）が妨げないとしたソールズベリ・ドクトリン（the Salisbury Doctrine, the Salisbury/Addison convention）、第三に、政権移行を支援するダグラス＝ヒューム・ルールズ（the Douglas-Home Rules）である。後二者は習律（convention）、つまり政治的行為に関する不文の原則で、これらの取り決めの根底にあるのは、野党第一党による政権交代の可能性を保持するためには、小選挙区制、あるいは野党の自助努力にばかりに頼るのでは不十分だとする認識がある。

例えば、下院の過半数を制して政権交代を実現したとしても、マニフェストの実現が上院で阻まれるようであれば、マニフェストへの信頼は大きく低下する。ソールズベリ・ドクトリンは、「政府与党が下院議員総選挙の公約において明確に予告したいかなる法案」について、かつて世襲貴族中心で保守党が優位を占めていた非公選制の「上院が第二読会（法案の趣旨説明と原則等についての国会審議）において否決することは誤りである」という非常に明確な原則である。さらに、マニフェストを準備する野党の政策形成への支援制度としてのダグラス＝ヒューム・ルールズは、総選挙の一年以上前から野党首脳部と高級官僚とが接触することを認めている。(9)

（3）政策アイディアとは、政策課題を捉え、目標を設定し、目標達成の手段を案出する際の認識枠組みとする（Hall 1993）。つまり、いかなる政治目標を達成したいのかにかかわる認知的レヴェルと、達成に向けていかにその必要性を主張し、支持を調達するのかにかかわる規範的レヴェルとを含むものである（Weir 1992; 木寺 二〇一二）。本書では、野党が政策を形成する過程でどのようなチャネルから政策アイディアがもたらされるのか、そのアイディアの実現可能性を検討し政策案を作成・発信する際にどれだけの人的・物的資本が投じられるのかが考察される。

本書が着目するのは、これら権力資源を増幅させていった過程と、資源動員によって生じた裁量を仕向けた先、そしてその戦略的意図である。特に興味深いのは、ブレア労働党が、政権奪還・維持のために不人気な政策を遠ざけた一方で、政権成立後、不人気と思われた再分配政策を「不可視化して（ステルスで）by stealth」で実施したことである（Hills 2017）。有権者の支持を損ないかねない再分配政策の実施をあえて誇示せずに戦略的に「ステルス」で続けたことは、「業績（誇示の）回避 credit avoidance」とも呼ばれる(10)（Annesley and Gamble 2003）。

本書は、以上のような権力資源と制約要因の間のダイナミズムの検討を通じて、野党期から政権期に至るまでの政策形成と執行過程を明らかにし、それが福祉国家再編期においていかなる意義や限界を有していたのかを見きわめることを目

図0-2 サービス資本主義経済のトリレンマ

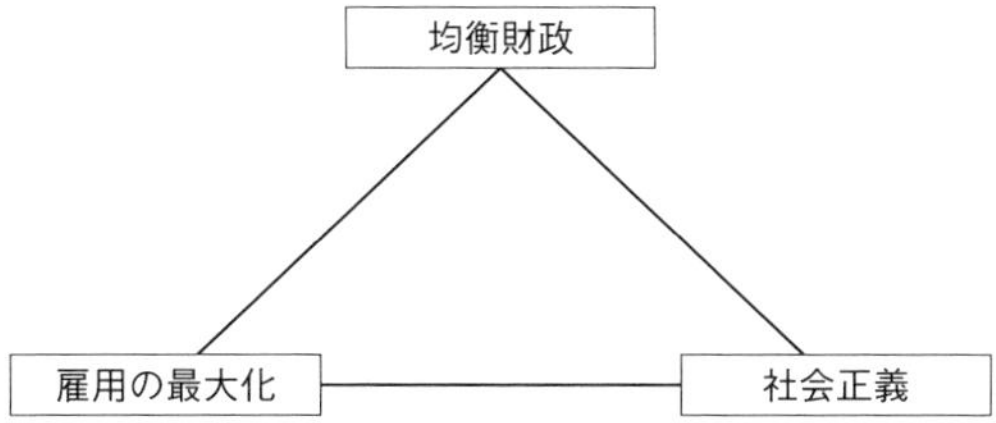

出所）Iversen and Wren（1998）をもとに筆者作成。

指す。これらの考察を通じて、労働党による政権交代が生んだ今日にまで残る功績と負の遺産とを理解する上で欠かせない手がかりが提示される。

4 戦後政治の転換――政権の長期化とサービス経済時代のトリレンマ

脱工業経済におけるトリレンマ論

さいごに、本書で具体的に検討する政策領域について述べておく。労働党が長期低迷を経験していた時期は、国際的な政治経済環境と国内における産業構造が大きく変化し、政策形成上の前提が根本から揺らいだ時期と重なる。グローバル化と脱工業化の同時進行は、先進諸国の政策形成者に新たな課題を突きつけた。それは、均衡財政、雇用の最大化、所得の平等化という三つの政策目標が同時には達成しがたく、いずれか一つを犠牲にしなければならないとする「サービス経済時代のトリレンマ」である（Iversen and Wren 1998; Wren *et al.* 2013）。本書では三つの政策目標のうち、所得の平等化については、より広く機会の平等化などを含む社会正義と捉える（図0-2）。

トリレンマを具体的に見てみると、犠牲になりがちな政策目標は、レジームによって違ってくることがわかる。ここでいうレジームとは、エスピン-アンデルセン（Gøsta Esping-Andersen）によって整理される三つの福祉資本主義レジーム類型論にもとづくものである（Esping-Andersen 1990）。第一の類型＝市場の自律的機能を最重要視するアングロ・サクソン型自由主義レジームで犠牲になるのは、社会正義である。少子高齢化によって支出圧力が増す中でもあえて政府の支出抑制を優先し、なおかつ雇用を最大化しようとするならば、雇用は民間部門で吸収されることになる。ところが、金融業など国際的な競争力があり高い付加価値を生み出しうる職種では、高い技能を有した労働者が高賃金で雇用される一方、労働集約的な小売り、飲食業、観光業、育児や介護などの消費者サービス部門では、生産性の低さゆえに賃金設定が弾力化し、雇用の拡大は賃金抑制と連動する。要するに、不安定でかつ低賃金の労働が大量に生み出されることになるのである。[11] 公的支出の抑制が厳格化されるならば、公的部門での雇用創出や労働市場における低賃金層への公的所得補償は限定的にならざるをえない。結果として、雇用率の上昇に比例して低所得と不安定雇用のリスクが増大し、所得の不平等は拡大する。支出抑制と雇用の最大化という政策目標が優先されるために社会正義が犠牲にされる、というトリレンマが生じる可能性が高まることがわかる。

第二の類型＝社会民主主義レジームの場合は、雇用拡大と所得の不平等の抑制を重視し、公的支出の拡大というリスクを負うパタンになる。雇用の拡大と所得のある程度の平等性を実現するために政府支出を拡大し公的部門での雇用を広げようとするなら、持続的な財源は増税もしくは政府債務によって調達されることになる。典型的な事例は、リスク管理において政府が主たる役割を担う北欧諸国である。

第三の類型＝保守主義レジームでは、公的支出の増大と所得の不平等の拡大を抑えるために、サービス部門での成長を抑制し、とりわけ民間サービス部門での低所得層の広がりを防ごうとする。しかしながら、脱工業化が進展し、雇用の吸収先として、輸出産業ではなく、国内市場のみで売買されるサービス部門（特に生産性の低いサービス部門）への依存が高まる中、低技能の人々の雇用先になりえる消費者サービス部門が拡大しなければ、失業が増大し、成長も鈍化するリスクを負う。一九九〇年代初頭のドイツがこの事例に該当する。

とはいえ、トリレンマに陥ることは必至ではない。トリレンマの解消はきわめて困難であるが、レンら（Anne Wren *et al.*）の最近の研究では、いささか楽観的にすぎるきらいがあるものの、高度情報技術（ＩＣＴ）を活用して、生産性が高くかつ国際市場での競争力を持つ知識集約型サービスを雇用拡大の原動力とすることの有効性が説かれる。そうすることで、低スキル・低技能に依存した民間部門での雇用拡大の悪循環が解消され、トリレンマは一定程度緩和されうるというのである。そこでは金融や企業サービスの拡大、教育をはじめとした人への投資、イノヴェーションの在り方が鍵となる（Wren *et al.* 2013）。

ブレア労働党は、サッチャー以降の保守党政権における自由市場主義、雇用と福祉における自助を強調する言説が席巻する中で、このトリレンマへの対応を迫られた。均衡財政と雇用の最大化を目指しつつ、それでもなおかつ社会正義をも実現せんと打ち出された政策群にこそ、政権奪還を目指したブレアらが制約の中で何に裁量を振り向けたのかが明らかに映し出されている。はたしてニュー・レイバーは、トリレンマという難問を解消できたのか。

以上のような問題意識にもとづいた本書は次のような構成をとる。第1章では、ブレア時代が到来する前のイギリスでいかなる経路が形成されてきたのかを概観し、やがてブレアが当面することになる制約要因の背景を示す。その上で、労働党の立て直しを図った党首キノックによる政権奪還戦略を検討する。第2章では、キノックの後継党首スミス（John Smith）の下で進展した党改革と包括的な福祉国家再編構想の形成過程と内容を検討し、一九九四年に党首に就任したブレアによる前任党首の遺産の継承と、それらの遺産からの飛躍の意味を考察する。第3章では、ブレアら党首脳部による権力資源の動員過程をつぶさに追い、資源を集約的に投入した将来の政権構想「ステーク・ホルダー社会」の発表と挫折の意味を論ずる。第4章では、ブレア労働党の総選挙マニフェストの形成過程を跡付け、支持調達が優先される中、保守党政権の政策の継承が戦略的に実行されたことを明らかにする。第5章では、一三年におよんだ労働党政権下で遂行された政策群を、トリレンマに即して検討する。第6章では、労働党長期政権の実績と限界を実証的に示した上で、ブラウン政権下での金融危機への対応、二〇一〇年の保守党・自民党連立政権成立と超緊縮財政のインパクトを明らかにする。終章では、ポスト・ニュー・レイバー時代のイギリス、特に政党政治の激動と二〇一六年のＥＵ離脱を問う国民投票の意味を検討した上で、ニュー・レイバーによる政権交代の今日的意義を論ずる。

第1章　ネオ・リベラリズム時代のイギリス政治

「政治的に重要な革命はすべて、知的風景の変容が前ぶれとなっている」
（トニー・ジャット）

本章では、ネオ・リベラリズムの時代を招来したサッチャー政権がイギリスの政治社会に与えたインパクトと、それが野党労働党に与えた影響を検討する。サッチャーによる改革はじつのところ彼女の思惑通りに進まなかったとの評価もなされているのだが、サッチャー政権がブレア労働党の自己再規定、政権奪還のための戦略、政策デザインにまで至るきわめて大きな影響を与えたことに疑いの余地はない。例えば、長く『イヴニング・スタンダード』紙の編集委員を務めたジェンキンス（Simon Jenkins）は、メイジャー（John Majar）、ブレア、ブラウンはいずれも「一九八〇年代のサッチャーによる革命の囚われの身となっており」、それぞれの政権の政策は、サッチャー政権のそれとほとんど変わりがないとさえ断じる（Jenkins 2007）。

数多くのイギリスを代表する歴史家たちは、サッチャリズムの衝撃を強調する。ホブスボウム（Eric Hobsbawm）は、サッチャーとそのフォロワーの政治信条や行動は、イギリス史に照らしても「明らかに極端な事例」であったとする（ホブスボウム 一九九六：二四）。クラーク（Peter Clark）は、経済を政治から切り離してその自律性を重視した一連のサッチャー政権下の経済改革を総括して、サッチャー政権が成した政治的業績を「経済論争の焦点を変えたこと」だと論じた（クラーク 二〇〇四：三六五）。サッチャーおよびサッチャー政権が、イギリスを衰退から引き上げた「新・チャーチル

（Winston Churchill）」なのか、それともイギリスの工業を破壊し不平等を拡大させた張本人なのか、ここでは評価が大きく分かれる（Jackson and Scunders 2012）。しかし、サッチャー政権下でイギリスが経験した転換が、サッチャー後のイギリスにおいても強い生命力を示したことはたしかである。

本章では、サッチャー政権のインパクトを考察する際、それに先行する戦後のいわゆる合意の政治、その合意の政治のもとで発展したケインズ－ベヴァリッジ型福祉国家について概観することからはじめ、サッチャー保守党の政策アイディア、党内の権力配置、有権者の支持動向を検討した上で、それらが野党労働党にいかなる影響を与えたのかを論ずる。これら一連の考察は、政権交代が起こらなかった時代における政治力学を読み解く手がかりを得る試みである。

1　サッチャー政権成立の背景

戦後イギリスにおける合意の政治

サッチャー政権の衝撃の大きさを理解するために、それに先行した戦後の合意の政治について手短に概観しておきたい。合意の政治とは、保守党と労働党という二大政党が、総じて社会民主主義的な内容の一致点を共有し、この一致点を揺るがさない範囲で各々の政権を運営するような妥協と協調の政治を指す。この合意の主要な内容は、（1）混合経済（民間企業と国有化された基幹産業の混在）、（2）完全雇用を旨とする経済政策、（3）労働組合との協調、（4）福祉国家政策、（5）帝国からの段階的撤退と核保有および対米同盟を基軸とする外交・安全保障政策、である（Kavanagh and Morris 1994）。自由市場主義でも社会主義でもない中道を目指す合意の政治の下では、安定した雇用（完全雇用）の確保、富の再分配、教育・社会保障制度の充実という目的を達成するため、国家は相当程度の税収を確保し、必要な場合には市場への介入を実施すべきだとされた。

この合意の政治が可能だったのは、中道寄りの政策を支持する勢力が二大政党の首脳部で主導権を握ったからに他ならない。保守党では「一つの国民」保守を自認する左派エリート、労働党では修正主義派（あるいは社会民主主義派）と呼ばれる右派エリートがそれぞれ両党で主流派を形成した[12]。それゆえ、合意の政治は、労働党のゲイツケル（Hugh Gaitskell）（アトリー（Clement Attlee）政権で財務相を務め、その後党首に選出された修正主義派のリーダー）と、保守党の財務相バトラー（Richard A. Butler）（第二次大戦末期に教育庁長官として中等教育義務化を定めた教育法（「バトラー法」）をまとめるなど、閣僚ポストを歴任した実力者）の名に因んで「バツケリズム」とも呼ばれる（Reid and Pelling 1996: 99）。もっとも、合意の政治の時代に、二大政党の間で政治理念において完全な一致が見られたわけでは決してない。自由市場主義を重視する保守党と基幹産業の国有化をはじめとしたより社会主義的な政策を重視する労働党が、それぞれ異なる目標を達成するために大まかに同じ政策手段を用いた、と捉えるべきであろう（Williams 2000: 51）。

合意の政治を政権交代の観点から見ると、その決定的な契機は一九四五年総選挙でのアトリー労働党の勝利であった。アトリー政権の下で、一九四二年に社会政策の普遍性、包括性、個人の自発性の奨励を掲げた『社会保険及び関連サービス』（責任者ベヴァリッジ（William Beveridge）の名を冠して『ベヴァリッジ報告』と呼ばれる）をもとに（Beveridge 1942）、第二次大戦末期から準備された完全雇用、公教育、保健医療サービスなどに関する労働党の公約が具体化された。その要諦となったのが次節で述べるいわゆるケインズ - ベヴァリッジ型福祉国家であった。そしてもう一つの政権交代、すなわち『ベヴァリッジ報告』に懐疑的であったチャーチルを首班とした保守党政権が一九五一年に成立したことが、この経路の方向性を定める契機となる。一九五一年総選挙に臨むにあたり保守党は、アトリー政権下で実践された福祉国家政策を大枠として継承しつつ、自党の抱く自由市場主義をそこに導入する政策を策定していた。実際、一九五一年から一九六四年まで続いた保守党政権時代、福祉国家の枠内ではあったものの、支出規模は抑制され質においても選別主義的要素がより強まった（Glennerster 2007: 71–96; 近藤 二〇一四：一二二—一二四）。制度形成期の二つの政権交代が、イギリスの福祉国家特有の普遍性と選別性の並存という性質をより強める要因となったといえよう。

ケインズ－ベヴァリッジ型福祉国家

次に、イギリスの戦後福祉国家の特徴を概観しておきたい。ケインズ－ベヴァリッジ型福祉国家と表現される雇用、普遍的社会サービス、社会保険、公的扶助が一体となった制度は、『ベヴァリッジ報告』で提示された「五つの巨悪」——無為、ろう隘（不潔）、無知、疾病、窮乏——に網羅的に対処する総合的な政策デザイン（本書では、異なる領域の政策が相互補完的に連関している政策体系とする）を最大の特徴としている。

これらの「巨悪」は、人々に起こりうるリスクであり、『ベヴァリッジ報告』ではそれらへの対策が次のように提示された。（1）「無為」に対する完全雇用、（2）「不潔」に対する住宅整備、（3）「無知」に対する学校教育、（4）「疾病」に対する国民保健サービス（National Health Service: NHS）、（5）傷病、失業、老齢等による所得の中断・喪失に起因する窮乏に対する強制的な国民保険、もしくは拠出金の支払不能者への例外的措置としての資力調査をともなう公的扶助（Timmins 2001）。なかでもケインズ主義的な経済政策を通じた完全雇用への政治的コミットメント、すなわち失業率の上限を二〜三パーセントに抑制するという条件設定は、「結果的に、ほとんど全ての政策領域を制約した」のであった（小野塚 一九九九：三三二）。要するに、ケインズ－ベヴァリッジ型福祉国家とは、主として男性を対象とした完全雇用政策を背景に典型的な職業生活の中で想定されるリスクを予め抽出して、所得の中断に対しては最低限の基礎的ニーズ（ナショナル・ミニマム）をカヴァーする現金を、それ以外のリスクに対しては医療保障や社会サービスを提供することによって、人生におけるリスクの波をなるべく小規模にとどめようとしたものであった。

こうしたケインズ－ベヴァリッジ型福祉国家は次のような複合的な要素を備えていたと見ることができる。すなわち、一方でNHSや公教育などの公共サービスにおける普遍性、所得の中断・喪失のリスクへの網羅的な対応と被保険者（原則として全ての国民）に関する包括性、他方で公的扶助における厳格な選別性である（Titmuss 1968; 1974; Esping-Andersen 1990）。後者に注目すれば、イギリスの福祉国家には、残余主義、つまり、国家による福祉は家族あるいは市場が機能しなかったときにはじめて最低限の保障を提供することを責務とする、という考え方が色濃く反映されていることがわかる[13]。

前者についていえば、政府の責任は、完全雇用へのコミットメントとともに、イギリスの福祉国家を象徴する存在である患者負担原則無償の国営医療保障制度（NHS）、無償の公教育の提供におかれ、そこでは地位や尊厳、自尊心を失うことなくサービスの提供を受けられる（つまり、スティグマがない）という点において普遍主義に徹している。それゆえ、イギリスのケインズ－ベヴァリッジ型福祉国家は、自由主義レジームの典型であるアメリカとは区別されてきた（Esping-Andersen 1990）。

福祉国家再編期のアイディア――社会的包摂の多様性

ところが、そうした戦後福祉国家は、一九七〇年代以降、下記で示す政治勢力からイデオロギー的な挑戦を受けたのにとどまらず、社会・経済構造の変動にともなうリスク構造の転換によって、その機能不全が明らかになった。本書が中心的に論じるブレア労働党による政権交代に向けた政策形成過程は、新たなリスクに対応できるように戦後福祉国家を再編することが要求された時期と重なっている。そこで以下では、戦後福祉国家再編に関する争点を予め整理しておく。

脱工業化にともなう雇用の揺らぎ、少子高齢化と女性の社会進出の増大による家族の揺らぎによって、男性稼ぎ主を中心とした典型的なライフ・コースをもとに作られた政策の対象から漏れ落ちる人々が無視できない多数に及ぶようになった。就労のみならず、そもそも社会に参加する機会を奪われる事態もまた浮上するようになった。そうした中で、新たな政策概念として注目されるようになったのが社会的包摂である。社会的包摂とは、もっとも広義には、人々に自立と参加の基盤を提供することである。その対概念である社会的排除とは、所得の不足や欠如、教育の機会や技能の欠如、差別、家庭問題等、多次元にわたる複合的な不利のために社会への参加の基盤を欠く状態をいう。一九九〇年代に新しい社会的リスクへの認識が深まる中で、「福祉から就労へ」、「社会的投資」国家といった政策アイディアが提示されたわけだが、これらはいずれも社会的包摂の「別様」の表現であるといえる[14]（宮本 二〇一三：一）。

もっとも、何をもって自立や参加と捉えるかによってその政策的帰結が異なってくる。換言すれば、自助を強調するネオ・リベラリズムから、（労働市場に参加していなくとも）尊厳や処遇の平等性を重視する承認に至るまでの対立軸に沿って広い振れ幅が生じるのである（田中 二〇一六）。したがって、ブレア労働党の言説のみならず、その実質としての政策デザインがどのような包摂を念頭においていたのかが分析の焦点になる。

社会的包摂の多様性を論じた宮本太郎は、雇用と福祉（社会保障、公的サービス、公的扶助を含む）の関係の在り方に着目し、社会的包摂政策をワークフェアとアクティヴェーションに大別する（宮本 二〇一三）。ワークフェアとは、公的給付の支給条件として就労を要請する、あるいは給付の目的そのものを就労の実現におく強い就労規範にもとづく政策方針である（Peck 2001）。その典型は、アングロ‐サクソン型自由主義レジームにおいて見られ、とりわけアメリカがその代表例となる。市民権の歴史的発展論を措定したマーシャル（Thomas H. Marshall）が提示したように、戦後福祉国家は、公的扶助、社会保険、公教育等の受給を市民の権利としての社会権に位置づけていた（マーシャル 一九九三）。ワークフェアは、戦後福祉国家の規範的素地を大きく読み替え、職業訓練への参加を忌避するなど規定の義務を遂行しない場合に、給付の減額や停止が実施される懲罰要件を備えるものである。ペナルティを設けているのは、公的給付受給の抑止効果を期待してのことである。それゆえ、ワークフェアに立脚した政策は、自助を強調し福祉国家削減を目指すネオ・リベラリズムにきわめて親和的となる。ワークフェア型の包摂は、「福祉から就労へ from welfare to work」もしくは「福祉ではなく就労 not welfare but work」という表現に集約されるように、公的給付受給者の就労を第一義的に重視する。就労規範の強調によって早期の就労を強制するため、「就労義務優先型（ワークファースト型）」とも呼ばれる（Peck 2001）。なお、ワークフェアは、就労可能性 employability が比較的高い短期受給者には一定の効果があると見られている（小林 二〇一二：一五六）。

これに対してアクティヴェーションとは、「働くための福祉 welfare to work」として、就労支援をはじめとした手厚い現物（対人社会サービス）給付、従前所得に対する高い置換率をもつ現金給付、労働市場内部での保障等によって、結果的に労働人口を安定的に極大化しようとする政策デザインである。政策目標として人的資本への投資を重視するため支援サービスの強化が目指される。典型例は、スウェーデンなど北欧諸国に代表される社会民主主義レジームにおいて見られる。この政策デザインは、高い政府支出と受益者の高負担によって支えられ、脱商品化の保障(注(1)参照)、事後的補完を必要としない賃金水準の維持、雇用保障をその特徴とする(宮本 二〇一三:一四―一七)。

本書ではこれら福祉国家論の視点をふまえた上で、ブレア労働党に大きな影響を与えたサッチャー政権下の福祉国家削減の試み、そしてブレアを含めた党首三代に及ぶ労働党による福祉国家改革に向けた政策デザインが、いかなる特徴を持っていたのかを明らかにしてゆく。

一九七〇年代の危機

さて、ブレアによるニュー・レイバーの登場を準備したとさえいわれるサッチャー保守党政権は、いかなる環境の中で政権の座に着いたのであろうか。まず確認しておきたいのは、サッチャリズムに染め抜かれた一九八〇年代の政治は一九七〇年代の一連の出来事に対する反動であったことである(Marquand 1987)。その反動の大きさは、他の西側資本主義諸国のそれをはるかに凌いでいた。

一九七三年、オイルショックとそれに続く経済危機は長く深くイギリスの経済と社会を疲弊させた。三倍に跳ね上がったまま高止まりした失業率、OECD諸国の平均の二倍の水準のインフレ率が同時にイギリスを襲った。ケインズ主義的なマクロ経済運営では想定されていなかったこの事態はスタグフレーションという造語を生んだ(Kavanagh 1997: 52)。かような甚大な危機が生じたとき、「何の危機か」を定義するのは政治である。危機、すなわち「極度の危険もしくは困難による不安定な状況」に際して不確実性が増す状況は、一九三〇年代の危機が端的な例となるように歴史的経路を方向づける決定的局面を画してきた(Kahler and Lake 2013: 10–11)。この転換点においては、危機以前の政策決定や人々の行動様式を支えていた認識枠組みの正当性が根本から揺さぶられ、複数の新しいアイディアのうち、政治の営為によって支配的な地位を得たものが政策刷新や分配構造の変動をもたらすとされる(Hall 1986; 1993; 今井 二〇一四)。一九七〇年代の危機で、その犯人として名指しされたのは、ケインズ－ベヴァリッジ型福祉国家を支えるアイディアそのものであった（Marquand 1987; Hall 1993）。

ケインズ－ベヴァリッジ型福祉国家を、右派の立場から最も強く攻撃したのが議会保守党の実力者ジョセフ（Keith Joseph）であった。彼は一九六〇年代から一九七〇年代初頭に見られた自由主義の再興の動きに影響を受けて活発な言論活動を展開し、自由市場主義、反平等主義、反労働組合、反国家介入主義、反パターナリズムを主張した（ヤーギン＆スタニスロー 二〇〇一：一九五―一九九）。ジョセフは、一九七五年二月の党首選で、党内で頭角を表しつつあった女性議員サッチャーを党首候補に担ぎ上げた。サッチャーはジョセフの影響を受けて、ケインズの論敵であったハイエク（Friedrich Hayek）やマネタリズム（財政金融政策による経済への介入を批判する立場から政府の経済政策をルールにもとづく貨幣供給に限定すべきとする主張）の主唱者フリードマン（Milton Freedman）に私淑していた（成廣 二〇一六）。彼女は党首選出手続きの変更をうまく活用して陣笠議員《バックベンチャー》（下院の後方席の一般議員）の票を集め、保守党で最初の女性党首になった。

もっとも、危機を受けて戦後の「合意の政治」の見直しが必要であるとする見解は、ジョセフのような保守党右派に限らず、超党派的に共有されていた（Butler and Kavanagh 1999a: 5–6）。そもそも完全雇用から先に手を引いたのは、むしろ労働党だった。一〇〇万を超える失業者とインフレの昂進をみたキャラハン（James Callaghan）労働党政権の財務相ヒーリー（Denis Healey）は、一九七五年予算で歳出削減を提示して、完全雇用に対する政府責任を取り下げた。一九七六年には、キャラハン首相が、次のような表現によって、労働党の年次党大会で国際通貨基金（ＩＭＦ）から約三九億ポンドにのぼる借款をする決断を示すと同時に、失業対策として政府支出を増やす従来の政策との決別を明言した（Labour Party 1976）。

> 減税と公共支出を増大させることで、不況から脱し雇用を増大することができると考えられていたが、この選択肢はもはや存在しない。［中略］それはインフレの昂進と失業増大をまねくだけであった。（Labour Party 1976）

決定的な転機は「不満の冬」であった。一九七八年から一九七九年の真冬に相次いで実施された大規模な公共部門の労働者のストライキによって、街路には収集されないゴミが溢れ、公共交通機関もマヒした。「不満の冬」は一九七九年二月には収束していたのだが、労働党は総選挙までに体制を立て直すことはできなかった。「不満の冬」を引き起こした労働組合とそれを支持基盤としながらもコントロールできない労働党政権に拒否反応を示した国民は、今や「変化を望んでいる」、との情勢認識を当のキャラハンが示さざるをえなかった (Donoughue 2008: 503)。キャラハンは、政権の交代を感じ取っていたのである。「政治には、恐らく三〇年ごとに一度の大転換の時期があるものなのだよ。そうなると、誰が何を言おうと、何をしようと関係ない。人々が欲すること、良しとすることが転換するのだ。私は残念ながら今がその転換の時期であり、その流れはサッチャー氏に向かっているのだと思う」(Donoughue 1987: 191)。キャラハンの洞察は、その後にイギリスが経験することになる大きな変化を予示していた。

2 転換点としての政権交代

一九七九年総選挙

一九七九年五月、サッチャー保守党政権が成立した。保守党は前回一九七四年一〇月総選挙よりも六二上乗せする三三九議席を獲得し、盤石な基盤で単独政権を発足させた。だが、この政権交代によって人々が新しいアイディアへの転換を積極的に受け入れたとみなすことはいささか早計である。

たしかに保守党の一九七九年総選挙マニフェストは、個人の自由の回復、労働組合規制、減税とともに、経済政策における国家の役割の転換を謳っており、サッチャー主義者と呼ばれる人々の信念を多少なりとも読み取ることができる。マニフェストでは、国家の役割は、需要喚起策を通じた完全雇用の維持ではなく、通貨供給量の管理を通じたインフレ回避策に限定されるべきだとされ、それ以外の経済活動は市場の自律的な均衡に委ねることとされた[15] (Conservative Party 1979:

Kavanagh 2002: 82-84）。そこでは、通貨供給量の制限は為替の安定化に連動し、対外債務削減に帰結すると想定されていた（Hall 1986: 96）。後述するように、これらの文言を散りばめたマニフェストによって、保守党は、サッチャー以前の保守党のポジショニングから右方向へと大きく旋回することになる。

ところが実態としては、マニフェストには象徴的な表現ばかりが前面に押し出され、政策提言は具体性を欠いていた（Butler and Kavanagh 1999a: 154）。それというのも、ジョセフらネオ・リベラリズムの推進派の熱意とは裏腹に、有権者はマネタリズムをはじめとした新しいアイディアを積極的に支持しておらず、むしろ福祉国家については拡充を望んでいたことが少なからず影響したからである（Kavanagh 2002: 60）。一九七九年総選挙での保守党の勝因は、混迷する現状を打破する変化を有権者が強く望み、労働党政権の政治からなんとか離脱しようとしたことにある。保守党内でもジョセフらと立場を同じくする議員はあくまでも少数派に過ぎなかった。だが、サッチャー保守党は、実質的な政策転換を提示しなかったとはいえ、言説の上では新たな転換点に差し掛かっていたと見るべきだろう。

戦後イギリスの主要政党のポジショニング

サッチャー保守党による政権交代がイギリスの政治社会に与えた影響を理解する上で、政党の空間配置の推移は有意な手がかりとなる。政党の政策ポジションを測る指標は、左右二次元軸に必ずしも還元されるものではないのだが（Kitschelt 1994）、ここでは、政党の政策位置を鳥瞰する目安としたい。図1-1は、マニフェストの分析にもとづく政党のポジショニングの推移を示している。バラとバッジ（Judith Bara and Ian Budge）によれば、マニフェストは、「政党が提示する唯一の公式な政策に関する声明文」であり、「マニフェストに直接目を通す有権者はさほど多くはないとしても、それはメディアの議論を先導し方向づける」（Bara and Budge 2001: 591）。政党にとっては政権獲得を最大の目的として自党を選挙市場に売り込む言説が重視されるがゆえに（Bara 2006）、マニフェストの分析にもとづくポジショニングは政党の戦略的位置取りを読み取る上で重要である。

図 1-1　主要政党のマニフェストにもとづく政策ポジショニングの推移 [16)]

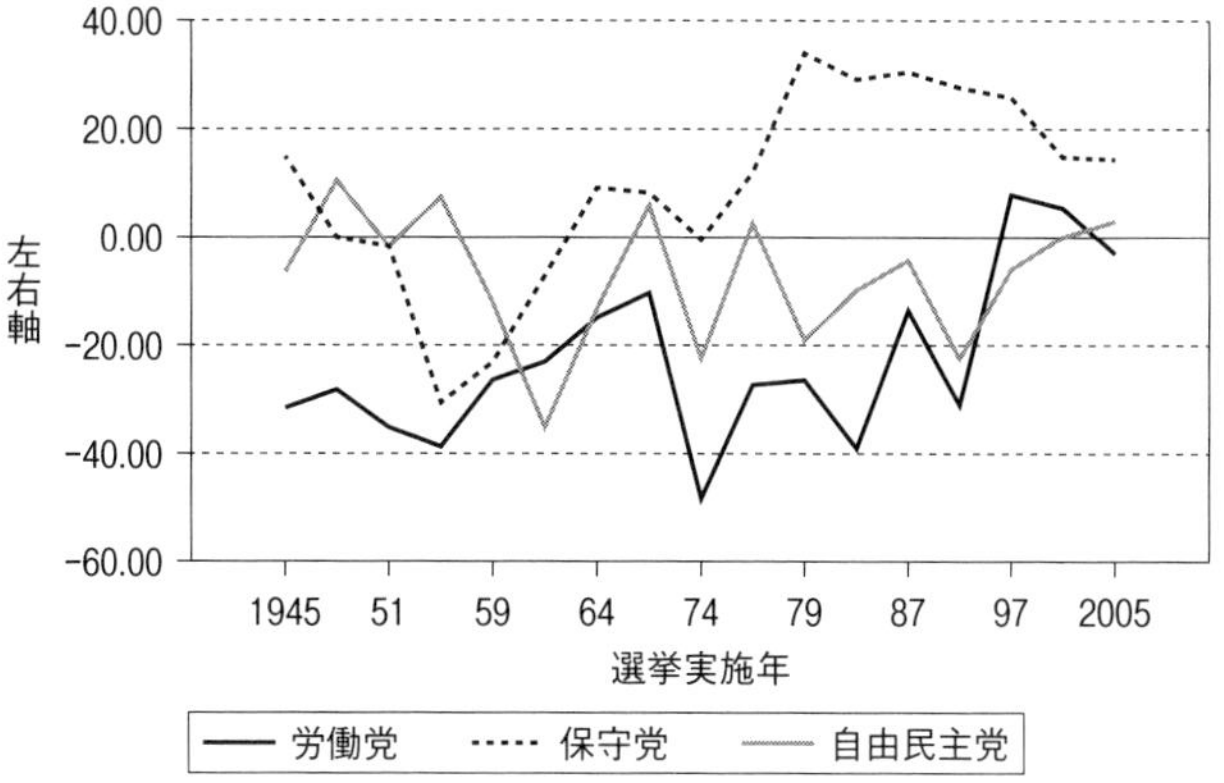

出所）Bara（2006）.

図1－1から明らかになるのは、一九四五年以降のイギリスにおける政権交代と二大政党のポジショニングが二つのパタンに大別できることである。すなわち、二大政党のポジショニングが両極へと振れたパタンと、両者が接近したパタンである。前者は政党間に遠心的な競合関係がある状態であり、一九四五年と一九七九年という、危機後の総選挙の際にもっとも顕著に発現している。後者は、より求心的な政党間競争があることを示す。このパタンは、戦後の合意の政治の期間にもっとも顕著に現れた。この期間はある程度の頻度で政権交代が生じていた。図中の二大政党のポジショニングに着目すると、第二次大戦中に実施された一九四五年総選挙では、二大政党は大きく分極したわけだが、一九五一年総選挙で、野党保守党が政権与党労働党のポジショニングに急接近したことが読み取れる。一九五一年以降の二大政党のポジショニングは大きく乖離することなく中道に向かって移動するが、一九七四年を境に再び遠心化した。一九七九年総選挙では保守党の右傾化が際立つ。上記で示したように、保守党は同選挙でネオ・リベラリズムを控えめで曖昧な表現に押さえ込んだが、それでもなお、サッチャー保守党は戦後もっとも右傾化していたことが明らかになる。

本書の関心からいえば、労働党は一九七九年の次の一九八三年総選挙で左傾化した。戦後史上もっとも大きく二大政党が分極化したのはこの時である。労働党は、一九八七年総選挙で保守党に接近した後、やや左に揺れ戻した。その後の労働党のポジショニングで目を引くのが、ブレア党首の下での一九九七年総選挙までの大胆な移動である。

サッチャー保守党の政策アイディアと支持調達戦略

サッチャリズムとは

図1－1で見たように、一九七九年から一九九二年まで四度総選挙が実施された期間、二大政党のポジショニングは分極化していた。戦後もっとも長期にわたって政権交代が生じなかったこの期間、二大政党の間ではどのような力学が働いていたのだろうか。以下ではまず保守党におけるアイディアの政治、有権者の支持、党内の権力配置について見ておこう。

サッチャー政権下のアイディアの政治はサッチャリズムと呼称されるが、ギャンブル（Andrew Gamble）はその核心を、著書のタイトル『自由経済と強い国家』に集約した（Gamble 1994）。要するに、権威主義的社会観と融合した自由市場主義である。ニュー・ライトとも呼ばれるイデオロギーは、経済的な自由の拡張とともに、治安（法と秩序）を軸としたきわめて規範的な国家像を追求する。より具体的には、一方における消極的自由の重視、反平等主義、個人主義、競争的な経済を主張する自由主義の傾向、他方における、社会的秩序、伝統的な家族生活および道徳の再興の重視である。これらに導かれた政策の基本は、「小さな政府」を重んじる財政保守主義、コレクティヴィズムの放逐、福祉国家削減、個人あるいは家族による自助となる（Gamble 1994: 31-32）。こうしたサッチャーの政治理念は、戦後の合意の政治の時代に主流を占めた「一つの国民」保守のそれとは明らかに様相を異にする（今井 二〇一六 b）。「一つの国民」保守が、妥協点を模索し時代の変化に適応せんとするプラグマティズムの伝統の体現であるとすれば、サッチャーは急進的で迅速な変革を目指す「信念の政治」に依拠していたといえよう。

サッチャーによって真っ先に「敵」とされたのは、労働党とその支持母体である労働組合であり、ロンドンやリバプールなどの労働党与党自治体であった。さらに国内の経済的弱者には、あたかも福祉国家以前の救貧法時代のように、「救済に値する」者と「値しない」者との区別を設けた。救済に「値しない」のは、「自助努力が足りず」「福祉に依存している」者であった。サッチャーは、「値しない」者を救済しないとまではいわずとも、国家が提供する福祉は「値する」者とは違う処遇をしなければならないとした[17]（Thatcher 1993: 627）。サッチャーの社会観は、アメリカのマンハッタン研究所のマレイ（Charles Murray）の徹底した福祉国家批判、すなわち一九六〇年代以降の福祉政策が膨大な数の福祉に依存する「アンダー・クラス」を生み出し貧困を再生産しているのだから、就労可能な貧民は就労させねばならない、とする主張に与するものであった。「アンダー・クラス」論はサッチャー政権下の福祉国家改革に甚大な影響を与え、やがてはブレアにも及ぶ。

敵対の矛先は国外にも向けられた。サッチャーは政権初期から農業補助金の割戻金をめぐって欧州共同体（European Community: EC）に対決姿勢を示したものの、少なくともこの時点まではEC構成国首脳との間におおむね友好的な関係を保っていた。ところが、一九八〇年代半ばに単一欧州議定書が締結され、単一通貨、単一市場への流れがはっきりすると、自由主義と国家主権を重視する立場から反発を強めていく。友敵の間に分断線を引き、自らの政治的立ち位置を正当化しようとするサッチャーの政治スタイルを、ジャット（Tony Jadt）は「中道にできるだけ近いところから統治するという長年のイギリスの伝統から予想外かつ危険含みの決別」であったと総括した（ジャット 二〇〇八：一一六）。

有権者の支持、保守党政権内の権力配置

サッチャーは、「一つの国民」派を「ウェット」と呼び内なる敵とみなしたが、政権第一期にはサッチャー主義を信奉する「ドライ」の議会保守党内の基盤は弱かった（Kerr 2001: 167）。それどころか、政権成立直後に記録的に深刻化した経済危機ゆえにサッチャーは党内ばかりでなく、上院、財界、社会民主党（後述）、そして広く有権者と、あらゆる方面から痛烈な非難を受けたのであった（Jessop *et al.* 1988: 63）。この時期、イギリスの政党政治はまさに激動の中にあった。経済政策の失敗、相次ぐストライキや暴動による社会不安により保守党の支持は低迷した。野党労働党では党内対立が激化して急進左派が優勢となり、ジェンキンス（Roy Jenkins）ら要職を歴任した労働党右派議員によって結党されたばかりの

社会民主党は広く支持を集め、躍進が見込まれていた。このような状況を受け、次期総選挙は勝者不在に終わり、イギリスの政党システムが二大政党制から複数政党制へと移行するのではないか、と論ずる専門家も少なくなかった（Butler and Kavanagh 1999b: 5; 288）。

しかし、フォークランド紛争によって勢いを回復した保守党は[18]、一九八三年総選挙で議席を五八議席上乗せして（計三九七議席）政権基盤を強化した（表0－1参照）。ただし、得票率が前回選挙の四三・九パーセントから四二・四パーセントへ低下したことが示すように、保守党への支持は、フォークランド紛争へのヒステリックなまでの盛り上がりとは対照的に冷めたものであって、大きく左傾化した労働党への警戒心の高まりと、社会民主党と自由党の「連合」という第三勢力の台頭に助けられた同党の勝利だったと見るべきであろう。

それでも、サッチャーは自らのリーダーシップに信任を得たとして、ウェット派議員を次々に要職から追いやった（Jenkins 2007: 10）。国営重工業の大規模な民営化や廃業、工業からサービス産業への転換が積極的に行われる中で、重工業から溢れ出た失業者や、その生産拠点であった地域の衰退への政策的配慮は周縁的にすぎなかった。炭鉱閉鎖に激しく抵抗した炭鉱労組との対立が長期化した際にも、サッチャーは労働組合への断固たる対決姿勢を崩そうとしなかった。

対照的に、金融、サービス部門は、減税、規制緩和（「ビッグ・バン」と呼ばれた金融取引の自由化）、インフレ抑制といった有利な政策が採られたことで顕著な成長を遂げた（表1－1）。一連の政策は、一九九〇年代の金融と住宅市場が先導する経済成長へとつながり、いち早く資本取引や貿易のグローバル化の潮流にイギリス経済を適合させようとしたと見ることができる。その基礎にあるのは、論争はあるものの、後に「ワシントン・コンセンサス」と呼ばれた、経済のグローバル化の推進の障害を極力除去しようとする自由市場経済優先型の政策パッケージに関するアメリカ財務省やＩＭＦ等における共通認識である。具体的には、財政規律、税率の引き下げと課税対象の拡大、自由競争為替相場、金利の自由化、貿易自由化、海外直接投資の自由化、国営事業の民営化、規制緩和、人的資本とインフラへの投資、財産権の保障の拡大、等である。

表 1-1　保守党政権下の主要経済政策と民営化改革

年	経済政策	国営企業の民営化
1979	**サッチャー保守党政権成立** ・為替管理撤廃，資本移動の自由化 ・個人所得税引き下げ　最高税率：83%→60%， 基本税率：33%→30%， 税率区分の削減：11→7 ・法人税引き下げ（小規模法人税率：42%→40%） ・付加価値税率引き上げ（標準税率 8%→15%）	
1980	・住宅法：自治体住宅の低価格による売却（「買う権利」政策） ・民営化した国営企業の株式の払い下げ→個人株主の急増	
1981		航空機製造・防衛 British Aerospace［第一次］ 通信 Cable and Wireless［第一次］
1982	・付加価値税に生活必需品等へのゼロ税率導入 ・所得税・標準税率対象の 2 区分に簡素化 基本税率：30%→27% ・政策金利引き上げ　年平均 18%（1981 年に 11.9%に引き下げ） ・小規模法人税率引き下げ（40%→38%） 1989 年に 25%まで引き下げ	
1983	**第二次サッチャー保守党政権** ・法人税　標準税率引き下げ（50%→35%）	通信 Cable and Wireless［第二次］
1984	・生命保険料控除廃止	石油 Entreprise Oil 自動車 Jaguar 通信 British Telecom
1985		航空機・防衛 British Aerospace［第二次］
1986	・金融サービス法 「ビッグバン」	ガス British Gas 航空輸送 British Airways
1987	**第三次サッチャー保守党政権**	自動車製造・航空機エンジン Rolls Royce 石油 British Petroleum
1988	・所得税制のフラット化 基本税率：25%と 40%の 2 段階に統一 最高税率：60%→40% ・キャピタル・ゲイン税・課税率変更：一律 30%→所得税率に ・住宅法 居住者に地方当局の管理下からの「オプト・アウト」の権利を付与 ＊好況：ローソン・ブーム ＊株所有者数：1979 年の 3 倍に増加	自動車 Rover 鉄鋼 British Steel
1989		上下水道 Regional Water Authorities
1990	**メージャー保守党政権成立** ・法人税　標準税率引き下げ（35%→34%→33%［1991 年］）	電力配電 Electricity Council
1991	・付加価値税　標準税率：15%→17.5%に引き上げ	
1992	**第二次メージャー保守党政権**	
1993	・付加価値税：ゼロ税率対象のうち家庭用燃料・電力に課税（8%） ・所得税・軽減税率：適用所得を 2,000 ポンドから 2,500 ポンドに引き上げ（1994 年度にはさらに 3,000 ポンドに引き上げ）	
1995	・所得税の基本税率：24%に引き下げ ・利子所得に対する源泉徴収率：25%→20%引き下げ ・小規模法人基本税率：24%に引き下げ ・付加価値税　家庭用燃料・電力の税率：17.5%（実施）	
1996	・所得税基本税率：24%→23%	

出所）湯沢威（1996），Jackson and Saunders（2012）Appendix 2. をもとに筆者作成。

有権者配置の転換と大衆資本主義

有権者の中で、規制緩和や税制改革の恩恵に浴したのが、ホワイトカラー中間層と特定の地域に住む熟練労働者であった。とくにイングランド南東部では、サービス部門が雇用の受け皿となったため、失業率は低位で推移していた。肉体労働者の雇用も比較的安定しており、彼らの中流階級化が指摘されもした。ミドル・イングランドと総称された住民は、次第に購買力を高め、サッチャー政権下で重視された「買う権利」政策の恩恵に浴すようになる。その様相は、衰退産業を抱えたイングランド北東部と明らかな対照をなし、居住地域による分極化が進むことになる。そして、イングランド南東部の豊かになった労働者階級を含むミドル・イングランドが投票先に選んだのは、労働党ではなく保守党であった(19)（Pattie and Johnston 1996）。

こうした有権者配置の変化は、各党の選挙戦略に重大な影響をもたらした。一つには、ミドル・イングランドが選挙の結果を左右しえる膨大な浮動票としての存在感を示したことである。もう一つには、とりわけ保守党にとっては、合意の政治の下での「一つの国民」を謳う政策がもはや支持調達の上でかつてのような力を失ったことである。投票行動の地理的分極化が顕著になる中、保守党は労働党支持層が集中する衰退著しい北部や工業地帯の利益にさほど配慮せずとも、比較的裕福なイングランド南部と、農村地区の安全区との支持を固めてさえいれば、政権党としての基盤を確保することが可能になったのである（Pattie and Johnston 1996: 42-43）。

ここでいうミドル・イングランドとは、社会調査の用語というよりも政治家やメディアが好んで使う言い回しだが、じつのところその内容は曖昧である。世論調査会社の調査員は、「たまたま接戦区に居住している既成政党に関心のない人口の二五パーセントにあたる人々」を括るのに便利な言葉だとさえいう。だが、政党の選挙対策顧問らにとっては、総選挙の勝敗を左右する接戦区に居住する無党派層の動向の把握は死活問題であった。ここでミドル・イングランドについて整理をすると、イングランド南部と中部（ミッドランズ）に居住し、職業階層ではＣ１とＣ２に区分される下層中流階級あるいは熟練労働者階級に属す人々だとされる。大卒資格を持たず、自宅の住宅ローンを抱え、タブロイド紙を好んで購

表 1-2 職業区分別人口分布

職業別区分		
非肉体労働者	A	人口の約 3% 専門職，会社経営者・重役，高級官僚 前職の区分が A の退職者とその寡婦
	B	人口の約 20% 大企業・組織の役員，地方政府の上級役人，国家公務員，中小企業の経営責任者 前職の区分が B の退職者とその寡婦
	C1	人口の約 28% 幹部補佐，小企業のオーナー，非肉体労働者全般 前職の区分が C1 の退職者とその寡婦
肉体労働者	C2	人口の約 21% 熟練工，監督する立場にある肉体労働者 前職の区分が C2 で基礎年金を受給している退職者およびその寡婦
	D	人口の約 18% 半熟練工，非熟練工，熟練工の徒弟，訓練工 前職の区分が D で基礎年金を受給している退職者およびその寡婦
	E	人口の約 10% 政府の給付に全面的に依存している人（疾病給付，失業給付，国庫年金，など）。6 カ月以上失業している人（それ以下の期間の失業者は前職の区分に従う）。日雇い労働者，定期的所得のない者，主たる稼得者の不在の世帯

出所）The Market Research Society（MRS）（2006）p. 5.

読し、見栄えの良い車を望み、スペインで休暇を過ごすこれらの人々は、政党政治には概して関心を持たず、一九九二年総選挙までは主に保守党に投票してきた（今井 二〇一六d）。なお、イギリス統計局が採用している一六歳から六四歳までの人口の社会階層区分は次の通りである（表1-2）。A・Bは専門職、経営者、国家公務員で人口の約二三パーセント、C1は監督業務、事務職、管理職・経営・専門職の補佐で同約二八パーセント、C2は熟練業務従事者で同約二一パーセント、D・Eは半・非熟練業務従事者、失業者などで同約二八パーセントである。

とはいえ、有権者配置の流動化ばかりが労働党を政権から遠のかせたのではない。一九八〇年代に、サッチャー保守党自体が、かつての労働党支持層を保守党支持へと引き寄せるべく積極的に政策を講じたことは見逃せない。すなわち、株式購入の規制緩和や公営住宅の払い下げを内容とした「大衆資本主義《ポピュラー・キャピタリズム》」

の推進は、購買力を増しつつあった熟練労働者の支持獲得を狙った一手であった。保守党の伝統的な理念たる財産所有民主主義にもとづく「買う権利」を保障した一連の政策によって、それまで不動産所有には手の届かなかった労働者階級の中に、新規の資産所有者が確実に増大したのであった（モラン　一九八八）。財産所有の奨励は、消費意欲や上昇志向の強いミドル・イングランドの意識に確かに呼応していた。

新たな保守党支持層を構築を旨とした保守党の戦略は、意図した成果をある程度まで収めたといえよう（豊永　一九九八）。世論調査によると、自治体住宅の借家人の約半数が労働党に、三〇パーセント弱が保守党に投票した。これに対して労働者階級のうち持ち家所有者の約半数（四七パーセント）が保守党に、二六パーセントが労働党に投票した（Butler and Kavanagh 1999b: 296-297）。保守党は労働党に先んじて、「大衆資本主義」を通じて彼らに共通の利益基盤を作り出し、その支持を取り込んでいったのだった。「業績（手柄）争いの政治」の視点を用いるならば、保守党は業績を自ら生み出す政治努力によって、労働党よりも確実に優位に立ったのであった。

しかしながら、保守党の「大衆資本主義」を支えたネオ・リベラリズムという理念が、当時人々に広く受け入れられたわけではない。当時の社会コミュニティ計画調査による世論調査を見ると、中間層は、ネオ・リベラリズムにもとづく政策刷新へは常に慎重な態度を崩していなかったことが明らかになる。例えば、「減税し公共支出を削減すべき」という主張に同調した回答は、少数にとどまっている。むしろ世論の趨勢は、ＮＨＳや年金を中心とした戦後福祉国家支持に傾き、過半数の回答者が、公共サービスへの政府支出の増大を望むとしていた（Lipsey 1994）。

しばしば指摘されるように、ＮＨＳの民営化をはじめ大胆な福祉国家削減を目指していたサッチャーであったが、このような世論動向を無視することは不可能だった。そのためサッチャーは当初の政治目標を修正し、ＮＨＳへの支出の増大、退職者年金の物価連動型への変更（実質的な給付金増額の実施）を公約とせざるをえなかった[20]（Kavanagh 2002: 213-214; Thatcher 1993: 49, 127）。戦後福祉国家に対する有権者の根強い支持こそが、サッチャーに抜本的な福祉国家改革を諦めさせる重要な要因であった（Pierson 1994）。しかし、ＮＨＳといった保守党が支持獲得に注力した中間層の支持が高い政策は維持された一方、貧困層に対する政策では大幅な削減が実行された。以下では、後の労働党の政策を制約することになるサッチャリズムの政策遺産について整理をしておきたい。

3 社会政策におけるサッチャー改革

サッチャー改革の波

サッチャー政権下では、最初の改革の波は政権初期に見られた。具体的には、(1) 公営住宅の払い下げ、(2) 労働市場の柔軟化を促す抜本的な労働組合活動規制、(3) 国営重工業の廃止もしくは民営化、(4) 税制改革、とくに所得税減税と間接税率の引き上げ、(5) インフレ抑制を優先し一定程度の失業 (自然失業率) の容認 (＝完全雇用への政府コミットメントの放棄)、である。財政面を見ると、一九八〇年代前半の不況の中で、失業率が一〇パーセント (一九七九年は四・三パーセント) に上昇したため、失業手当の申請者は三五万二千人から一一〇万人に増加し、社会保障支出が膨張した。結果的に、公的支出削減の指標としたPSBRの対GDP比率は、保守党政権の削減目標とはうらはらに、一九八三年には戦後三番目の規模となる四八・四パーセントまで上昇した。さらに人口の高齢化を背景に、一九八四年から八五年にかけて社会保障支出が公的支出の三三パーセントにあたる約四〇〇億ポンドを占め、そのうち四三パーセントが退職者年金に充てられた (Kavanagh 2002: 214; 小堀 二〇〇五：一七二)。

改革の次なる波は政権第三期におとずれた。すなわち、(1) 公的扶助と年金を主な対象とした社会保障改革、(2) NHSへの「内部市場」の導入、(3) ナショナル・カリキュラムの導入と競争原理にもとづく大幅な学校教育改革、である。一連の改革によって、カリキュラムの統一と全国学力テストの結果公開による学校間の競争の奨励、学区の自由化、NHSへの「購入者」と「供給者」を区分する準市場化、といった多様化と競争が促された。NHSは構造としては温存されたものの、その運営には、医療サービスの供給者＝医療機関と購入者＝医療当局とを分離して医療機関における競争を促す「内部市場」が導入された。民間企業と同じ手法が取り入れられたことで、市場主義的改革のための橋頭堡が築かれたのだった。一連の改革は、公共サービスを利用する側に積極的に選択できる者とそうでない者の差を生むことに帰結した(21)。

雇用政策と社会保障政策の連結

次に、これらの改革のうち、ケインズ－ベヴァリッジ型福祉国家から大きな転換を示した雇用政策と、それと連動した社会保障の改革について見てみよう。自然失業率を受け入れようというサッチャー政権下の政策転換は、失業者の公的就労支援といった積極的労働市場政策が事実上不在であったイギリスでは、深刻な失業問題を生み出した。インフレ抑制を優先していたサッチャー政権であったが、一九八〇年代半ばに失業給付関連支出を中心に社会保障費が増大すると、政府は雇用政策における非介入主義を軌道修正せざるをえなくなる。しかし政府の介入によって需要を喚起し雇用を創出するようなやり方は、政権の基本方針にはそぐわない。そこでサッチャー政権が注目したのが、レーガン（Ronald Reagan）政権下で遂行されていた厳格な懲罰要件を設けて就労を強制する仕組みを持つアメリカのワークフェア・プログラムであった（Dolowitz 1998: 82）。

視察のために幾度も訪米した雇用省や社会サービス省の高官たちの耳目を惹いたのが、マサチューセッツ州の求職プログラムであった。このプログラムでは、失業手当をはじめとした社会保障給付の受給条件として、公的な職業プログラムへの参加を義務付け、参加を忌避する者には厳格な制裁措置が科せられた。いわゆるワークフェアに分類される政策プログラムの典型といえよう。ワークフェア改革を推進した社会サービス相ファウラー（Norman Fowler）は、一九八六年以降、（1）「再出発プログラム」、（2）一六歳と一七歳の失業者の職業訓練プログラムへの参加を義務づけた一九八八年社会保障法、（3）職業訓練プログラムへの参加を忌避した失業手当受給者に対して給付を一時停止する措置を含んだ一九八八年雇用法、等新たな政策を次々と実行した。社会的包摂の多様性論に照らせば、これらの改革は、自助を前提とした

図 1-2　疾病、労災、失業手当の総置換率（1930-2010 年）

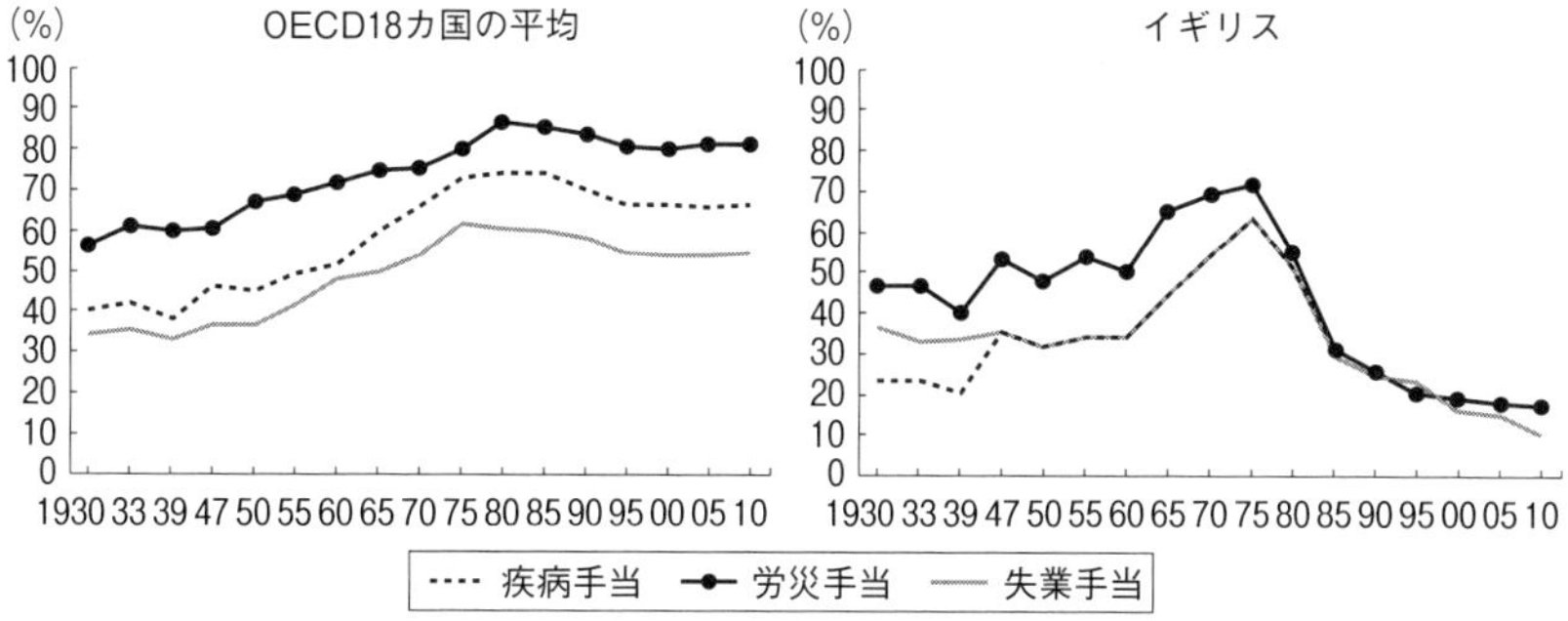

出所）Korpi and Palme (2003). The Social Citizenship Indicator Program (SCIP) をもとに作成。

図 1-3　ジニ係数の推移（1979-2011 年）

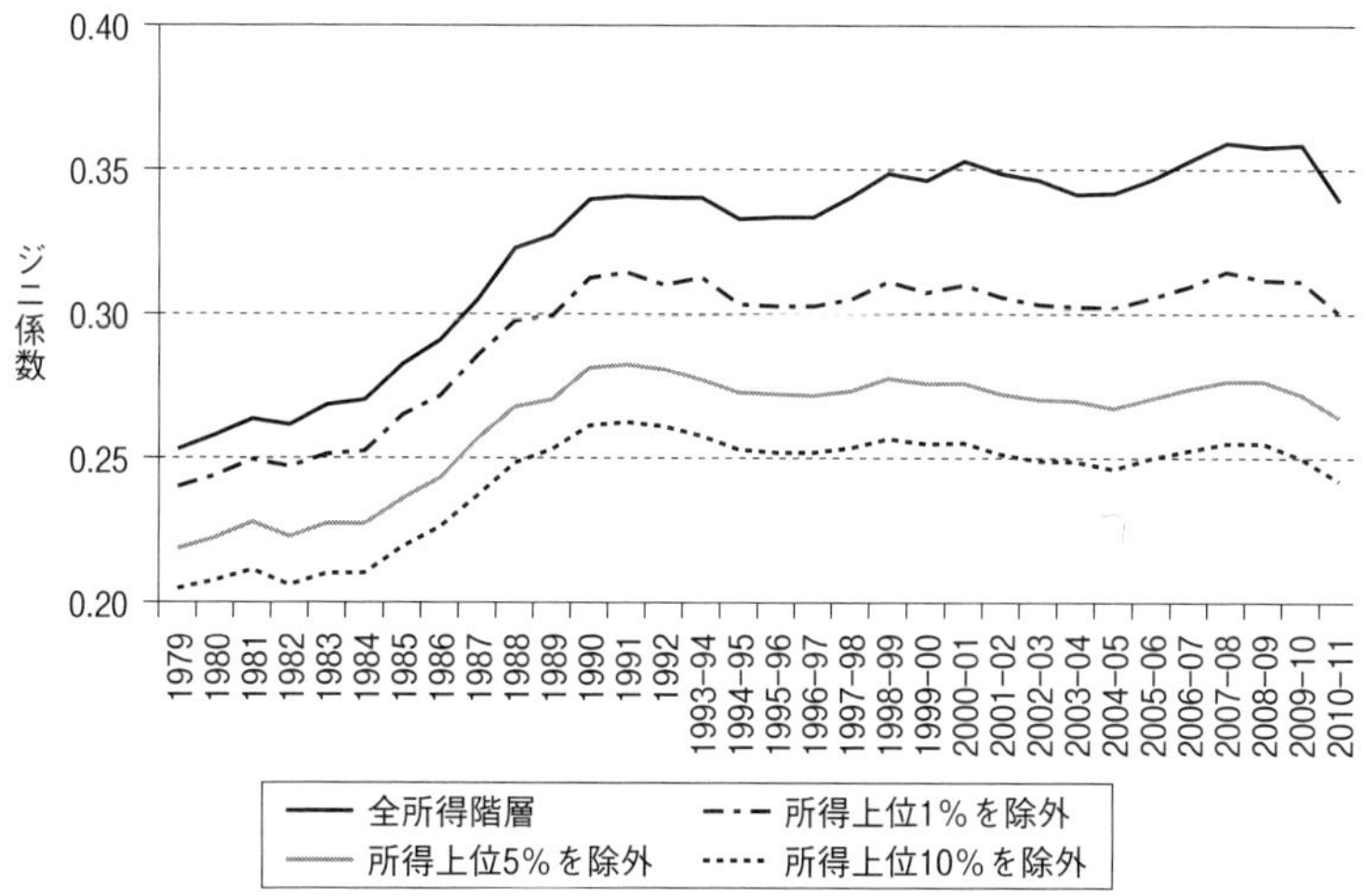

出所）Joyce and Sibieta (2013) p. 184. 家計支出調査（FES）と家計資産調査（FRS）にもとづいて算出。

注）ジニ係数は、住宅費を控除する前の所得にもとづいて算出。

労働市場への包摂を目指した就労義務優先型ワークフェア改革である(22)。

社会保障制度でも福祉国家の削減がはっきりと確認できる。一九八一年に失業手当が賃金連動型から物価連動型に変更され、賃金に連動していた補足分について、失業者、罹病者、寡婦、出産休業者、傷害者の手当が廃止された（Thatcher 1993: 55; Kavanagh 2002: 214）。これらに加えて、失業手当と補足給付に対する課税、受給資格者認定の厳格化、児童手当の支給額凍結が実施された。一九八〇年代に施行された数々の制度改正によって、失業者を対象とした公的給付の年間支給額は約七ポイント減少した（Merkel *et al.* 2007: 55）。公的給付全体に占める資力調査付きの手当の割合は、一九七〇年代から一九九〇年代にかけて倍増し、選別主義の傾向が急速に強まった（Rhodes 2000: 47）。

図1－2から読み取れるのは、一九八〇年以降のイギリスにおいては、他のＯＥＣＤ諸国に比べて、疾病、労災、失業などによって労働市場を離れた場合の所得保障は劇的に削減され、脱商品化の度合いが著しく低下したことである（今井二〇一六b）。社会保障の従前所得に対する置換率から見ると、イギリスの社会権の水準はベヴァリッジ以前の時代に引き戻されたといえよう（Korpi 1989; Korpi and Palme 2003: 433; 今井二〇一六b）。

かくしてイギリス社会は、地域、職種、学歴等の複数の要素に起因する歴然たる格差が急速に拡大し分極化が進んでいく。第二次大戦後、一九七〇年代前半までのイギリスは、深刻な貧困問題を依然として抱えていたにせよ、実質賃金の上昇や所得の再分配によって、貧富の格差は大幅に緩和されていた。ウィルソン（Harold Wilson）政権下で一九七四年に設置されたダイアモンド委員会の報告書によれば、一九一一―一九一三年には、イギリスの人口のトップ一パーセントの富裕層が所有する資産は、それ以外の人口が所有する資産の六九パーセントに相当した。それが、一九六〇年には四二パーセントに、一九七二年には二八パーセントにまで縮小する（Mullard and Swaray 2008: 36）。ところが、所得格差を示すジニ係数の推移を見ると、一九七九年には〇・二五付近を推移していたが、一九九〇年代初頭には〇・三四まで劇的な上昇を示した（Joyce and Sibieta 2013: 182-183, 図1－3参照）。イギリスは一九八〇年代を通じて、ＯＥＣＤ加盟諸国間でアメリカ、アイルランド共和国に次いで不平等がもっとも深刻な社会へと変貌したのであった（IFS 2007a）。貧困状態にある人々の割合は一九八〇年代を通じて約六〇ポイント増大し、イギリス社会は大きく分断されたのだった。ブレアの政策アドバイザーとなった『オブザーバー』紙の編集長のハットン（Will Hutton）は、自著でサッチャーによる改革を経たイギリスは、三〇・三〇・四〇社会、すなわち上位三割の安定した富裕層、就労はしているが不安を抱える中間層三割、社会的に排除された四割から成る社会へと変容したのだと批判した（Hutton 1996）。

4　政権から遠のく労働党――支持、組織、政策アイディアの揺らぎ

一九八三年の大敗

一九八〇年代を通じて政権を独占した保守党に対して野党に甘んじた労働党は、一九七九年総選挙での敗退後、（1）党内組織、（2）有権者の支持、（3）政策アイディアという重要な権力資源に関して党の存立基盤を揺るがしかねない深刻な状況に直面していた。一九八〇年一〇月の党首・副党首選では、党内左右両派の架橋しがたい分裂が露呈した（Rubinstein 2003: 321）。党首にはバックベンチャーの左派候補フット（Michael Foot）が、有力候補とみなされていた主流派（修正主義派）のヒーリーを抑えて選出された（Butler and Kavanagh 1999b）。副党首選では、急進左派のリーダー、ベン（Tony Benn）とヒーリーとの激しい競り合いとなり、ヒーリーが一ポイントに満たない僅差で辛勝した（Rubinstein 2003: 321）。

一九八一年一月の臨時党大会では、党首・副党首選出手続きが変更され、議会労働党（the Parliamentary Labour Party: PLP. 以下、「議会党」と表記する）による選出から全党を対象とした選挙人団によって、毎年の党大会で再選投票を行うことが取り決められた[23]。また、選挙区労働党（the Constituency Labour Party: CLP. 以下、「選挙区党」と表記する）による現職議員の強制的再選挙も導入された。その結果党内の権力バランスは、議会党から急進左派の活動家や労働組合が影響力を持つ選挙区党、労働組合がブロック票を背景に支配的な影響力を振るっていた党大会へと大きく傾くことになる（Minkin 2014; Butler and Kavanagh 1999b: 3）。党内権力配置における急激な党の左傾化に反発したのが、長らく主流派を占めていた

議会党の右派であった。同一月に修正主義派の重鎮ジェンキンスら閣僚経験のある四人の大物議員が、労働党を見限って離党し、「社会民主党」を結成した。翌年には、現職労働党議員二五名と保守党議員一名が参加した。一九八三年総選挙で同党は自由党と連携し「連合」として臨んだ。

有権者の支持について見ると、一九七九年総選挙でも顕在化した伝統的な支持基盤の労働者階級の離反が、一九八三年総選挙では一層拡大したことが明らかになった。同選挙で前回よりもじつに九・三ポイントも低い二七・六パーセントの得票率に終わった労働党は、労働者階級の三八パーセント、労働組合員の三九パーセントの票しか獲得できなかった（Butler and Kavanagh 1999b: 296）。前節で述べた通り、労働者階級の中で豊かになりつつある人々は、車を所有し自宅を購入し、民間部門で就労するようになっていた。こうした豊かな労働者階級は、概して保守党もしくは「連合」へ投票した。それというのも、彼らにとって一九八三年総選挙で労働党が提示した社会主義色の強いマニフェストは歓迎し難いものだったからである（Butler and Kavanagh 1999b: 1）。こうして労働党に背を向けた有権者は「連合」にも流れ、同党は得票率で労働党に二・二ポイント差まで迫った。有権者の投票行動がますます流動化した中で、イギリスの政党システムが二大政党制から多党制に移行するのではないかと論じられさえもした（Butler and Kavanagh 1999b）。

政策アイディアから見れば、経済の五カ年計画、増税ではなく政府債務を財源とした大型の公共投資、労働組合との協調を掲げた一九八三年総選挙マニフェストは、有権者意識の変化を完全に読み誤っていたといわざるをえない。「もっとも長い自殺文」と揶揄されたように、支持獲得にとっては致命的であった。壊滅的なダメージを受けた労働党が一九八三年総選挙後に労働党党首に選出したのが、キノックであった。圧倒的な得票率（七一・三パーセント）で当選したキノックは、ウェールズの炭坑地域選出の労働者階級出身の実力派であった（Rubinstein 2003: 328）。キノックは、労働党の党勢回復のためには、党の組織改革と政策の見直し、とりわけケインズ主義的なマクロ経済運営を政策メニューから除外しなければならないと考えていた[24]。

野党労働党の組織改革

キノックは党首に就任すると、労働党の立て直しには中道に軌道修正することが不可欠であると考え、そのための手段として党組織改革に着手した。彼は議会党を政策形成機関の中心に位置づけ（Shaw 1994: 110)、議会党と院外組織が「一つの声」で党の方針を示す体制を作り出すことを目指した（Quinn 2004: 82)。

一九八三年一二月、キノックはこの方針にもとづいて、全国執行委員会（National Executive Committee: NEC）と影の内閣との間に合同政策委員会（Joint Policy Committee: JPC）を設置した。合同政策委員会は、全国執行委員会と影の内閣からの同数の代表、労働組合の代表、政策アドバイザーによって構成された。合同政策委員会は発議権を有し、その政策案は全国執行委員会に送られた（Shaw 1994: 110; 阪野 二〇〇一：三八、Russell 2005: 131)。合同政策委員会は非公式な組織であったがゆえに、院外組織の影響から自由であり（Quinn 2004: 76)、伝統的に党の政策形成過程で中心的な役割を担ってきた全国執行委員会とその下部に位置する作業グループを迂回する道筋がつけられた。議会党指導部への権限の集中を進めることが可能になったのである。キノックの議会党首脳部の自律性を高める試みは、野党の議会党首脳部に国庫から直接支払われるショート資金によって後押しされた[25]。補助金の額は一九八三年実績では年四四万ポンドにのぼり、議会党は、独占的に使用できる公的資金を得たのである。この資金によって、政策顧問などの自前のスタッフを擁し、独自の活動を展開することが可能となった（Quinn 2004: 76-77, 152, 200)。

一九八七年には、議会党候補者選出のための選挙人団に占める個人党員割合の下限が六〇パーセントに引き上げられ（投票形式は、一人一票制 one member one vote: OMOV)、個人党員の発言力が増した（Shaw 1994: 204)。その後一九八九年から九一年にかけて、全国執行委員会の委員、党首の選出にさいして選挙区党部門の投票方式にOMOV制が導入された（Quinn 2004: 195)。その結果、全国執行委員会の委員選挙で急進左派が次々に落選した（Shaw 1994: 204)。こうした組織改革と並行して、一九九〇年代初頭までには、穏健左派（soft left）の大半がキノックの進めた党内改革運動に統合されていった（吉瀬 一九九七：一三六、Shaw 1996)。これら一連の党組織改革によって、キノックは一九八〇年代後半に、防衛や公益産業の国有化といった党の枢要な政策領域での転換を実現した。

キノックは党大会での対立を有権者やメディアに晒すことが、党のイメージを甚だしく傷つけているとして、一方では対外的なコミュニケーションの強化を、他方では党大会の審議過程の改革を目指した[26]（Quinn 2004: 83）。前者についてキノックは党首就任当初から、労働党が新たな有権者構造の変化への対応ができていないことに強い危機感を抱いていた[27]。党から遠ざかっていく有権者に対しては、党自体が積極的に働きかける必要があると考え、対外的なコミュニケーションをより専門的に行う部署を設置した。一九八五年一〇月、テレビ局（London Weekend Television）のプロデューサーを務めていたマンデルソン（Peter Mandelson）を党のキャンペーンおよびコミュニケーション局（Campaigns and Communications）の責任者として抜擢した（Seldon 2004: 157）。キノックは翌一九八六年五月に、この部局を影のコミュニケーション部（Shadow Communication Agency: SCA）へと改組し、その運営をマンデルソンとグールド（Philip Gould）に委ねた（Gould 1998: 56–58）。労働党は、選挙キャンペーンの専門職化に向けて舵を切ったのである[28]（Shaw 1996: 188–189）。マンデルソンらは、政権奪還のためには多数派となったミドル・イングランドの支持が必要だと主張し、そのための世論調査とメディア対策を最重要視した（Shaw 1996: 188; Gould 1998: 84–85）。

後者の党大会の審議過程の見直しでは、合同政策委員会や後述する政策見直しグループ（Policy Review Groups: PRGs）の設置は、党の政策決定を議会党エリートに独占させるものだとして、選挙区党をはじめとした院外組織が批判を強めていた。キノックは妥協策として、党大会に先立って党内の全ての部門の代表者が協議する場となる全国政策フォーラム（National Policy Forum: NPF）を設置した。もっともキノックの真の目的は、議会党と影の内閣がこのフォーラムの協議で主導権を握り党内の議論をまとめあげることで、党大会での意見対立を最小限に抑え込むことにあった（Quinn 2004: 83）。

一九九〇年の年次党大会では、その他にも重要な提案がなされた。それは、全国執行委員会委員選出方法の改革、党大会での労働組合票の配分率の引き下げ、そしてそれにともなう選挙区党の票決率の引き上げである。全国政策フォーラムの初会合が開かれたのは一九九二年総選挙後の一九九三年五月、議長にはキノックの盟友で後に書記長に就任するソーヤが就任し（Russell 2005: 137-138）、党内の全ての部門から選出された代表者一七五名（後に一八三名に増加）が参加した。その中心的な任務は選挙マニフェストの審議であり、合同政策委員会の作成した草案を約二年かけて審議し、必要な場合は変更を「推奨」した（Quinn 2004: 84-85）。ここに活動家を含む党の利害関係者が政策協議に参加し、時間をかけて合意形成を図る体制が整えられた。つまり、少なくともかたちの上では、党内民主主義を実践する場が確保されたのだった。だがじっさいには、フォーラムは発議権を持たず、その役割は影の内閣のメンバーが中心になって作成した政策草案について変更をあくまでも「推奨する」ことに限定されていた（Stuart 2005: 250; Russell 2005: 139; Quinn 2004: 83, 87）。このように、ブレアの党首就任以前の段階で議会党首脳部が主導権を発揮できる環境が準備されたのであった。

政策アイディアの転換——「供給サイド社会主義」

ポスト・ケインジアン構想

サッチャー政権下で進む経済論議の転換に対し、キノックはそれに頑強に対抗するよりも受け入れるスタンスで臨んだ。ケインズ主義にもとづく福祉国家を追求することはもはや現実的ではないというのがキノックの認識であった。彼の政策顧問であったコリー（Dan Corry）によれば、その認識を一層強めたのはサッチャー改革の進展ではなく、隣国フランスで一九八三年に大統領に就任した社会党のミッテラン（François Mitterrand）が、公約とした社会主義的政策から踵を返して「Uターン」したことであった[29]（Corry 2010: S124; 吉田 二〇〇八）。社会党政権の転回は、キノックをはじめとしたイギリスの穏健左派にもはや一国ケインズ主義が機能する環境ではないことを思い知らせたのだった[30]（Corry 2010: S124）。

しかし、労働党の政策アイディアの転換を成し遂げるには、キノックの党内基盤は脆弱であった。労働党への強い不信感を抱く有権者、議会党内の急進左派、草の根レベルの党の活動家、敵対する一部の労働組合、保守党寄りのメディアという多方面からの批判に対峙することを余儀なくされていたからである。全国炭鉱労働組合（ＮＵＭ）の委員長スカーギル（Arthur Scargill）に代表された急進的な労働組合運動が政権奪還を目指す重い足枷になっていることは明らかだったが、大きく左へと傾いた労働党からすぐさまそうした勢力を一掃できないことも確かだった。

そこでキノックは、一九八〇年代後半にかけて急進左派勢力を要職から徐々に排除し周辺化する一方で、ブランケット（David Brunkett）、クック（Robin Cook）ら穏健左派と、スミス（John Smith）、ブレア、ブラウンら党内右派との連合形成を図った。そうすることで、彼が目指す中道寄りの政策アジェンダの具体化を後押しする勢力を築こうと意図したのである[31]。

キノックは、具体的な政策立案で急進左派に配慮しながらも、党首室直属の政策見直しグループを通じて政策の審議過程を党外に発信することで、有権者に開かれた党のイメージ作りに力を注いだ。各政策グループの議長は全国執行委員会と影の内閣から一名ずつ選出され、党外から登用された人材も政策策定に参加した。そうして、党の政策形成における権限が党首室へと段々と集中されていった（Russell 2005: 131-132）。

一連の政策見直しを通じて一九八九年に打ち出した新機軸が、社会政策の重点を需要サイドから供給サイドに移す「供給サイド社会主義 supply-side socialism」であった（Labour Party 1989: 6; Gamble 1992: 67-68）。供給サイド社会主義の趣旨は、需要喚起のための介入策ではなく、職業教育や訓練に積極的な投資を行うことで、労働市場に参入する条件の格差をなるべく解消しようとすることにあった。コリーによれば、政策見直しグループによる供給サイドに関する政策形成には、アメリカ大統領選挙の準備をしていたクリントン（Bill Clinton）や彼のアドバイザーの経済学者ライシュ（Robert Reich, クリントン政権の労働相）の影響が色濃く反映された[32]。供給サイド社会主義こそ、人的資本への投資に政府が積極的な役割をはたすことを重視したその後の労働党の政策の起点となったのであり、それはやがて「ステーク・ホルダー社会」あるいは「第三の道」として具体化される。社会政策を支える経済政策としてキノックが重視したのは、国内の生産性の拡大と国際競争力の強化であり、長期的投資を支える経済の安定化であった[33]（Hill 2001: 160）。さらに、再分配についても、一九八〇年代後半には、累進課税を通じた富の再分配によって平等を実現するという政治目標は有権者の間で不人気になりつつあるとの認識が議会党首脳部で共有されつつあった[34]（Westlake with St John 2001: 435）。政策見直しでは、安全保障政策と外交政策でも重要な転換が示された。安全保障では、核兵器の一方的廃絶という方針が党の公式政策メニューから除外され、外交では、従来の方針を覆して親欧州統合の立場を示した。

財政については、その後にブレア労働党の基本方針の一つとなる重要な提言がなされた。一九九二年総選挙を前にして、影の財務省主席担当官ベケット（Margaret Beckett）は、政府支出の規模を「財源が許容する範囲」に収めるとする基本方針を示した。それは経済成長等によって財源が確保されない限りは、財政支出を増やさないとする枠組みの設定であり、党内では広く「ベケットの掟 Beckett's Law」として知られるようになった（Hill 2001: 153; Stuart 2005: 173–174）。「ベケットの掟」は、後にブラウンによって労働党政権の財政ルール「黄金律《ゴールデン・ルール》」として継承される。政権の財政方針の根幹を成す原則の端緒は、ブレアの党首就任前にすでに準備されていたことがここに確認できる。こうして労働党は、経済環境の変化がもたらす制約要因を受け入れ、優先的政策目標を財政出動による需要喚起から均衡財政へと移す党の政策の「現代化」へと大きく舵をきった。

労働党の財政政策の大転換についてギャンブルは、労働党と保守党が政治的動機こそ異なってはいたものの同じ結論にたどり着いたと論じた（Gamble 1992: 68）。序章で示したトリレンマに沿っていえば、均衡財政がまずもって優先されたのである。ここにケインズ主義的なマクロ経済管理に拠らずに雇用と社会正義がどのように追求されるかという新たな政策課題が浮上することになる。しかしながら、二大政党の政策ポジションが収斂したと結論するのは早計である。保守党政権が市場への介入をできうる限り制限していたのとは対照的に、キノック労働党は供給サイド社会主義という新たな方針にもとづいて「市場がうまく機能しない領域」での政府による積極介入を是としていた（Westlake with St John 2001: 358; Meacher 1991a）。つまり労働党は市場の機能を肯定しつつも、他方においては、供給サイドへの政府介入を打ち出すことで、国家と市場の関係をめぐって保守党政権との明確な違いを示していた。こうして労働党は保守党政権の経済政策に接近する一方、保守党政権に対抗する政策アイディアを積み上げていった。労働党の支持率は一九九二年総選挙を前に保守党政権に拮抗するまでに至り、総選挙での労働党の勝利が予想されもしたのだが、しかしながら、この総選挙でキノック労働党は一九七九年以来連続四度目となる決定的な敗北を喫してしまう。

小括

本章では、ブレア労働党の政権奪還戦略を強く拘束したといわれるサッチャー保守党政権がもたらした衝撃を検討した。サッチャー政権に先立つイギリスの戦後政治の枠組みは合意の政治、つまり完全雇用を前提とした福祉国家の維持と発展等、政策基調について二大政党の間には大枠で了解が成立していた。牽引役を担ったのは、保守党左派の「一つの国民」保守グループと、労働党内右派の（社会主義の）修正主義派であった。一九七〇年代の深刻な経済危機の中で、この大枠＝ケインズ－ベヴァリッジ型福祉国家は激しい非難にさらされるようになり、それにともなって二大政党内の権力配置も大きく揺らいだ。もっとも、完全雇用から先に手を引いたのは時の労働党政権だった。保守党では、自由市場主義を支持する勢力が台頭しサッチャーを党首に担ぎ上げた。

サッチャー政権下では、戦後福祉国家を支持する有権者の抵抗もあり、必ずしもサッチャーが目指した通りの改革が進展したわけではなかったが、それでもなお、民営化、金融の規制緩和、労働組合規制、大幅な減税、公共サービスへの準市場の導入、公的給付の削減などが遂行された。サッチャー政権下の改革は、一方では一九九〇年代の金融主導の経済成長を準備し、他方ではイギリスを戦後最悪の水準の格差社会へと変貌させた。

対する労働党は、党内左右両派の激烈な対立の末に右派の重鎮が離党し、一気に左傾化した。一九八三年総選挙で完膚なきまでの敗北を喫した労働党は、キノック党首の下で、党内の組織、新たな中間層の支持調達、政策アイディアの刷新、といった難題に取り組み、中道寄りへと路線転換してゆく。キノック時代に打ち出された「供給サイド社会主義」は、経済構造の変化に適応し、なおかつ保守党の規制緩和路線とは明確に区別される政策アイディアであったが、一九九二年総選挙で労働党の四度連続の敗北を喫する。一〇年近くに及ぶ党内改革を経てもなお、労働党の支持調達という権力資源は、圧倒的に不足していた。

第2章　ブレア党首の誕生

1　ブレア劇場のプロローグ——一九九二年総選挙と労働党の敗退

一九九二年四月九日に実施された総選挙は、イギリスの政権交代の在り方に再考を促す結果となった。労働党が四度連続で敗北したことで、イギリスは、一党優位政党制へ移行したのだとの論評さえあった[35]（Mair 1997: 204-205）。事前予測に反して敗北を喫した労働党は深いトラウマを抱えることになり、それはブレア労働党の政権奪還戦略にも大きな影響を与えることになる。

一九九二年総選挙は、労働党にとって千載一遇のチャンスになるはずだった（Paulson 1994）。一九九〇年に辞任に追い込まれたサッチャーに代わってメイジャーが率いた保守党には、不況と失業増、保守党の地盤であるイングランド南部の新たな選挙区割り等、総選挙に臨む上で不利な事態が次々と生じていた。にもかかわらず保守党は、一連の不利を覆すだけの強力な選挙キャンペーンを展開できるような態勢にはなかった（Paulson 1994: 84）。ところが、蓋を開けてみれば、保守党は同総選挙で戦後最大の得票数を得て、過半数を制したのであった。もっとも、得票数に反して保守党の獲得議席数は前回よりも四〇議席も少ない三三六議席にとどまった。政権奪還を狙ったキノック労働党は、得票率で前回選挙の三〇・八パーセントをわずかに上回る三四・四パーセントにとどまった。労働党の得票率の上乗せ分の大半は、第三党自民党から流れたものであった（表0－1。Pualson 1994: 87）。

キノック党首の下で、党内組織の改革と政策アイディアの見直しを実践した労働党であったが、政権には届かなかった。労働党の敗因は何に求められるのか。真っ先に挙げられるのが、メイジャー保守党と保守系メディアが大々的なネガティヴ・キャンペーンを展開したことである。キャンペーンの主眼は、労働党のマニフェストには「増税爆弾」ともいうべき大規模な増税案が潜んでいるというイメージを有権者に植えつけることであり、それはたしかにある程度まで成功した。一九九〇年代初頭に襲った不況下で、税制にことさら敏感になっていた有権者は、所得税の最高税率を五〇パーセントに引き上げる方針を示した労働党への警戒心を募らせたのであった(36)（Newton 1992: 144; Waller 1995）。特筆すべきは、タブロイド紙（大衆紙）の影響力であった。中間層を主な読者層とする大衆紙『サン』は総発行部数三五〇万部を超え、同紙がどのような党派的な立場を採るかは、各党の支持が拮抗しわずかな票の動きによって結果が左右される接戦区で無視できない影響力を持っていた。

だからこそ、労働党の選挙キャンペーン担当者たちもタブロイド紙の動向には神経をとがらせていたのだが、キノックは、『サン』紙に文字通り目の敵にされた。同紙の一面は連日のようにキノックに対する中傷記事や労働党の増税策の脅威を強調する記事で埋めつくされていた（*the Sun*, 9 April 1992; Crewe and Gosschalk 1995; McSmith 1993: 19; Butler and Kavanagh 1992: 255）。総選挙直前の一九九二年二月にギャラップ社が実施した世論調査では、回答者のじつに五八パーセントが、労働党政権が成立すれば税金が「大幅に上がる」と予想していた（Newton 1992: 145）。

ネガティヴ・キャンペーンの標的となった労働党の財政政策と社会保障政策を担当したのが、影の財務相スミスであった。スミスは、ケインズ主義的な経済運営からは明示的に距離をおき、むしろ財政を均衡させることを重視していたが、それでも累進課税にもとづく再分配は依然として必要であると考えていた（McSmith 1993: 105）。スミスが打ち出した政権構想とは、政府支出の削減策と格差是正策とを両立させる一方で、最低限の平等化政策として資力調査をともなわない年金と児童給付を上乗せすることであった（Labour Party 1992; Stuart 2005: 173-174; Seldon 2004: 183）。スミスにとってそれは「最低限」の福祉拡充策であった。スミスが限定的とはいえ増税と支出拡大をマニフェストに盛り込んでよいと判断したのは、有権者に十分に受け入れられると判断したからであった。しかしそれは完全に裏目に出た。スミスの政策案は、保守党やメディアに、時代遅れで人心を離れたオールド・レイバーとする攻撃のための格好の材料を与えてしまった。キノック労働党の最大の敗因は、これらネガティヴ・キャンペーンの煽りも受けて、「不満の冬」の混乱、党の分裂と左傾化等から強い警戒心を抱くようになった有権者を安心させることができなかったことだといえよう。

一九九二年総選挙での敗退を受けた党首脳部が、党勢の立て直しを図る上で真っ先に取り組んだのが、なぜ人々の信頼を得ることができなかったのか、その原因を探ることであった[37]（Kinnock 1992: 4）。キノック自身の認識によれば労働党の敗因は、伝統的な労働党支持層である「持たざる人々」ばかりでなく、「持てる人々」、そして「未だ十分に得ていない人々」にアピールする上で「（労働党が）十分な変化を遂げてこなかった」ことにあった。貧困層から安定した中間層、さらには新興の中間層にまでウィングを広げよ、とするキノックの選挙戦略はブレア党首の下での大胆な党改革に継承される。

ミドル・イングランドからの支持調達への課題

キノックの認識は、対外的なコミュニケーションを担当したマンデルソンやグールドとも共有された。とくにグールドは、一九九一年からアメリカのクリントンの大統領選挙キャンペーンに参加し、そこで得た知見にもとづいて、クリントンが行ったような「ミドル・アメリカ」あるいは「勤勉な人々」からの支持獲得戦略を労働党も採用すべきであると強く主張していた（Gould 1998: 171–179）。グールドに強い影響を与えたのは、クリントンの有力な選挙参謀であったグリーンバーグ（Stanley Greenberg）であった。とくに、貧困層のための政策の実践は、中間層の支持を獲得して政権に就いてはじめてできるのだというグリーンバーグの持論に共感していた（Gould 1998: 174）。こうした考えにブレアも賛同していた（Rentoul 2001: 312–313）。グールドは、六〇パーセント以上のイギリス国民が「中流階級」と自己規定している事実を挙げて、時代の要請にそくした選挙戦略の見直しが必要であると主張した。彼は自著で、「大衆政治は中流階級の政治になり、次の世紀を勝ち抜くためには、中流階級の支持を勝ち取ることが必要なのだ」と力説している[38]（Gould 1998: 396）。

　党による調査とは別に、労働党議員によるミドル・イングランドに関する独自の調査もなされた。議会党の実力者のラディッチ（Giles Radice）は、フェビアン協会の協力を得て、『南部の不満　*Southern Discomfort*』『続・南部の不満　*More Southern Discomfort*』と題された世論調査にもとづく提言書を相次いで刊行した（Radice 1992; Radice and Pollard 1993）。このパンフレットは、ブレアに「南部」の有権者の支持を集めることが何よりも重要であることを決定的に印象づけた[39]（Blair 1995a）。

　ラディッチは、スミスやハタスレイ（Roy Hattersley）らを擁する修正主義派の「連帯グループ Solidarity Group」に属し、一九八〇年代前半の党の危機の際には、党内左派のリーダーであったベンを強く批判した人物である（Keegan 2004: 39）。彼は『南部の不満』の中で、イングランド南東部に居住する二五～五〇歳の有権者を対象にした緻密な意識調査の結果を紹介し、この地域は所得水準と持ち家保有率が全国でもっとも高く、その持ち家保有者の多くが一九八〇年代の保守党政権による公共住宅払い下げによって新たに不動産を取得した人々であること、さらにそのうちの三分の一が株式保有者であることを明らかにした。彼によれば、この地域の過半数を占めるホワイト・カラー層や裕福な熟練労働者の利益こそ、労働党が十分に汲み取りえずにいたものだった。ラディッチが調査したミドル・イングランド、あるいは「エセックスの人 Essex man」とも呼ばれる人々の多くは、職業資格を持つホワイト・カラーであり、政治的には特定の支持政党を持たない無党派であった（Radice 1992: 5-7）。以下、ラディッチの一九九二年の調査結果を抜粋しながら、当時の労働党が把握していたミドル・イングランド像を明らかにする。

　まず彼らは、上昇志向が強く、自分自身とその家族の生活の質（ＱＯＬ）を改善したいと思っている。過去一〇年間で生活環境が確実に改善したとしながら、自分が裕福であるという自覚を持たず、むしろ不安を抱いている。その背景には、多くの人々が一九九〇年代前半の不況下ではじめて失業を経験したことがある。とはいえ、彼らは、保守党政権下での持ち家政策、低インフレ、減税策、労働組合の影響力を減退させる労使関係法の改正、公教育における基礎学力や個人主義の重視等に肯定的な評価を示した。こうした保守党政権への好意的な見方とは対照的に、労働党に対するイメージは、「成功という言葉を使わない」、「（過去に属する）労働者階級」、「誰もが同じであってほしいと思っている」等、否定的であった（Radice 1992: 7-11）。ラディッチらによる仔細な意識調査は、その後のブレアの選挙戦略構想に影響を与えたと考えられる。ブレアはラディッチに向けてこう述べたという。「労働党は個人の利益を増大していくべきであり、それを行う上で阻害となる『既得権益』に対抗していかなければならない」（Radice and Pollard 1993）。

もう一つの「第三の道」——ブレア以前のアイディア

一九九二年総選挙敗退後、労働党が再興をかけて新党首に選出したのはスミスであった。スミスは、七月一八日の党大会で議会党議員、労働組合、選挙区党から成る三つの選挙人団全てから圧倒的支持を集め、対抗馬であったケインズ主義者のＢ・グールド（Bryan Gould）に大差をつけた[40]。新党首スミスは、福祉国家改革が今後の政策立案の中核にあるべきだとする信念を抱き、政権奪還のためには政策の質を充実させることが重要だと考えていた。彼にとってメディア対策は二の次であった。スミスは、一九九二年総選挙で掲げたマニフェストは有権者の支持を獲得しえるという十分な裏づけを持って作成されたのであるから、その基本方針は維持されるべきだと主張した（McSmith 1993: 234）。

スミスは自身の信念を行動に移した。それが、一九九二年一二月一七日に発表された「社会正義に関する委員会（the Commission on Social Justice: CSJ）」（スミスの旧知で公正取引委員会委員長を務めたボリ（Gordon Borrie）委員長の名をとってボリ委員会とも呼ばれた）の設置であった[41]（McSmith 1993: 233-234）。会見の席でスミスがあえて強調したのは、ＣＳＪがあくまでも労働党本体から独立した委員会であり、したがって党の政策を拘束する権限を持たないことであった（McSmith 1993: 234）。党から独立した組織であることを示すために、ＣＳＪの活動拠点は党本部ではなく公共政策研究所（Institute for Public Policy Research: IPPR）におかれた（Pearce and Paxton 2005）。なお、ＩＰＰＲは、一九八八年にキノックによって設立されたシンク・タンクである。スミスがあえてＣＳＪの独立性を念押ししたのは、委員会が党内の抗争に巻き込まれる可能性を予め取り除き、政策審議が確実に進展する環境をなんとしても確保したかったからである（Fielding 2002: 184）。スミスが「新ベヴァリッジ委員会」とさえ呼んだＣＳＪこそが、スミスの福祉国家改革の拠点であった。

ＣＳＪに期待された役割は、たんなる外部委員会として参考意見を提示するのではなく、次期総選挙マニフェストの中核的政策案を作成することにあった。こうして、スミス党首の下で労働党はポスト・サッチャリズム時代の福祉国家改革に向けて本格的に動き出したのだった。委員会の主たる任務は、「時代の精査に耐えうる公正な税制と公的扶助システムの確立」の案出にあった（Stuart 2005: 296; McSmith 1993: 233）。

政党組織の観点からいえば、ＣＳＪは政策形成のアウトソーシングの重要な例となる。ＣＳＪの政策審議の場を党外のシンク・タンクに設置したことによって、委員会は党内の調整を経ることなく多様な人材と協働し、幅広い政策アイディアを調達できるようになった（Haddon 2012c: 5）。この点を端的に示したのが常任委員会の構成である。一六名の常任委員には、経済学者アトキンソン（Anthony B. Atkinson）、政治学者マーカンド（David Marquand）、修道院長グラッドウィン（Very Rev. John Gladwin）、障がい者問題の専門家マッシー（Bert Massie）、公共部門最大労組ＵＮＩＳＯＮの組織開発担当理事ウィーラー（Margaret Wheeler）のほか、経営者団体代表、自民党員を含めた多様な分野の人物が名を連ねた。委員会の活動は、常任委員を中心にして、総勢四〇〇人余りの政治家、団体、学識関係者が意見交換あるいは調査報告書や意見書の提出を通じて参加した（CSJ 1994; *the Guardian*, 25 October 1994; *the Daily Telegraph*, 25 October 1994; Stuart 2006: 297）。委員会の議論を取りまとめて、報告書を作成する幹事役に抜擢されたのは、ミリバンド（David Miliband）とヒューイット（Patricia Hewitt）であった。両者はやがてブレア労働党の中心的存在になる。影の内閣側の責任者には、スミスと同じスコットランド出身の友人、影の社会保障相デュワー（Donald Dewar）が選ばれた（Stuart 2005: 252）。

二一世紀型福祉国家の構想

一九九四年一〇月一九日、ＣＳＪの最終報告書『社会正義――国家刷新のための戦略 *Social Justice: Strategies for Na-*

tional Renewal』が党の政策文書ではなく単行本として刊行された。しかし、その生みの親たるスミスは、最終報告書の完成を見ることなく一九九四年五月に心臓発作のために逝去した。報告書で示されたＣＳＪの目的とは、むきだしの自由市場経済に対抗し、「社会正義と経済的成功の両立」を達成することで福祉国家の再編を図ることにあった（CSJ 1994: 1）。報告書を貫くアプローチとは、本書でいう「第一の道」にあたる事後的・受動的なリスクへの対応とも、「第二の道」の自助を強調する対応とも異なる、貧困をもたらす要因に予防的に働きかける積極的福祉への転換に踏み出すものであった（CSJ 1994: 223）。サッチャー以降の保守党政権が「規制緩和派 deregulators」であるのに対して、ＣＳＪは「投資派 investors」であるというのが、報告書が示す図式であった（CSJ 1994: 94–115）。それは、スミスが野党として明確な対立軸を打ち出したことにほかならない。具体的に強調されたのは、社会的インフラ整備への投資、人的資本の育成への投資の重要性であった（CSJ 1994: 161, 228）。このアプローチは先述の供給サイド社会主義を踏襲したものであり、やがて「ステーク・ホルダー社会」構想等の社会的投資国家構想へと引き継がれていく。

ＣＳＪが提示した政策デザインは、単に供給サイドに特化した人的資本論でも、また職業訓練を通じた就労を第一義的に目指したワークフェアでもなかった。むしろ表２‐１に示すように、三つの領域における相互に連携した介入策から成る。

表中①の供給サイドへの介入では、幅広い人的資本への投資と就労支援が示されているわけだが、それはＣＳＪが貧困から脱する最良の方法は就労であると想定していたからである。その上でＣＳＪは、「相当な理由なく就労や訓練の提供を拒否する者は、給付の満額を受け続けることを期待できない」ことを強調した（CSJ 1994: 183, 239）。

次に②と③に関わるものとして、中間的労働市場（Intermediate Labour Market: ILM, 中間的就労とも呼ばれる）がある。正規の労働市場の前段階に地域活動等の負荷がある程度コントロールされた賃労働に従事することを通じて、失業者が正規就労のためのスキルなどを獲得してゆくことができるような、擬似労働市場である。ＩＬＭは一九八〇年代初頭にスコットランドの社会的企業ワイズ・グループによって開発されたプログラムで、公設の職業訓練がもたらすスティグマを払

表2-1　CSJの政策デザイン

介入の領域・目的	政策案
①供給サイドへの積極的介入策 目的)「就労可能性」の向上を通じた技能不足に起因する雇用のミスマッチの改善	1) 失業者に対する再雇用サービスを通じた質の高い教育，訓練，自己開発の支援 2) 十分な育児支援をともなった「包括的な」就労支援 3) 失業者の再雇用を促進するための賃金補助 4) ひとり親家庭を対象とした育児支援 5) 小規模起業の支援 6) 失業の最も深刻な地域に対する経済的，社会的再興支援策[42]
②需要サイドへの介入による完全雇用政策 目的) 供給サイドと需要管理の相互作用[43] 重点領域) サービス産業	1) 教育や住宅のインフラ整備 2) コミュニティ・ケアなどの対人サービス 3) 財政イニシアティヴによる雇用創出
③労働市場の外部あるいは移行過程にある人々の「尊厳」と「自立」の重視 目的) 長期失業と社会的排除の悪循環を断ち切ること	中間的労働市場（就労）(ILM)

出所）CSJ（1994）および Thompson（2006）をもとに筆者作成。

拡し、正規の労働市場で求められる技能と労働習慣を身につけつつ、失業期間に損なわれた尊厳や自信を回復することが重視されている（Marshall and Macfarlane 2000）。そこでは、参加者が地域社会における住宅修繕、造園、環境保全作業等の仕事に従事し、コミュニティとのつながりを持ちながら失業給付ではなく「賃金」を得た（CSJ 1994: 179）。つまり、ILMは、上記の表③の政策目的とともに②とも密接に連携していることがわかる。

CSJは、ILMの参加者の約五五パーセントが正規労働市場に参入しており、保守党政権下の就労支援策の実績を三三パーセントも上回っていることに注目した（CSJ 1994: 179）。スミスにILMを紹介したハットンは、（いったん低下した）人々の労働意欲を高めていくためには、政府による効果的な介入策が不可欠であると主張し、なかでもILMという就労支援策は、ケインズ主義にも市場主義にも与しない政府の新しい選択肢であると見ていた。ハットンの試算によると、ILMで一人の長期失業者を正規の労働市場に再就職させるための費用は約一万五〇〇〇ポンドであり、決して安上がりなプログラムとはいえなかった。しかしながら、ハットンは、たとえ現行の公的プログラム

表 2-2 CSJ の現金給付による自立支援策

・負の所得税の導入
・児童手当の増額
・失業手当，住宅手当，所得扶助などの各種公的扶助の改革
・（検討事案）普遍的な「参加所得」の導入

出所）CSJ（1994）をもとに筆者作成。

よりも費用がかかったとしても安定した就労を実現することで、社会保障支出の削減と税収の拡大に十分な効果を生むことが期待できると主張した（*the Guardian*, 25 September 1995=Hutton 1999: 47–49）。

次に、表2－2のような低所得勤労世帯や失業者の所得補償に関して、ＣＳＪは資力調査の適用範囲を広げることで選別主義を強める方針には異議を唱えていた。選別主義は貧困予防の効果を生まず、福祉依存をむしろ助長する結果をもたらすとする認識ゆえである。政治学者のキングら（Desmond King and Wickham-Jones）によれば、それは、マーシャルが提示した社会権の理念を継承するものであった（King and Wickham-Jones 1999: 62）。つまり、ＣＳＪは、第1章で述べた社会権を大幅に狭めたサッチャー政権への明確なアンチテーゼを提示したのである。

さらに、ＣＳＪの現金給付策で興味深いのは、普遍的な「参加所得 participation income」の導入が議論の俎上に載っていることである。ここでいう参加所得の受給要件とは、賃金労働者に限定されない「アクティヴな市民」であることとされた[44]（CSJ 1994: 264–265）。参加所得は、かねてから常任委員のアトキンソンが主張していた制度であり、報告書に採用されたのは、彼の影響があった。ベーシック・インカム（全ての市民に対して原則無条件でなされる最低限の所得保障）の導入については、政策効果や財源問題を理由に留保がおかれた。しかし、参加所得が報告書に明記されたことは、ＣＳＪが社会権を現代の文脈の中で保障していくための一つの提言として重要な意味を見い出したことを示しているだろう。

もっとも、こうしたＣＳＪの構想に対しては、労働党内の左派から痛烈な批判が寄せられた。ＣＳＪには平等主義を具現化しようとする姿勢に欠けるという批判であった（Driver 2008: 50）。ＣＳＪは、「第一の道」とは違ったやり方で、社会正義を実現しようとしたわけだが、そうした改革構想が党内からの批判を惹起したのであった。スミスがかねてから危惧していたのは、こういった党内からの抵抗であり、彼がＣＳＪを党から切り離す戦略は功を奏したといえよう。ただし、この時点で党内情勢は相対的に安定期を迎えていた（Macintyre 2000: 287）。議会党内の左右両派はともに、スミスの議場での安定感のあるパフォーマンスや人柄を評価し、党内からのＣＳＪへの批判はスミスのリーダーシップを傷つける脅威とはならなかったのである。

スミス労働党の政策アイディアの源泉

このように保守党政権に対抗するＣＳＪの福祉国家改革構想であったが、その構想に流れこんだ豊富な政策アイディアはどのように調達されたのだろうか。次に政策アイディアの源泉に目を向けよう。

ＣＳＪの供給サイドへの介入では就労が重視されていたのだが、しかしそれは、サッチャー政権下のワークフェアへの同調を意味しない。ＣＳＪは、サッチャー政権下の就労支援策を「最低賃金以下の仕事に就くように人々を強制する」政策、すなわち、就労義務を強調するアメリカ型ワークフェアと捉え、批判的なスタンスを採った(45)（CSJ 1994:182-183）。両者の違いは、サッチャー政権が個人の自己責任を第一義的に期待していたのに対し、ＣＳＪは公的な支援によって達せられるべきものと捉えられていたことにある。ワークフェアへのオルタナティヴとしてＣＳＪが注目したのが、スウェーデンの積極的労働市場政策であった。ＣＳＪは、就労に十分な対価を保障し職業訓練を整備している点において、ワークフェアとは対照的なシステムだと評価している。つまり、ＣＳＪはあくまでも適切な賃金と職業訓練とが一体となった福祉と雇用の連携を重視していたのである。このようにアメリカ型のワークフェアを批判したＣＳＪの政策アイディアの源泉になっていたのが、常任委員会を構成したアトキンソンら専門家、実務家であり、外部から委員会に協力したハットンなどの知識人たちであった。

これらに加えて、スミスは、オーストラリア、スウェーデン、そしてアメリカも含めた政策実践をつぶさに調査していた(46)。また、欧州委員会が提示していたソーシャル・ヨーロッパ構想からもアイディアを得ていたと考えられる。スミスにとって、ソーシャル・ヨーロッパ構想は、市場の機能を肯定しつつ人々が主体となる社会の創出を目指すものであり、ケインズ主義に枠付けられた戦後福祉国家を乗り越えるポテンシャルがあると受け止められていた（Smith 1994: 4）。スミスが一九九三年一二月にEU理事会で採択された白書『成長・競争・雇用』にひときわ関心を寄せたことには、こうした含意がある（CSJ 1994: 164）。

ドロール（Jacques Delors）欧州委員長のリーダーシップの下で作成された同白書[47]は、労働市場の規制緩和、マクロ経済の安定とともに、経済界からの投資にもとづく需要創出、教育・訓練への投資、積極的雇用政策を通じて、労働市場と福祉国家を再編することを提唱した[48]（European Commission 1993）。それらを実現する上で重視される合意形成システムは、EUレベルでの社会的対話、つまりネオ・コーポラティズムである。とくに重視されたのが、積極的労働市場政策と一体となった社会的保護政策、時短とワークシェアによる雇用創出策であった。白書の示した構想は、後述する規制緩和による経済成長と人々の職業生活への保障とを連携させた「フレキシキュリティ flexicurity」モデルにもとづく社会的包摂政策であった。

スミスは、ドロールの「ユーロ・ケインジアン」アプローチを評価するとともに、単一通貨への参加がイギリスのインフレ抑制につながるとも考えていた（McSmith 1993: 153; Keegan 2004: 85-86, 91-92; Stuart 2005: 170）。なお、労働党内におけるスミスの重要な支持母体である労働組合の頂上団体・労働組合会議（Trade Union Congress: TUC）は、一九八〇年代後半に長らく堅持していた反ヨーロッパの立場を翻して、「イギリスで最も親ヨーロッパ的な組織」といわれるほどのヨーロッパ支持に転換していた。TUCが方針を見直す転機となったのが、ドロールによる一九八八年のTUC党大会での演説であった（Taylor 2000: 255）。

これらの点から明らかになるのは、「第一の道」と「第二の道」を乗り越えて福祉国家の現代化を構想したCSJが提示した政策デザインとは、ブレアに先立つ「第三の道」というべきものであったことである。この重大プロジェクトを主導したスミスは、しかしながら、一九九四年五月一二日、心臓発作によって急逝した[49]。スミスの訃報は国民に大きなショックを与えた。それは、たんに野党第一党のリーダーが現職のまま早逝するという事実にとどまらず、一九九二年九月のポンド危機（「暗黒の水曜日」）以降、メイジャー首相への支持率が急落する中で、国民がスミスを将来の首相とみなしはじめていたからである[50]（Foley 2002: 103）。空席となった労働党党首職は、暫定的とはいえ党史上はじめての女性党首として副党首であったベケットが務めた。

議会党は、訃報を受けた直後から次期党首選に向けて動き出していた（Blair 2010: 39）。早くも五月一五日には、次期党首候補を問うた世論調査結果が報道され、望ましい候補の筆頭にブレアが躍り出た。ブレアの支持率は四七パーセントで、次点のプレスコット（John Prescott）（同一五パーセント）、第三位のブラウン（同一一パーセント）に圧倒的な差をつけていた（Macintyre 2000: 290; Foley 2002: 106; Benn 2002: 240, 246; Seldon 2004: 186–191）。同年七月二一日、ブレアは労働党党首に選出される。

これまで検討してきたのは、ブレア党首体制となる以前の段階で、労働党首脳部が、党内の意思決定構造、政策アイディア、そして有権者の支持という権力資源を拡充し、政権担当能力を示すべく着実に党内改革を進めていたことである。ブレアはそうした党首二代にわたる改革を引き継いで、次の「負けられない」選挙に臨んだのである。だが、以下に見ていくように、ブレアはキノックとスミスの改革を決して十分だとみなさなかったし、支持率が低落するメイジャー保守党が政権から陥落するのをただ待てばよいのだとも考えていなかった。以下では、「革命的」（Minkin 2014）と評されたブレアによる党内改革と支持調達戦略を検討する。

2　若きリーダーの誕生

双頭政治への布石――ブレアとブラウン

ブレアによる改革を検討する前に、ブレアと、彼と権力を事実上分け合ったブラウンのバックグラウンドについて簡単に見ておこう。両者は一九八三年総選挙で初当選をはたし[51]、院内の執務室を共有したこともある盟友であった。ブラウンは、一九九二年の党首選では次期党首の有力候補の一人とみなされ、議会党議員票の六五パーセント近くを集めたスミスの次点となり、ブレアよりも党首の地位に近いというのが大方の見立てであった（Seldon 2004: 143–148; Macintyre 2000: 264–268）。しかし、ブラウンは一九九四年党首選の出馬を断念する。ブラウンの出馬取り下げの際に、二人の間で、ブレアが先に党首になり、ブラウンがその後任となること、将来の政権では権限を分け合うことが取り決められたとする憶測が幾度となくメディアに取り上げられた（後述するように、この取り決めは事実である）。じっさい、ブレア時代の労働党では、両者の間では双頭政治ともいうべき権力の分有が見られた。ただし二人のバックグラウンドや理念には小さくない相違もある。この点は、ブレア労働党の政策志向や戦略を読み解く一つの手がかりになるだろう。

ブラウンは、一九五一年二月二〇日、長老派教会の牧師の次男としてスコットランドに生まれた。一六歳でグラスゴー大学に入学し歴史学を専攻した。一九七二年に首席で歴史学修士を修得すると、博士課程に進学し、戦間期の労働党史を研究する（博士号取得は一九八二年）。エジンバラ大学とグラスゴー技術大学で政治学の非常勤講師として教鞭を執るかたわら、テレビ局のディレクター職にも就いた。一〇代の頃から熱心な労働党員で、一九八三年に下院議員に当選するまで、スコットランド労働党権限委譲委員会（the Scottish Labour Party's Devolution Committee）の委員長を務めた。豊富な知識に裏づけられた巧みな弁舌を駆使するブラウンは、しばしば衒学的にすぎて尊大だとも評されたが、スコットランド時代から将来の議会党幹部候補として嘱望されていた[52]（Keegan 2004: 29–31）。

一九八三年総選挙で初当選した際の選挙区は、彼の地元ファイフを含むダンファームライン・イースト（Dunfermline East）である。総選挙に惨敗し深刻な人材難に見舞われた労働党であったが、キノックはブラウンという若手有望株を登用した。ブラウンは、キノックの推薦で下院の雇用問題特別委員会に参加し、労使関連法改革の審議に携わった（Keegan 2004: 46）。二度目の当選となる一九八七年総選挙後には、影の財務相に次ぐポストである影の財務省主席担当官の要職に就き、一九八八年一〇月に心臓発作で入院したスミスの代理を務めて、党内の評価を確たるものとした。一九八九年に影の貿易産業相、一九九二年にはスミス党首の下で影の財務相と労働党の経済委員会の委員長を兼務し、経済政策の形成過程で主要な役割を担った（Scott 2004: 19）。二〇〇七年にブレアの後を継いで首相に就任するまで、労働党の財務相ポストは彼の定位置であった。

影の財務相としてブラウンは、「ベケットの掟」にしたがって「労働党は財政的裏づけのあることにのみ支出する」ことを掲げ、財政規律の堅持を主張した。増税や政府支出の増大につながる公約を一切行わないこと、欧州経済通貨同盟の加盟要件である財政規律をイギリスにも課すべきだというのが彼の持論であった。政策立案に際しては財政支出枠を遵守することを求めて、同僚議員の反発を買うこともあった（Stuart 2005: 301-302; Scott 2004: 10）。労働党はすでに脱ケインズ主義への転換を謳っていたものの、一九九〇年代前半の時点の議会党には、ブラウンが提唱するほど厳格な均衡財政案の受け皿はまだなかった。労働党議員との軋轢は一九九四年に党首選に臨もうとしていたブラウンには著しく不利にはたらいた（Short 2005: 43）。

政策アイディアでは、ブラウンは、ＣＳＪの最終報告書の中で、雇用創出と職業教育等の移行支援を組み合わせる福祉国家モデルにはひときわ関心を寄せていた[53]（Stuart 2005: 298）。しかしながら、バウアー（Tom Bower）によると、ブラウンはＣＳＪの最終報告書には大きな問題があると考えていたという。それは、ＣＳＪの政策には費用がかかりすぎること、そして、社会主義的であることである（Bower 2005: 160）。たしかにブラウンは、すでにこの時点で、「制約の中の裁量」、すなわち、均衡財政というルールの中で雇用の拡大と社会正義を実現したいと考えていた。そこには、ブラウン流のトリレンマへの対応の模索が窺える。この方針からすれば、当然に「高くつく」政策案はそれだけで問題なのであった。そうしてブラウンは、自らの基本方針を完遂するためには、経済政策とともに社会政策においても主導権を握らなければならないと確信するようになっていった（Bower 2005: 160）。

なお、ブラウンのいう社会正義とは、「社会主義的」な結果の平等と区別されなければならなかった。不平等に関する自身の考えをブラウンはこう記している。「富や所得の不平等は、最も恵まれない人々の利益になる場合にのみ、正当化されうる」(Brown 1999: 44)。この捉え方は、哲学者ロールズ (John Rawls) の格差 (是正) 原理を援用したものといえる。ロールズが一九七一年に著した『正義論』で示した格差原理とは、所得や富の格差の存在は、社会のもっとも恵まれない人々の状況の改善に最大限資するものであることを正義とする (Rawls 1971)。そこでは、所得や富の完全なる自由を要求するのではなく、一定の不平等の存在を容認しつつも、その不平等の存在が正義であるための条件を厳密に設定する。ブラウンは、一定の所得の格差を認めることで、豊かさを求める人々の欲求に応え、経済活動の活発化を奨励するのだが、格差の容認にはあくまでも条件をつけたのである。彼の理念が、現実の政策実践でどの程度反映されたのかは後段に譲るが、社会正義に対するこうしたスタンスがブラウンのトリレンマの解消のための政策デザインの基礎となっていたと考えられる。

異質なリーダー

ブレアは、ブラウンと同じくスコットランドに生まれたが、幼少期はイングランドのダラム等で過ごした。父親は法廷弁護士で地元の有力な保守党員として将来の議員候補とさえ目されていた。スコットランドの名門パブリック・スクール(私立の寄宿学校)、フェテス校に通う中流階級の子息として過ごしていた頃のブレアは、必ずしも模範的な生徒ではなかったようだ。寄宿舎での知己にはブレア政権で大法官となるファルコナー (Charles Falconer) がいた。転機は一〇代前半に訪れた。父親が心臓発作で倒れ、その後遺症で政治家としてのキャリアを断念せざるをえなくなったのである。家庭環境は平穏なものではなくなったが、それでも、ブレアは長兄と同じオクスフォード大学に入学し法律学を専攻する。大学時代は、ローリング・ストーンズのコピー・バンドのボーカルとして音楽やファッションに興じる一方で、オーストラリア人のアングリカン宣教師の主宰する私的な集まりに参加し、ジョン・マクマレイ (John Macmurray) のコミュニティをめぐる哲学やキリスト教社会主義の影響を受けた (Rentoul 2001: Mandelson and Liddle 1996: 33)。大学卒業後は難関の法廷弁護士の資格を取得、やはりブレア政権の大法官となるアーヴィング (Derry Irving) の法律事務所で司法修習生となった。

やがて弁護士として労働関係を専門に活動する。ブレアが労働党に入党したのはオクスフォード大学卒業後の一九七五年であり、それまで党員活動や労働組合運動の経験はなかった（Foley 2002: 104）。ブレアの入党には同じく法廷弁護士で熱心な労働党員であった配偶者シェリー（Cherie Blair）の影響があったと見られている（Seldon 2004: 63-71）。彼は入党した時点から、最短距離で下院議員になることを目指していた。

一九八三年総選挙で、ブレアは労働党の安全区であるイングランド北部のセッジフィールド（Sedgefield）選挙区から初当選をはたした。キノックはブレアの卓抜した演説の才能を早くから評価し、一九八八年に影のエネルギー問題担当相、一九八九年には影の雇用相のポストに据えた。ブレアはこの時に、労働組合に対してクローズド・ショップの廃止を了承させるための交渉を行い、合意の取りつけに成功した。スミス党首の下では影の内務相に抜擢された。とはいえ、ブレアの就いたポストはいずれも、ブラウンの後塵を拝していた。ブレアはサッチャーによる改革を肯定する発言を繰り返し、階級classという言葉も概念も嫌い、労働組合への対決姿勢を隠そうとさえしなかった（Seldon 2004: 181; Blair 2010: 99, 115）。イデオロギー的主張を積極的に排除しようとするブレアは、ベンら党内の急進左派勢力はもとより、ハタスレイのような伝統的右派（修正主義派）までもが違和感を抱くような異色の存在であった（Hattersley 1995）。

そうしたブレアを栄達へと導いたのは卓越した演説力であった[54]。ブレアの評価を確立したのが、一九九三年二月にウェリンバラで行った治安（法と秩序）問題に関する演説である。犯罪の増加を受け世論の関心が治安問題に向いていた中、ブレアは「犯罪にも、犯罪の原因にも断固たるtough on crime, tough on the causes of crime」という決め台詞と滑舌の良さで自身の存在を党内外に広く知らしめた。こうした聴衆やメディアに受けのよいフレーズは、サウンド・バイトとも表現される。簡明で印象に残るフレーズを駆使して自陣に都合のよいように情報を操作する政治的手法はスピン、広報戦略を専門的に行い影響力をふるった側近たちは「スピン・ドクター」と呼ばれ、内容の真偽よりもイメージ操作ばかりを優先させると揶揄され続けた。サウンド・バイトの重視とスピン・ドクターの重用は、野党時代から政権期に至るまでブレア・スタイルの政治を一貫して特徴づける中核的な要素となっていく。

ブレアとブラウンの「密約」

先に述べた通りブラウンが党首選への出馬を辞退した際にブレアとブラウンの間でなされた取り決めは、ブレア労働党の最大のゴシップとして耳目を集めてきた。それは、ブレアが党首就任では先行する代わりにしかるべき時期にブラウンに禅譲するというものである。

二〇〇三年六月六日付の『ガーディアン』紙がスクープとして報じたのが、この点を暴露するブラウン付秘書のメモであった。このメモから、ブラウンは党首候補として名乗りを上げずにブレアを支持すること、ブレアはブラウンを財務相に任じ、経済政策、社会政策に関して強い権限を与えること、について両者が合意していた事実が白日の下に晒された[55]（*the Guardian*, 6 June 2003）。ブレアの経済顧問であったスコット（Derek Scott）によれば、この合意が交わされてから、ブラウンは、野党期であれ政権期であれ顧問や官僚を交えずにブレアと一対一の直談判をいつでもできた。しかし、二人の間には、ニュー・レイバーの中核を成す政策について一定の合意はあったものの、ブラウンが常に内政の全てをコントロールしたいと欲したため、両者の関係は緊張と摩擦をはらむことになる（Scott 2004: 19）。

政権奪還の希求と党首ブレアという選択

かくして、一九九四年七月二一日、ブレアはプレスコットやベケットを大きく引き離して党首に当選した。副党首には、右寄りの改革論者ブレアに対して党内左右勢力のバランスを図るように、労働組合出身のプレスコットが選出された。

党首就任時のブレアは四一歳であり、労働党史上もっとも若い党首となった。もとよりブレアは、抜本的な党改革の必要性を公言し、党内では「極右」とさえみなされていた[56]（Rubinstein 2003: 342）。労働党が警戒心を抱きながらもブレアを党首に選出したのは、一九九二年総選挙敗退のトラウマと、党首の急逝に直面して、主義主張よりも「勝てる」候補の選出を最優先すべきだという切迫した危機感からであった（Foley 2002: 106, 119）。それは次のような古参の労働党バックベンチャーの状況観察に集約することができるだろう。

トニー・ブレアは、その瞬間を支配した人物だった。ゴードン・ブラウンは党に忠実な人間だが、ブレアはそうではない。ブレアは、［総選挙での――引用者注］四度連続の敗退を喫した後であったがゆえに選ばれた。彼はミドル・イングランドにアピールする人間だ。（Keegan 2004: 123）

このように、労働党は、次期選挙で必ず政権交代を実現することを第一の目標に据え、ミドル・イングランドへのアピール力を豊かに備えたブレアの資質に勝機を見い出したのだった。労働党は、これまでの党首とは異なるブレアという新しいタイプのリーダーを必要としたのであった。換言すれば、この党首選では、労働党という組織ではなく、リーダーの個性を前面に打ち出して選挙を戦う、政治の「人格化」が明らかに作用していた（パーネビアンコ 二〇〇五）。

そのブレアの資質とは、第一に、彼の若さとある種のカリスマ性であった。「バンビ」とも呼ばれたブレアの若さはそれだけで強みとなった。歴史家クラークによれば、ブレアは「若さ自体を美徳とし、政治的若返りのメタファーとして利用」したのだった（クラーク 二〇〇四：四〇一）。若さに加えて彼は、「ケネディ大統領のようなルックスの良さ、メディア受けの良さ、まるでポップ・スター並みの派手さ」を兼ね備えていた（Rubinstein 2003: 342）。さらに、治安問題でブレアが示したメディアや議会でのパフォーマンスは、彼の資質を党内に強く印象づけた。

第二に、党の伝統から距離をおく姿勢が、党の危機にあって彼の強みとして作用した。(57) フォリー（Michael Foley）によれば、ブレアのそうした姿勢は、それまで他党に投票していた有権者が持つ労働党に対するネガティヴなイメージを改善し、支持層を拡大する武器になると捉えられた(58)（Foley 2002: 109-110）。

もっとも、ブレアにどれほどの資質があったとしても、それだけで彼が党の伝統の壁を突破できたわけではない。一九九四年の党首選に先立つ党首選出ルールの変更と、新しいルール変更に沿って票の流れが変わることを後押しした環境があってこそはじめて、ブレアは党首になりえたのである。まず党首選前年の一九九三年、党大会で党首選出方法の変更が承認され、労働組合票の配分率が引き下げられていた[59]。この新ルールがブレアにとって幸いした。異端児の現代化論者ブレアは、前任のスミスのように、労働組合票の約九割を集めて選出されることなど到底できないと考えられていた。だからこそ、一九九二年の党首選および副党首選で、彼は早々と立候補を断念したのであった（Seldon 2004: 14; Short 2005: 44; Seyd and Whiteley 2002: 8）。ルール変更によって、ブレアは、議会党議員と選挙区党員の支持によって勝ち抜ける見通しが開けたのだった（Quinn 2004: 134–5）。

もう一つの幸運は、党首選前に吹いていた労働党への追い風であった。一九九四年五月以降に実施された欧州議会議員選挙と五つの補欠選挙で、労働党はいずれも勝利を収めていた。一九九四年六月九日には、労働党は下院補選での議席とともに、欧州議会における八七議席のうち六二議席を獲得した。五つの補欠選挙での保守党から労働党への得票率のスウィングは平均で一八・四二ポイントという大規模なものであった[60]（Foley 2002: 108, 111; Crewe 1994: 8）。ブレアは、党の好調な選挙結果は、彼自身の実績だと巧みに読み替えた。労働党党首代行を担っていたのはベケットであったが、ブレアは世論調査での圧倒的な支持率の高さから、これらの選挙結果はブレア人気を反映したものだとして、自らの追い風へと変えていったのであった。

ブレアは党首選で三つの選挙人団全てから過半数を獲得した。彼は、キノックとスミスが約一〇年の歳月をかけて遂行した漸進的な党改革によって、党内組織の中央集権化と政策の中道化がはたされていたからこそ、党首に登り詰めることができたのであった（Flecher 2011: 97; Rubinstein 2003: 341）。

こうして、ブレアは新しい労働党を体現する存在となった（Foley 2002: 111）。それを象徴するのが、党首就任後にブレアが持ち出した標語「ニュー・レイバー」である。ニュー・レイバーは、党綱領における社会主義を再定義し、権利と責任との両立を強調する社会政策を打ち出していくことになる。以下では、発足直後のブレア労働党首脳部が、政権を手繰り寄せるためにどのように権力資源を増大させていったのかを順を追って論ずる。

3　新党首の権力資源

党内革命の始まり

第一八代労働党党首となったブレアは、就任当初から支持率でメイジャーを大きく引き離し、ゴールデンボーイとして順調なスタートを切った（Rubinstein 2003: 342）。先述の通り、ブレアがかねてからスミスの党内改革、メディア戦略、政策の方向性に不満を持ち、一層の「現代化」が必要であると考えていた。しかし、党首選で見せた勢いとは裏腹に、それを実行するのは容易ではなかった。ブレアの同胞と呼べる議員はごく少数にすぎず、党内でリーダーシップを存分に発揮するには権力基盤があまりにも脆弱であった（Minkin 2014: ch. 4）。そこでブレアが最初に着手したのが、党首の資源拡大であった（Short 2005: 50; Gould 1998: 245; Jones 1997: 21; Seldon 2004: 300; Minkin 2014）。党規約を変更することなく党内での権力基盤を強化するために、ブレアは人事によって、党首室、選挙対策本部、党本部の三つの機関を結びつけようとしたのである。

ブレアがまず手がけたのは、党首室を機能強化するためにスタッフを大幅に増員することであった（Fletcher 2011: 97）。党首室の広報担当と選挙参謀の人事がとくに重視されたことには、ブレアの最優先事項が、政治的コミュニケーションであったことを反映している。彼自身の言葉によれば、現代的な政治的コミュニケーションとは、有権者の意識を知ることが五割、残りの五割はメッセージの発信の仕方を重視したメディア対策であった(61)（Rentoul 2001: 279）。前出のスコットが指摘する通り、ブレアにとって政策の見直しとは、理念よりも戦略の中でこそ行われるべきものであり（Scott 2004: 17）、「正しい」政策とは、有権者の多数派が望んでいることを指すのであって、伝統的な党の方針やイデオロギー的な立場から導き出されるものではなかった（Blair 2010: 96）。ここに、主義主張にもとづく政策よりも言説に重きをおく政治姿勢が読み取れる（Schmidt 2002; Blair 2010: 99）。

党首室での「発信」の責任者となるメディア担当秘書に抜擢されたのが、マンデルソンであり、彼にはメディア対策と選挙戦略の統括が託された。マンデルソンとともに報道担当主席秘書としてメディア対策を担当したのが、キャンベル（Alastair Campbell）であった。この二人のスピン・ドクターこそ、ブレアの全幅の信頼を得た最側近としてニュー・レイバーの司令塔の役割をはたしたのであった。(62)

有権者意識を知ることに何よりも重きをおいたブレアは、世論調査の責任者にグールドを登用した。グールドの世論調査チームには、グリーンバーグが非公式ではあったが参加した。ブレアがクリントン民主党政権を成功モデルと見ていたことに照らせば、当然の人事だといえよう（Rentoul 2001: 279）。グールドはグリーンバーグの手法に倣って、ターゲットとした有権者を三〇〇以上に細分化し（フォーカス・グループ）、毎週のように聞き取り調査を実施した。スミス党首の下では冷遇されていたマンデルソンとグールドを重用したことで、ブレアはスミス党首体制からの転換を示したのであった。一九九五年一〇月には、党本部に設置された選挙対策本部に広告代理店の代表C・パウエル（Chris Powell）が加わった。そうしてスミス党首がいったん棚上げした労働党の選挙・プロフェッショナル政党化が、ブレアの下で急速に進展していくのである（Reid and Pelling 1996: 175–178）。

主席秘書には外務官僚出身のJ・パウエル（Jonathan Powell 以下、パウエルとはJ・パウエルを指す）が就任した。(63) パウエルは、駐米英国大使館勤務の経験を持ち、アメリカのクリントン民主党政権との連絡拠点でもあった。政策担当筆頭にはCSJの幹事役を務めたミリバンドが就任した（Campbell and Stott 2007: 7–13）。党首室ではこのほか一〇名のスタッフが常駐していた。彼らの多くがブレアのパブリック・スクール時代や大学での同窓生、あるいは縁戚、婚姻関係を通じて他の党首脳部のスタッフとのつながりを持ついわば身内であって、草の根の党活動や組合活動とはほとんど関わりを持って来なかったエリート達であった（*New Statesman* 1996）。

党組織構造の変容

ブレアは七月の党首就任直後の八月から、党首室人事と並行して党本部改革のための書記長人事を画策した。党本部は院外組織であるが、すでにキノックの時代から当時の党本部の書記長ウィッティ（Larry Whitty）と党首との強い協力関係が形成されていた（Reid and Pelling 1996: 175）。ブレアが目指したのは、議会党と院外組織との対立によって、党改革や将来の政権運営に支障をきたすことがないよう、組織を準備し（Russell 2005: 142-143）、「大衆の党」へとその体質を変えていくことだった[64]（Blair 1994a; Seyd and Whiteley 2002）。「大衆の党」を目指す党の組織改革の要だと目されたのが、選挙区党を統括する党書記長人事であった。党書記長とは、「あらゆる党内抗争において、鍵となるポジション」だというのがブレアの確信であった[65]（Blair 2010: 82）。

しかしながら、党の規約にしたがえば、党書記は全国執行委員会の推薦を経て党大会で選出されるのであって、党首の権限の範疇にはない。たとえ党首が交代したとしても、書記長の任期はそのような規約外の要因に連動させないとするのが党内の慣行であった。ところがブレアは、この慣行を破って書記長人事を意のままに行った。彼は八月の全国執行委員会の休会期に、当時の書記長ウィッティに辞任の圧力をかけ、新書記長にソーヤを指名した[66]。休会期明けの全国執行委員会では、労働組合の代表や影の内閣のメンバーもこうした強引なやり方に難色を示したため、ブレアはプレスコットに組合の代表との交渉を委ねた。結果としてブレアは、全国執行委員会の了承にこぎ着け、党大会が終了した一〇月にソーヤは書記長に就任した（Webb 2000: 245; Reid and Pelling 1996: 191; Minkin 2014: ch. 5）。

書記長に抜擢されたソーヤは、公務員労組が合併して新設したＵＮＩＳＯＮの副書記長を務めていた人物である。彼はキノックのよき盟友であり、政策見直しグループの活動を後押しした現代化論者であった（Reid and Pelling 1996: 191）。ブレアがかつて影の雇用相としてＴＵＣにクローズド・ショップ制の撤廃を迫った際、ソーヤはブレアを支援し交渉の成立に貢献した。ブレアは党の脱労組を志向する現実主義的なソーヤを書記長に起用することで、自分が思い描く通りの党改革を遂行しようとしたのである[67]（Rentoul 2001: 268）。ブレアはソーヤと週に一度の頻度で面会し、党首室スタッフとの業

図 2-1 野党期の労働党首脳部の組織構造（1994 年 7 月-1997 年 5 月）

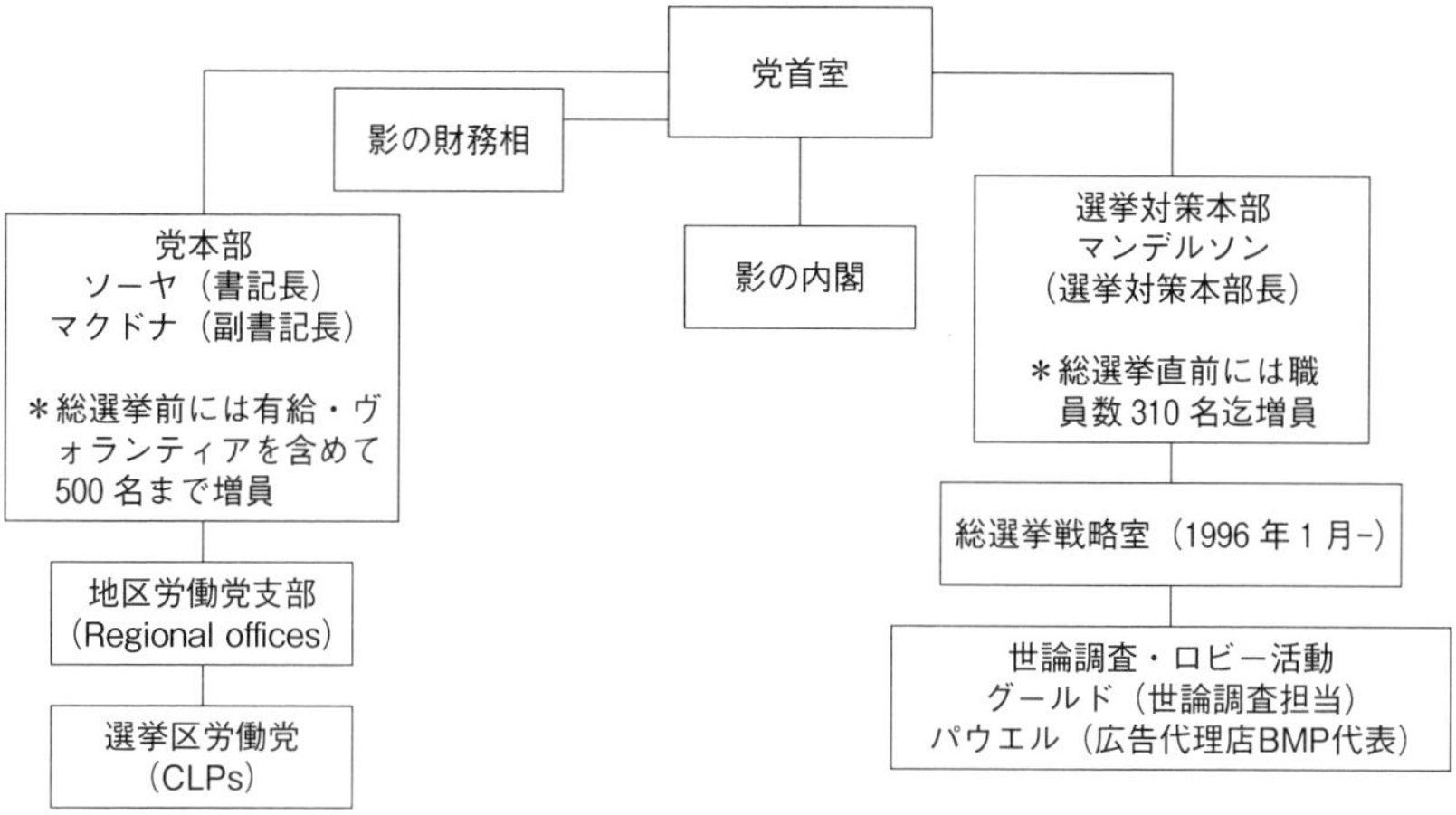

出所）筆者作成。

務打ち合わせはほぼ毎日行った。マンデルソンとも常時連絡を取り合っていた[68]。このように、ブレアは、党首就任直後に実施した人材配置を通じて、党首室、選挙対策本部、党本部の三つの機関を接続し、党首室の組織面での権力資源を強化したのである（図2-1。Minkin 2014）。

4 リーダーシップへの制約——党内要因

党首室の体制が整うと、ブレアとマンデルソンらその側近は、今度は党内規律の強化に注力した。ブレアの若手秘書がいうには、「トニーが同意しない限り何事も党大会を通過することはない」というのが彼らの望む規律のあり方だった[69]（Minkin 2014）。しかし、党大会はこの若手秘書の思惑通りには運ばなかった。

一九九四年一〇月の党大会を前にして、ブレアの支持率はメイジャー首相を三〇ポイントの大差をつけてリードしていた。ブレアは、この世論の高い支持を追い風に党内改革を一気呵成に進めたいと考えていた（Blair 2010: 81）。ブレアの党内改革の本丸は、党綱領第四条（通称、国有化条項）の改廃であった。彼は、党首就任後最初の党大会でこの議案が承認されることを目指していたのである（Blair 1994c; Blair 2010: 75-76）。しかし、一九九四年の年次党大会でブレアは最初の躓きを経験する。

ブレアにしてみれば、党大会で多少手荒い印象を持たれたとしても、「電気ショック療法」を施すことによって、労働党の「過去」からの決別を党内外に強く印象づけることこそが大切なのであった。彼のいう「過去」を象徴していたのが、党綱領に明文化されている「生産手段の共同所有」を規定する第四条であった。ブレアは、第四条の改廃によって、労働組合の利益に拘束された社会主義政党であるとする有権者のイメージを払拭し、労働党が新しく生まれ変わったことを示す突破口にすることを考えていた（Blair 2010: 75-76）。

もとより国有化条項は、労働党内では実効力よりも、その象徴性によって特別な位置づけがなされてきた。ドラッカー（Henry Matthew Drucker）によれば、第四条は、労働党が抱える社会主義から急進的自由主義までイデオロギーすら異なる幾つもの党内グループを架橋し、党としての結束を維持する重要な紐帯であった。第四条が党綱領の中で格別の扱いを受けてきたのは、「第四条こそ、労働党は労働者階級による完全な権力の掌握に貢献する、と具体的に述べている唯一の箇所」であったからである（ドラッカー　一九八二：八五）。

欧州諸国の代表的な社会民主主義政党のうちで、労働党は社会主義条項を一九九〇年代まで維持した唯一の政党であった。序章で述べたドイツ社会民主党（ＳＰＤ）やオーストリアの社会民主党は一九五〇年代に党綱領を改訂していた。ＳＰＤは、一九五九年に社会党の新世代が国有化という伝統的社会主義プログラムから離脱したゴーデスベルク綱領を採択している。[70] ときをほぼ同じくしてイギリスの労働党では、一九五九年に党首ゲイツケルが国有化条項の改訂動議を提案したものの党大会で否決された。ゲイツケルの経験は、この条項を争点として持ち出すこと自体が、党内対立を引き起こして党首の権威さえも傷つけるものとして刻まれた。そうして、第四条の変更に触れることは歴代党首の間でタブー視されるようになる。キノックは、第四条の改訂を企図し独自の新四条を書き上げていたが、実行には至らなかった。スミスもまた、改訂への意欲を示していながら、党内分裂を回避するために次期総選挙後まで先送りすることを決め、ブレアら現代化論者を失望させた（Westlake with St John 2001: 624-625; Rubinstein 2003: 341）。

こうした経緯を知るブレアは、彼の改訂構想を年次党大会の直前まで一部の首脳部のメンバーを除いては党内に周知することを慎重に避けたのだった(71)(Labour Party 1994e; Russell 2005: 183; Seldon 2004, 214-215)。ブレアらは、発議の準備を水面下で進めた。改訂への意思をブレアから事前に告げられた影の外務相クックは、党を分裂させるリスクを冒してまで紋章(emblem)にすぎない条項をあえて改訂する必要はないと主張し、翻意を促した(72)。しかしブレアは、「これが正しい選択だという強い直観がある」と応じなかった(Campbell and Stott 2007: 20)。ブレアとその側近は、第四条の象徴としての意義をさほど考慮に入れずに、選挙戦略上の有効性の中で捉え、党大会での改訂動議の承認を楽観視していた(Campbell and Stott 2007: 20-21; Heath *et al.* 2001: 106)。しかし、党首室が改訂動議の準備を水面下で進めたことがかえって自らの足元をすくう結果となった。党大会のアジェンダには従来の第四条の内容を確認しそれを支持する議案がすでに提出されていた。党首室は、いわば第四条の再承認案を差し戻すように圧力をかけ、反対票を集めようとした。だが、五〇・九対四九・一の僅差で従来の第四条の維持が支持された(Minkin 2014: 177; Rubinstein 2003: 342)。この敗北はブレア陣営にとって大きな打撃となった。

それでもブレアらは、第四条の改訂をなんとしても実現しようとした。ブレアらは、まず労働組合の支持を固めることから着手した。組合側は大型労組UCWの書記長ジョンソン(Alan Johnson)やGMBの書記長エドモンズ(John Edmonds)らが改訂支持を表明していたものの、組合内部の見解は割れていた。ブレアらは、ゲイツケルが挫折した時のように、各組合の年次大会で改訂反対の共同戦線が作られることを怖れ、組合大会開催時期より前に特別党大会を開催し、そこで改訂案の決議に踏み切ろうとした(Minkin 2014: 178)。翌年四月末の日程で特別党大会の開催が決定されると、ブレアらは、草の根の票を掘り起こすべく全国の選挙区を隈なく行脚した。特別党大会でブレアは、念願の第四条改訂を果たし、「ニュー・レイバー」という看板に実質が与えられたのだった。一九九五年党大会については次章で詳述する。

5　政策アイディアの相克

複数の政策アイディアの入力

それではブレアは、ニュー・レイバーとしていかなる政策デザインを構想したのであろうか。政策アイディアの調達先を大別すると、（1）中道・中道左派のシンク・タンク、（2）イギリス内外の学識経験者、ジャーナリスト、（3）ヴォランティア団体のスタッフ、企業の代表、（4）前党首スミスの福祉国家再編構想（ＣＳＪ）、（5）アメリカのクリントン政権であった。これらのアイディアの回路はいずれも議会党首脳部に直結しており、知識、情報の中央集権化が早い段階で進んでいたことがわかる。

（1）シンク・タンクでは、労働党加盟団体であるフェビアン協会のほか、一九八〇年代に設立された独立系の新興シンク・タンクが政策アイディアと人材の両面にわたる枢要な供給源となった。代表例は、前出のＩＰＰＲ、さらにはブレア政権下で首相府筆頭政策顧問となるマルガン（Geoff Mulgan）らが設立したデモス（Demos）である。前述のＣＳＪの例で見たように、これらは労働党から独立した外部組織であったがゆえに、党内のイデオロギー対立や権力闘争を迂回する政策立案の拠点となった。前述の通り、一九九〇年代前半からＩＰＰＲの主戦力となったミリバンドとヒューイットは、それぞれキノックの政策秘書、広報担当秘書として活動し、ＣＳＪでは運営責任者を務めた。ＩＰＰＲは、ベケットの政策顧問を務め、ブレア政権でブラウンの経済政策顧問となるコリー、ブレア政権第三期の労働年金相となるパーネル（James Purnell）ら、労働党政権内の中核を担った人材を輩出した重要な機関となる（*New Statesman* 1996）。ヒューイットは、ＩＰＰＲを離職後、民間の大手投資会社アンダーセン・コンサルティングの主任研究員に就任し、一九九五年からブレアの政策顧問として党首の私的政策諮問グループに加わった。ヒューイットはアンダーセンと労働党首脳部との重要な仲介役となり、同社は党の公約となった税額控除の算定作業等を支援した（Riddle and Haddon 2009）。

（1）（2）（3）（4）はすでにＣＳＪの活動の中で協力関係が築かれていたが、同委員会の報告書『社会正義』と同時期の一九九四年一〇月に刊行された『左派の再興』でも同様の協力関係が確認できる。同書はミリバンドを編者とし、ＩＰＰＲの研究員、学識経験者、労働党議員が寄稿した論文集である[73]（Miliband 1994）。寄稿者にはギデンズ、プラント（Raymond Plant）、エスピン－アンデルセン、マーカンドら、第一線で活躍する学識経験者のほか、議会党のブラウンやホッジ（Margaret Hodge）も含まれ、まさに当時のイギリスの中道／中道左派の知的資源を結集していた。

（4）について付け加えるべきは、ゴールドマン・サックス社のエコノミスト、デイヴィス（Gavyn Davies）と自動車会社ジャガーの前最高経営責任者で労働党議員となったロビンソン（Geoffrey Robinson）が、ブラウンのブレーンとしてマクロ経済政策の立案に寄与していることである（*New Statesman* 1996; Keegan 2004: 138）。キャラハン政権期に首相官邸の経済顧問を務めたディヴィスは、その後はＢＢＣの理事会議長（Chairman of Boad of Governors）を経てエコノミストとして活躍する傍ら、キノックの経済政策のアドバイザーとして労働党が親欧州統合へと転換する原動力となった（Keegan 2004: 85-87; Scott 2004: 11）。なお、彼の配偶者ナイ（Sue Nye）は、フットの党首室スタッフ、キノックの主席秘書を経て、ブラウンのスケジュール管理担当秘書を野党期から首相職を離れるまでの期間にわたって務めた（Keegan 2004: 87）。

（5）については、アメリカのクリントン政権の主要スタッフがブレア労働党の政策立案と選挙戦略策定にきわめて大きな影響力を持ったことが知られている。ブレアとブラウンは、一九九二年の大統領選に勝利したアメリカのクリントン民主党を労働党が倣うべき成功モデルとみなし、民主党の支持層を南部にまで拡大する選挙戦略とリベラル色を弱めた政策アジェンダを積極的に取り入れたのだった（Driver and Martell 2002: 187）。

クリントン政権との盟友関係を築く契機は、一九九三年一月のブレアとブラウンの訪米であった。訪米をきっかけとして二人は、同政権の経済モデル、失業者に対するワークフェア型の就労支援、「ミドル・アメリカ」の支持獲得の手法に著しく傾倒するようになる[74]（Keegan 2004: 137）。転機となったこの訪米を準備したのが、駐米英国大使館に勤務していたパウエルと、ボールズ（Ed Balls）であった。ボールズは、オクスフォード大学を卒業後、ハーバード大学ケネディ・スクールでサマーズ（Lawrence Summers, クリントン政権後半期の財務長官）に師事し、『フィナンシャル・タイムズ』紙の記者を経てブラウンの側近中の側近となった（Bower 2005: 185; *New Statesman*, September 1996）。ミクロ経済を得意としたブラウンに、マクロ経済の政策アイディアの調達への回路を開いたのは彼であるとみなされている（Keegan 2004: 136）。ボールズがサマーズから得た助言の主旨は、金利決定を政府から切り離すことで財務相が財政政策に専念できる環境を整備すべきだ、というものであった。この助言こそ、ブレア政権発足と同時に発表されたイングランド銀行の独立の伏線である[75]。こうした多岐にわたるルートから政策アイディアを調達したブレア労働党は、一方においては現実主義的なグローバル化への応答性を持った経済政策、他方においては、国内での新たな社会的リスクに対応しうる社会政策を具体化してゆくのであった。

党首交代後の政策デザイン

ブレア体制下の政策転換

次に問われるのは、こうした複数の政策アイディアが供給される中で、ブレアら政策立案の中心に位置した党首脳部が、いかなるアイディアを選択したのかである。

CSJの最終報告書『社会正義』は、網羅された政策範囲の広さと二年に及ぶ蓄積に鑑みるなら、ブレア労働党の重要な政策アイディア源となったことは確かである[76]。しかしながら、ブレアは、「（CSJは）独立したものであり」、その勧告を全て実践に移すことはないとする立場を示していた（*the Daily Telegraph*, 24 October 1994）、スミスによる党運営への批判を隠そうとしなかったブレアは、その政策遺産からも距離をおこうとした。スミスとブレアとの政策志向の違いを敏感に読み取った議会党内実力者のショート（Clare Short）は、自著において「ブレアがスミスの後を引き継ぐとトーンとスタイルにおいて大きな転換がみられた」と指摘する（Short 2005: 43-44）。ブレアの構想は、キャンベルによれば、「税制、信頼、経済」を次期総選挙の最大の争点として打ち出すことであった（Campbell and Stott 2007: 29）。その上で、ブレアは党の発表する政策、議会党の発言や行動は、党首室が設定した枠組みの中で、一貫性を保つことが何より肝要であると考えていた（Blair 2010: 51, 94–95）。

ブラウンのブレア労働党発足時の姿勢は、『左派の再興』に寄稿した論考から推察することができる。ブラウンは、人々の潜在能力（potential）とコミュニティをキーワードにして、政府の役割は人々が福祉の罠から脱して責任を全うできるように支援する、「条件整備国家 enabling state」たらんとすることにあると主張した。ブラウンの立場は、「自由主義のドグマ」に依拠するばかりでは、過度な投資不足のもたらす問題を解決することはできないというものであり（Brown 1994: 112）、社会権を現代的な文脈の中で拡張することがその目的であった。ブラウンの認識では、社会権とはたんに貧困から脱するための最低生活保障のためにあるのではない。「情報への権利、選択を可能にするための技能を習得する権利、平等な処遇への権利」がなければ人々は取り残されていくのであるから、個々人が潜在能力を発揮できるようにするためには、これらの権利を擁護することが必要になるのである[77]（Brown 1994a: 116–120）。

その上で、彼は、セーフティ・ネットではなく労働市場へと跳ね返す跳躍台としての福祉というＣＳＪの理念を踏襲した政策案を提示した。ブラウンはＣＳＪの政策案を全面的に受け入れるものではないとの立場を採っていたが、基本理念には賛同してした。彼のいう跳躍台とは、「雇用、職業訓練だけではなく、税制、地域への投資、社会保障」から総合的に形成されるものであった。ブラウンはケインズ主義の再興を望んでいたわけではなかったが、人々がやりがいを感じる（fulfilling）雇用ばかりでなく、完全雇用をも政策デザインに含むものとした[78]（Brown 1994a: 120–121）。

ブラウンの経済政策構想・ブレアの社会的包摂構想

労働党の新しい経済政策案は、一九九四年党大会の直前の九月二七日にブラウンによって発表された。「ポスト新古典派内生的成長論 post-neoclassical endogenous growth theory」と題する演説で、ブラウンは公共投資の拡大、生産性の向上や雇用の最大化を確保する「条件整備国家」構想を提示した（Campbell and Stott 2007: 16）。これによってブラウンは、国家の役割をあくまでも最小化することを試みたサッチャー以来の保守党政権と一線を画す政治意図を込めようとしたと推察される。

しかしながら、党首脳部においてはブラウンの政策案に対する異論が目立った。キャンベルは、ブラウンの演説の翌日に行われた首脳部の会議の様子を、「誰もがゴードン（・ブラウン）の『チンプンカンプンの話』について語っていた」と冷やかしめいた言葉を日記に残している（Campbell and Stott 2007: 16）。キャンベルの言葉は、ブレア労働党の首脳部にはブラウンの経済政策構想が共有されていなかったことを端的に示している。

ブラウンの演説とほぼ同時に、前出のマルガンが、『ガーディアン』紙にブレア宛ての公開書簡という形式で「包摂社会」構想を提示した(79)。マルガンは、所得格差による社会の分断こそが一九八〇年代の最大の負の遺産であると断じ、それに対抗するテーゼとして「包摂社会」を提唱した。彼のいう「包摂」には、「仕事から排除」されている人々、つまり失業者を就労支援によって包摂することとともに、公共サービスから自発的に離脱していく中間層を包摂することが含まれていた。マルガンが力説したのは、中間層を包摂するためには所得税率の据えおきが重要だという点である（*the Guardian*, 27 September 1994）。

ここに、ブレアら党首室の政策構想の核心を見い出すことはあながち穿った見方ではない。一九八〇年代の市場主義改革の産物としての所得格差と排除の問題を政治的課題として浮上させた点においては、ブラウン、あるいは『社会正義』の構想とも共通する。そしてその排除の主因を失業と捉えながらも、現金給付を通じてこれを「包摂」していくとするベヴァリッジ型福祉国家とは違って、就労支援に重点をおく、換言すれば、供給サイド重視の政策を採ろうとしているのである。マルガンは中間層の包摂もあわせて重視し、累進課税による再分配をアジェンダから除外するとともに、中間層を引き寄せる公共サービスのあり方に着目している。このいわば「二つの包摂」構想は、後にギデンズが一九九九年に刊行した『第三の道』で論じた包摂案と重なっていく（Giddens 1998: 176-177）。

これらから確認できるのは、ニュー・レイバー発足当初は、財政規律と労働市場への包摂はたしかにより強調されたが、同時に、社会正義との両立が提示されている点においては、ブレア以前の政策からの距離は大きくないことである。次章以降では、労働党の政策デザインとポジションがいかなる要因によって、どのようにこの起点から変化していったのかを検討する。

小括

本章では、ブレアが労働党党首に就任したことの意味を考察した。キノック、スミスという二人の前任党首による全般的な党改革があったからこそ、ブレアが党首に選出され、かつ、党組織、支持調達戦略、政策アイディアにわたる刷新を遂げることができたと考えてよい。それというのも、漸進的な改革で党を中道化したキノックが一九九二年総選挙での敗退から引き出した教訓、すなわち、政権を獲得するにはミドル・イングランドの支持が不可欠であり、そのためにはメディアを味方につけなければならない、という結論は、党首としてのキノックの最後の遺産だったからである。この遺産を継承したブレアは、増税をともなう政府支出の拡大はメディアにも有権者にも不人気なのだとの認識を強める。キノックの後継党首スミスが遺したのは、「社会正義に関する委員会」が編み出した総合的な社会的投資国家構想という政策アイディアと、党の意思決定における労働組合の影響力を減ずる党改革であった。供給サイドと需要サイドへの政府介入の相互連関に重きをおくスミスの政策アイディアは、ケインズ主義に枠づけられた戦後福祉国家そしてサッチャリズムを乗り越える、いわば「もう一つの第三の道」にほかならなかった。

スミスの急逝という緊急事態を受けた党首選で圧倒的勝利をおさめたブレアは、前任者たちの遺産の恩恵を存分に享受しつつも、それらを凌駕する改革を進め、権力資源の拡大を目指す。タブー視されていた党綱領の国有化条項の改廃、党首室、選挙対策本部、党本部の機能を連結させることによる党首の権限強化、支持調達戦略の優越性の強調、スミスの政策遺産の見直し、クリントン政権との関係構築をはじめとした政策アイディアの調達ルートの拡充、である。そして、党内の権力は、コミュニケーションのブレアと経済のブラウンとの間で分有され、両者は対立をはらみながらも、相互補完関係を保って政権交代へとニュー・レイバーを牽引していく。

第3章　ブレア労働党の党内革命と右旋回

1　党内革命の起点──国有化条項の改訂

トップ・ダウンの動員戦略

党綱領第四条をめぐる顛末は、党首の裁量の拡大には党内での積極的な支持動員が不可欠であることを明示した。新党首ブレアへの信任を確かにするためにも、特別党大会での再採決では一九九四年党大会の轍を踏むことだけは是が非でも避けねばならなかった。首脳部と党本部は、党内各部門の反対派の翻意を促すべく、オセロの駒を一つずつめくるような調整を続けた。

院外党の支持調達で中核的な役割をはたしたのが、党本部のマクドナであった(80)。一九九八年に初の女性書記長に就任することになるマクドナは、形式的には党首室から独立した「新第四条キャンペーン」事務局を立ち上げ、選挙区党に対する働きかけを指揮した。また、プレスコットは、党の伝統を重んじる勢力の批判を抑え込む際の要となった（Blair 2010: 86）。ブレアら首脳部は、一九九四年以降に新規入党した一〇万人あまりの個人党員の票を固めるべく、党員全てに投票権を付与するように全国執行委員会に迫った。他方でブレアは、党員の声に耳を傾ける姿勢を示し、全国の集会を行脚して先の党大会で反対票を投じた選挙区党の支持を掘り起こそうとした（Minkin 2014: 179）。

党本部は、一九九四年党大会後に第四条改訂に関して一一項目から成るアンケートを党員世帯二五万四〇〇〇戸に配布した（Labour Party 1995c: 2）。一九九五年初頭に公表された集計結果では、党支部の集会には約一万八〇〇〇人が参加し、質問票への回答数は八〇〇〇に達した。これとは別に、ほぼ全ての加盟労働組合と加盟社会主義協会が回答を送った（Labour Party 1995c: ii）。集計の結果、個人党員、支部、選挙区党という三つのグループと、加盟団体の間には明らかに異なる見解が見られた。例えば、社会正義を実現するためにとくに重要だと考えるテーマについては、前者三グループはいずれも、「不平等の縮小」「基本的なニーズの充足」「正義に接近すること」の三つを優先項目に挙げた。これに対して、労働組合の回答では、まず生産手段の国有化が最重要事項に挙げられ、その次に「再分配」と「環境」が並んだ（Labour Party 1995c: 11）。ブレアらにとっては、労働組合からの支持獲得を目指す上での課題が浮き彫りになった。

党首室のイニシアティヴ

第四条改訂案はブレアが信頼をおく限られた少数のメンバー、すなわちミリバンド、アーヴィング、ストロウ（Jack Straw）、ショートによって作成された。ミンキンによれば、院外党の意見集約に膨大な労力が傾けられたにもかかわらず、その過程で表明された意見はあまり顧慮されなかったのだが（Minkin 2014: 180）、それでも、改訂にあたったスタッフにとって、草稿作成の過程は、一般の有権者、労働組合、経済界といった異なる利益の調整を図る神経戦となった（Routledge 1998: 220–221; Minkin 2014: 180–182）。例えば、新第一項の草案「労働党は我々の協働が生み出す力があれば一人で成し遂げる以上のことを達成できると信じる」という文言は、全国執行委員会の労働組合グループがこだわったコレクティヴィズムを反映したものであった(81)。それに続く「力、富、機会が少数ではなく多数の手にあるような真の可能性を実現するコミュニティを創出する」という文言は、富を否定しないという意味で経済界に、多数にとっての機会の実現という意味では広く有権者に向けられたものとみなすことができる。ブレアらの新条項案は、あらゆる社会グループからの支持を射程においた「ビッグ・テント」戦略の発現であった。

改革か伝統の維持か——一九九五年四月特別党大会

一九九五年四月二九日に開催された特別党大会で新条項は六五パーセント超の支持を得て採決された。労働組合票では、主要労組が改訂案支持で票をまとめることができたが[82]、運輸一般労働組合（Transport and General Workers' Union: TGWU）とＵＮＩＳＯＮの幹部は反対派組合員との交渉が難航し、組合員票を拘束しないことで党首脳部に対する妥協姿勢を示したものの、これらの組合員の多くは改訂案に反対票を投じた[83]。労働組合票が賛成五四・六パーセント、反対四五・四パーセントに大きく割れたのに対し（Minkin 2014: 185）、選挙区党では九〇パーセントが賛成票を投じた（Stuart 2005: 345）。全体の投票率は伸び悩み、一九九四年以降大幅に増員した総数三二万人の個人党員のうち、じっさいに投票したのはわずか八万五〇〇〇人にすぎなかった。低投票率の要因の一つには、党員に与えられた選択が「賛成か反対か」というあまりに限定されたものであったことにあると見られている（Minkin 2014: 185）。

新条項が可決されたのには、一九九三年から施行されていた議決ルールの変更、新規個人党員の増大、ブレアや党本部による草の根の支持獲得運動等、複数の要因が重なった。とりわけ、加盟団体（実質的に労働組合）・選挙区党の間の票の配分率を九〇対一〇から七〇対三〇とし、労働組合票がブロック票から一人一票制（ＯＭＯＶ）となったことは賛成派に有利にはたらいた。さらにショウ（Eric Shaw）は、大会参加者の心理として、新党首がイニシアティヴを取った改訂案が否決されれば国民の間で人気の高まっている新党首に公然たる不信任を突きつけたと受け止められかねないと感じていたことを指摘する（Shaw 1996: 200）。

ブレアにとって国有化条項改訂の決議は、ニュー・レイバーへの信任であり、それは、彼が企図した通り労働党の自己刷新を党内外に強く印象づけた（Shaw 1996: 198–201）。熱心なブレア派であったブランケットは、「改訂は、再び政権を獲得することを望む我々の思いが真摯なものであると有権者に示す重要なシンボルになるだろう」とその意義を強調した（Blunkett 2002: 214）。改革の不可逆性を正当化したという意味において、ブレアらの党内「革命」は実質的にここから始まった（Blair 2010: 98）。

追い風に乗ったブレアとブラウンが次の課題に据えたのが、支持調達のウィングを広げることであった。ブレアとブラウンは特別党大会終了翌日から、経済政策のキャンペーンを始動させた（*the Financial Times*, 1 May 1995）。

2　制約の受容、裁量の模索

経済的制約の積極的受容

第四条改訂が決議されるやいなや、ブレアとブラウンは経済政策に関するキャンペーンを開始した。党大会翌週の五月一日、ブラウンは、労働党財政産業グループの集会で「ダイナミックな市場経済」と題した演説を行い、「将来の労働党政権は、公共支出に対してきわめて厳格に対応する」「断固たる決意」を表明して均衡財政を維持する姿勢を明らかにした。その上で、彼が経済政策の柱として示したのは、長期投資の優先、消費者保護、競争促進であり、インフレの抑制、イングランド銀行の役割の見直し、キャピタル・ゲイン税の見直し等が提案された（*the Financial Times*, 1 May 1995）。ブラウンの演説からは、増税や政府債務の累積をともなう大規模な財政出動を否定し、むしろ政府支出抑制を基調とした制約を自らの政策体系の中に内面化していく姿勢が見られる。やがて明らかになるのは、ここで示された政策案が全て政権交代後に実行されていくことである。要するに、ブラウンは、すでにこの時点で経済政策の根幹部分を固めていたのである。

ブラウンの演説は、「ベケットの掟」からさらに踏み込む内容だった。党内で十分な合意形成がされていないにもかかわらず、厳格な財政規律を将来の労働党政権の要諦に据えると公言したのである。彼の財政規律に対する厳しすぎる姿勢への議会党内からの反発は、彼が一九九四年党首選への出馬を断念した理由の一つだった。反発必至の方針をブラウンがあえて明言したのは、特別党大会を契機にして党首脳部の指導力が高まったという手応えを得ていたためであろう。

表3-1　ブレア労働党の経済政策（1995年5月）

経済政策の三つの基本原則	労働党政権の経済政策
1）長期的な経済戦略として政府借入れは公共投資を賄うためにのみ行う「黄金律」を厳守し，政府債務は予め設定された対GDP比の目標枠内に収める。	⇒1）黄金律《ゴールデン・ルール》の遵守
2）厳格なインフレ目標値を設定し，金融政策における説明責任，透明性，政治的操作からの自由度を確保する。イングランド銀行と政府の関係の見直しとともにイングランド銀行の説明責任を拡大する。	⇒2）イングランド銀行の独立
3）政策決定過程の透明性を担保するために，毎年の予算公表前に緑書を発表する。	⇒3）「包括的歳出見直し」による予算案の開示

出所）Routledge 1998: 223-224; Keegan 2004: 145をもとに筆者作成。

　ブラウンの演説はおおむね好意的に受け止められた。有力経済紙の『フィナンシャル・タイムズ』は、人々が労働党に抱いている、増税、財政出動、政府債務の増大、平価切り下げといった政策を行うという懸念を払拭した点において、演説は「大きな前進」だと評価した。とはいえ、同紙から見れば、ブラウンは依然として「介入主義的」であって、それは市場には必ずしも歓迎されない方針であった（*the Financial Times*, 1 May 1995; Keegan 2005: 145）。ブラウンは翌五月二日にも演説を行い、あたかもそうした新聞評に応えるかのように、将来の労働党政権は市場競争を擁護し、市場の規制緩和を奨励すると強調したのだった（*the Financial Times*, 2 May 1995）。

　五月一七日に彼が行った「労働党のマクロ経済の枠組み」と題した演説では、経済政策の三つの基本原則が表3-1のように明らかにされた。すなわち、（1）健全財政を目指す「黄金律」の堅持、（2）金利政策の脱政治化、（3）高度な財政上のアカウンタビリティの制度化、である。表の右側には、三つの基本方針に対応して、政権獲得後に実践された政策を示している。ブラウンは、この段階ですでに将来の労働党政権における経済運営の青写真をかなり明確に持っていたことがわかる。前章で見たように、これらの政策を支えたアイディアは、デイヴィス、ロビンソン等から調達したものだった[84]。問題は、ブラウンが依然としてこだわりを持っていた需要喚起策や再分配政策を、人々に「オールド・レイバー」あるいは「第一の道」のイメージを持たれることがないよう、いかに提示していくかであった。

ブラウンと同じくブレアもまた、経済界からの信頼獲得を重視していた。五月二二日のシティ（the City of London, 金融業界の中心）で行われるメイズ講演は経済界が注目するイベントとして知られ、ニュー・レイバーの経済政策を提示するには格好の機会であった（Scott 2004: 13）。

ブレアのメイズ演説は、グローバルな金融市場の信頼を獲得しようとするならば、中央政府の裁量に対する様々な制約を一定程度受け入れる必要があるとの認識を示した上で、効率を目指す経済政策と社会的公正は両立すると主張した。「長期的な経済力、教育水準、市民の機会をそれぞれ向上していくことで、強靭で結束力のある社会を実現することができる」のである。彼は社会政策を経済政策とは切り離さないとする立場から、「経済的な方策なしに掲げられる社会的な目標は空疎な願望にすぎない」と断言した（Blair 1995b=2004; Gould 1998: 244; Keegan 2004: 146）。また、ブラウンと同様に、ブレアもインフレ抑制、政府歳出枠の厳格化、金利政策からの政府の撤退、という方針を示した。保守党政権の政策遺産についても触れ、一連の労働組合関連法の基本部分の維持を明言した（Blair 1995b=2004: 82）。

はたしてブレアのシティでのデビュー演説は好評を博した（Scott 2004: 14）。経済界に経済運営能力を印象づけるという目標は達成されたのである。ブラウンとブレアとが同時に公表した一連の経済政策案は、特別党大会で改訂第四条が否決されていたならば、修正を余議なくされたであろう内容のものである（Routledge 1998: 222–223; *the Financial Times*, 2 May 1995）。党大会での決議は、議会党首脳部と労働組合との関係を大きく変化させ、党内合意の手続きを踏むことなく持論を公表できるくらいまで、ブレアやブラウンの権力基盤は強化されつつあった。あたかも第四条改訂の実現によって、政策形成上の圧倒的な権力資源を手にしたかのようである。かくして、ブレア労働党は、短期間のうちに経済政策について、スミス労働党のそれから大きな転換を行ったのである。

裁量的政策——人的資本への投資

もっとも、経済的制約を積極的に受容し、なおかつ労働組合に関する保守党政権の政策遺産をも継承することを明らかにした一方で、ブレアとブラウンは、保守党政権へのアンチテーゼとなる政府主導の「投資」の推進を強調した。それは二つの点から論じられた。第一に、教育、訓練、技能開発を通じた人的資本への投資であり、これはCSJが提示した図式を踏襲して保守党政権下の「過剰な」規制緩和に対置される。教育政策に格別の関心を抱いていたブレアは、教育水準の向上が、長期的な経済力や凝集力のある社会を生み出していくと主張した（Blair 1995b=2004: 78, 79, 91-93, 97）。第二に、政府支出については、量ではなく支出先を限定することで質を確保する、いわゆる選択的投資という方針が示された。ブレアは、演説の中で規制緩和を通じた労働市場の柔軟化の推進を原則として容認しつつ、「『柔軟化』はたんなるコスト削減ではない」と念を押すことを忘れなかった（Blair 1995b=2004: 92）。ブレアが力説したのが、教育や職業訓練を通じた人々の技能育成・向上の責任は、政府とともに企業も担うべきだとしたことであった。安価な労働力に頼った「低賃金経済」を拒否するとさえ論じる場面もあった。

なお、ブラウンはブレアの演説の趣旨に（個別の言葉遣いを除いては）「全面的に」賛同すると述べていたが（Scott 2004: 14）、ブレアのスピーチライターのスコットによれば、ブレアは経済にさほどの知識と関心を持ち合わせておらず、演説で大まかに語るだけだったためでもある（Scott 2004: 14）。一方における自由市場主義の受容、他方における社会的投資の促進というやがては「第三の道」が強調する基本方針は、すでにこの時点でかなりの程度までかたちを成していたのである。もっとも、政府投資の推進という方針を知らされた経済界は介入主義的であるとの警戒心を持って受け止めていた。

一連の投資に関する政策案は、一九九五年時点での労働党のポジショニングを確認する上で大きな意味を持つ。なぜならば、それは、一九九〇年代半ば以降にデンマークなどで先行し、欧州雇用戦略の要諦となったフレキシブルな労働市場に労働者に対する保障（セキュリティとしてのアクティヴェーション）を整備していくフレキシキュリティにある程度接近する内容のものだからである。ここでいうフレキシキュリティ型とは、（1）柔軟な労働市場、（2）寛容な失業手当、（3）積極的労働市場、（4）教育政策の拡充、の組み合わせによって、労働市場に参入する労働者の質と供給の改善を図ることである（Hemrijck 2013: 29; Merkel and Petring 2007）。

したがって、少なくとも一九九五年時点でブレアは、保守党政権下の政策を修正し、労働市場への再参入を失業者に強制するのではなく、むしろ人的資本を重視する方向性を想定していたと推察できる。規制緩和が進んだアメリカの労働市場のパフォーマンスが低下していることに懸念を示したことにも見られるように（Blair 1995b=2004: 92）、彼がアメリカで実践されている経済政策と社会政策を無批判に受け止めていたわけではなかったのである。最大の課題は、どのような「社会的公正」のあり方を目指すのか、そのための財源確保についてどのような方針を立てるのか、であった。

3　権力資源の拡大――支持の拡大、党内改革、アイディアの集積

政党間競争――保守党の混迷と労働党の権力資源の拡大

追い風に乗る労働党に対して、メイジャー政権は党内対立の激化と支持率の低迷に苦悶していた。とはいえ、メイジャー政権の実績は決して悪くなかった。一九九三年には雇用情勢が回復傾向を示しはじめていたし、教育制度改革や国営宝くじの導入といった思い切った施策も実行していた[85]。一九九四年八月には、北アイルランドで独立派武装勢力アイルランド共和軍（ＩＲＡ）が停戦を宣言し、一九九五年に入るとアメリカ上院議員のミッチェル（George Mitchell）を介した包括的な和平交渉が開始された。北アイルランド問題の歴史的な好転であった（Rubinstein 2003: 342）。この素地があったからこそ、一九九八年にブレア政権下でイギリスとアイルランドの和平合意（「グッド・フライデー合意」）が実現したのである。だが、これらの実績をもってしても、メイジャー政権が人々の信頼を取り戻すことはなかった。

保守党の支持が回復しなかった理由は、リーダーシップが弱いとみなされていたメイジャー首相の不人気ばかりが原因ではない。まず、人々の間で雇用状況改善の実感が乏しかったことがある（Bonefeld *et al.* 1995: 98）。たしかに、政府発表では失業者数が減少していたが、それは失業給付登録者がパートタイム労働か、もしくは訓練スキームに参加したことに

依るものであって、民間部門でも公的部門でも賃金は抑制され、メイジャーの謳った「階級なき社会 classless society」とは裏腹に、人々の生活不安は深刻化していた[86]。また、メイジャーが欧州単一通貨に将来的に参加する意向を示すと、保守党内の分裂が激しさを増した。さらに、「スリーズ（低俗で自堕落な行為）」と呼ばれた保守党議員による一連のスキャンダルが噴出した。ブレアはこれに機を見い出し、金品の贈与を受けた企業に利する議会質問をするといった腐敗にまみれた保守党のイメージとは明らかな対照をなす、「白よりも白い」潔白な労働党を謳ったのである。

一九九五年には、保守党を支持してきたメディアがメイジャー政権を見限りはじめた。なかでも、「メディア王」と呼ばれたオーストラリア出身の実業家マードック（Rupert Murdoch）が最高経営責任者を務めるニューズ・コーポレーション社傘下の各紙、とくに、高級紙『タイムズ』や大衆紙『サン』が保守党に背を向けたことは、メイジャー政権にとって大きな打撃となった（Rubinstein 2003: 339）。党内抗争にたまりかねたメイジャーは、一九九五年六月二二日に党首を辞任し、党首選を行うという前代未聞の奇策に打って出たが、党首選では、欧州懐疑派レッドウッド（John Redwood）が議員から八九票を集めた。二一八票を獲得したメイジャーは再選をはたしたとはいえ、反対票は棄権した二二名を含めて一〇〇を超え、奇策はむしろメイジャーの威信の失墜を招いただけだった（Rubinstein 2003: 340）。

まさにこのタイミングで、ブレアはマードックが主催するオーストラリアでのニューズ・コーポレーション社の会合で演説を行うように打診された。「イギリスでもっとも影響力のある社主からの申し出」に即応したブレアは、議会での党首討論の合間を縫ってオーストラリアまで足を伸ばした[87]。演説は好評を博し、マードックが壇上でブレアに賛辞を述べると、『サン』紙など系列新聞が雪崩を打ってブレア支持へと流れたのだった（Blair 2010: 98）。メディアを味方につける。ブレアと側近がもっとも重視した支持拡大への鍵がついに掌中に収まったのである。。

党内組織改革と規律の強化――組織的権力資源の増大

苦境に陥ったメイジャー政権を尻目に、ブレア労働党は労働市場政策の内容を詰める作業に入っていた。争点は、法定最低賃金制度の導入と、労働者保護を含んだマーストリヒト条約付属社会政策協定への署名の是非であった。社会政策協定に関しては、ブレア以前の労働党は、五月の欧州議会選挙でその批准を支持する立場を明確にしていた（Labour Party 1994a, 1994b, 1994c）。

特別党大会以降の議会党首脳部と労働組合との関係の変化によって、新たな局面が到来していた。そもそもブレアは、サッチャー政権が実施した労使関連政策や経済改革を「イギリスにとって必要であった」と明言し（Blair 2010: 99）、特別党大会以降、労働組合に配慮することなく自らの意向を表明するようになっていた（Blair 1994a, 1994b, 1994c, 1995a）。労働組合と党との関係の見直しは、キノック党首以来の重大課題であったのだが、ブレアはそれをいっきに加速させたのである。

ブレアは、経営者団体に配慮して、次期総選挙が終わるまでは法定最低賃金の具体額を提示しないと発言した（*the Financial Times*, 9 May 1995）。労働組合側は、ＵＮＩＳＯＮやＴＧＷＵらが中心となり、時給四・一五ポンドの法定最低賃金を強く要求した。ＴＧＷＵ書記長のモリス（Bill Morris）は、新党首ブレアへのあからさまな批判を控えていたのだが、それを翻して具体的な賃金額の提示と法制化は譲らないとする強い姿勢を示した（*the Financial Times*, 20/21 May 1995）。メディアの印象を損ないかねない労働組合との全面対立は回避したいところであった。妥協点を探るべく、ブレアは拘束力をもつ党大会では、具体的な最低賃金額ではなく金額の妥当性を検討する準備委員会の設置の是非のみを決議することを提案し、この妥協案に対する労働組合からの合意の取りつけに成功した（*the Financial Times*, 4 June 1995）。ブレアの妥協はこれにとどまらず、六月八日、彼は既存の労働組合規制法の一部見直しと、社会政策協定への署名を公約するとも表明したのだった（*the Financial Times*, 8 June 1995）。

4　経済政策構想『イギリス経済の新しい未来』

社会正義へのアプローチ

さて、議会党内では、政策キャンペーンと並行して政策立案作業が進められていた。一九九五年五月一六日、ブラウンはかねてから準備していた経済政策のパッケージ『イギリス経済の新しい未来――全ての人に経済と雇用の機会を』を合同政策委員会に提出し、全会一致で採択された[88]。上述したように、ブラウンは政策委員会の決議の前にその内容を演説に盛り込んでおり、議会党の支持を自明視していたことが推察される。労働党はすでに、ブレアとブラウンを頂点とした集権的な党へと変容しつつあった。

『イギリス経済の新しい未来』の内容は、その副題「全ての人に経済と雇用の機会を」から読み取れるように、マクロな視点からの経済政策案というよりはむしろブラウンが得意としたミクロ次元の政策群であった。失業、技能不足による雇用リスク、所得格差、貧困問題が取り組むべき政治課題として提示された[89]。同文書では、「繁栄する経済は、強くかつ正義にもとづく社会を求める」ことが強調された[90]（Labour Party 1995b: 4-5）。

一九九五年六月、同書は全国政策フォーラムで承認され、最終案はブラウンを委員長とした議会党経済政策委員会によって全国執行委員会に提出された。ただし、この最終案には、法定最低賃金の確定額は盛り込まれていない。七月二六日に開かれた全国執行委員会の審議でこの文書の採決をめぐって議論が紛糾したとの記録は残されておらず、党内左派の実力者スキナー（Dennis Skinner）による反対票一票を除いては出席者全員が賛成票を投じ、党大会へ送られた。

『イギリス経済の新しい未来』で注目すべきは、所得格差や失業による貧困問題への対策として、完全雇用策や累進課税の導入が盛り込まれていることである。同書が「完全かつ働きがいのある雇用」、あるいは「完全雇用社会」の達成を目的とした「雇用創出」策と、再分配を前提とした累進課税の導入を肯定していることは事実だが（Labour Party 1995b:

表 3-2 『イギリス経済の新しい未来』――雇用と福祉政策および税制案

《雇用と福祉政策案》 需要サイドと供給サイドの相互作用 ＋ 社会的投資国家戦略	1）就労支援を中心とする供給サイドへの介入 2）地域振興策，環境事業，中小企業の支援を通じた政府主導の雇用創出策 3）若年層を主な対象とした訓練・教育への投資 4）経営者への補助金付き雇用支援策（受給条件として経営者に職場での訓練提供を義務づける） 5）官民パートナーシップによる無業の母親に対する育児支援の拡充（全国保育戦略） 6）幼児教育の拡充
《税制案》 均衡財政 ＋ 再分配	1）民営化された公営企業に対する課税案（ウィンドフォール税の活用） 2）企業の長期投資を促す税制措置の導入 3）支払能力に応じた累進的で公正な税制

出所）Labour Party 1995b をもとに筆者作成。

53, 63-66)、しかし、こうした需要創出策は、あくまでも政府支出の抑制を図りながら実現されるものであった（Labour Party 1995b: 60-61）。官民パートナーシップの活用、地方政府を主体とした住宅建設等の公共事業によって、インフラ整備と雇用創出を同時に達成することが提案されているのである（Labour Party 1995b: 53-55）。表３－２に見られるように、同文書で提示された雇用、福祉、税制に関する政策案には、一九九五年時点での労働党の中道路線の特徴を見い出すことができる。

このように『イギリス経済の新しい未来』は、均衡財政をはじめとした財政、金融の基本ルールの設定とその遵守を確認しながらも、その枠内においては需要創出策や累進課税の導入が可能であることを含意していた。これが、一九九五年時点でのブラウンの「制約の中の裁量」にもとづく政策デザインであったといえよう。

5　伝統的な政策コミットメントの見直し

主要公約の提示と雇用創出策の除外

一九九五年一〇月に開催された党大会は、経済政策構想を公にする機会であった。ブレアら議会党首脳部にとっては、すでに全国政策フォーラムなどによって党内では合意形成が図られていたこともあり、もはや党大会が大きく紛糾する恐れはなかった。それでもなお、組織上の権力資源の観点から、ブレアやブラウンには、労働組合の意向を斟酌すべき理由があった。一九九五年党大会では、一九九三年の党大会決議にしたがって個人党員数の増加にともなう労働組合票の配分率の再引き下げが決定されたのだが、この決定の効力が発生するのは翌九六年の党大会以降であった（Russell 2005: 197）。つまり、一九九五年党大会の段階では従来通り労働組合が七〇パーセントの票を持っており、紛糾を避けるために、党首脳部はなんとしても労働組合の支持を得ておく必要があった。

一九九五年一〇月三日、ブレアは、党の現代化改革への支持と党の結束を訴える演説を行った（Blair 1995e）。強調されたのは、将来の労働党政権は「国民全体」を代表するのであって、特定の既得権益のみを代弁することはないのだということ、かつて社会に混乱を生んだような労働運動には厳しい姿勢をとることであった（Blair 1995e; Taylor 2000: 264）。

一方ブラウンは、福祉国家改革を打ち出した。具体的には、若年失業者・長期失業者を主たる対象とした就労支援策（ニュー・ディール・プログラム）であり、法定最低賃金制の導入、社会政策協定の批准である（Brown 1995; *the Times*, 3 October 1995）。提示された政策案はいずれも労働組合がかねてから要請し、キノックやスミスが積極的に取り組んできたものであり、党首脳部が労働組合に一定の配慮をしたことがわかる（Fielding 2002: 156）。先述の通り、就労支援策の財源には、一般税収ではなく民営化された公営企業からの一度限りの臨時税収（ウィンドフォール税）が充てられることとされた。つまり、就労支援の拡充は納税者に新たな負担を課すことにはならないと明示されたのである。税制については、「支払能力に応じた公正で累進的な課税」という表現で、高額所得者への増税が含意された。再分配政策としては、年金生活者や低所得者層を対象にした減税措置、および燃料への付加価値税の削減も提示された（Labour Party 1995e: 12）。これら政策群は、累進課税を除いて、いずれも一九九七年総選挙マニフェストの主軸を構成するようになる。

ところで、ブラウン演説では、需要サイドへの政府介入、完全雇用や雇用創出といった文言が削除された。反発も予想されたが、大半の労働組合の代表はニュー・ディール・プログラムをはじめとした積極的労働市場政策について、完全雇用につながる方策であると肯定的に受け止めた[91]（*the Times*, 3 October 1995）。ただし、法定最低賃金については、労働組合側は数値の明記を再度要請し、明確な金額提示を避けたがる党首脳部との軋轢が改めて露呈した（Labour Party 1995e: 23）。

政策アイディアの混交――供給サイドへの介入と再分配

この時点でブラウンとブレアが合意していたのは、均衡財政、金利の安定、インフレの抑制を経済運営上のルールとすることであった（Cebulla *et al.* 2005: 22）。その中でブラウンが供給サイドへの介入を重視した積極的労働市場政策の拡充に踏み込んだのは、ウィンドフォール税による臨時歳入の見込みがたったからこそのことであった[92]（Cebulla *et al.* 2005: 49）。支持調達の観点からは、社会支出の主たる対象を公的給付から就労を促す「投資」へと振り向けるという主張は、納めた税金の使途にとかく敏感になっていた中間層にアピールすることを狙ったものだった。

政策アイディアの観点から見ると、脱工業化の進展と大規模な民営化政策によって失業の規模と質が大きく変化する中で[93]、積極的労働市場政策の整備は保守党政権下、一九八〇年代半ばから進展していた[94]。この意味で、アメリカの経験に学んだ保守党政権のワークフェアにもとづく「福祉から就労へ」は、政策遺産として労働党のニュー・ディール・プログラム策定の前提になったといえる。しかし、両者の決定的な違いは、保守党政権が労働市場への包摂を促す政府投資の拡大に抵抗したのに対して、労働党は、「ルール」の中で財源調達が可能であるならば、政府投資の拡大を志向していたことにあった。換言すれば、労働市場への参入リスクへの対応における政府の役割に関する両党の見解の相違が、介入政策の規模の違いとして現出したのであった。

他方、ブラウンによる累進課税への言及は、一九九二年総選挙敗退を受けてもなお彼が分配的正義に固執していたことを示すものであり、見すごされるべきではないだろう。不人気と考えられていた累進課税にあえて言及したのは、ブラウンが社会正義を実現するための財源としてどうしても必要だと考えていたからだと解釈されている（Minkin 2014: 286, 288）。一九九五年の党大会までのブラウンの公式な発言から看取できるのは、彼が「制約の中の裁量」の範囲を広く解釈し、保守党政権下の政策とは区別されるポスト・ケインズ－ベヴァリッジ型福祉国家の政策構想を展開する準備をしていたことである。

一九九五年の段階で、労働党の政策デザインは、経済政策、福祉から就労へ政策など支柱となる部分については確立しつつあった。しかし、その具体的内容は依然として暫定的で、メッセージの発信という性格が強かった（Mandelson 2010: 196）。

6　ウィングを広げよ――経営者団体の支持獲得

党大会後、ブレアと党首室スタッフは経済界の支持固めに力を注いだ。経営者団体は、組織改革と経済政策の見直しを進めるブレア労働党に対して、その政権担当能力を見きわめようとしていた。そして、一九九五年一一月にブレアがイギリス最大規模の経営者団体であるイギリス産業連盟（Congress of British Industry: CBI）の年次大会で行った基調演説を契機にして、CBIはブレア支持へと向かうことになる（*the Guardian*, 14, 15 November 1995）。

CBI事務総長ターナー（Adair Turner）が注目したのは、インフレ抑制策、税制改革案、なかでも「嫉妬の政治」とブレアが表現した高額所得者への所得税引き上げや法定最低賃金制の導入、社会政策協定への署名、といった点の扱いであった（*the Guardian*, 13 November 1995; *the Financial Times*, 10 February 1997; Fielding 2002: 156）。このことを予め想定していたブレアは、CBIの支持獲得を確実なものとするべく演説に臨み、法定最低賃金の導入などに関して、「産業界との十分な協議を経ないうちはそれらを実施するつもりはない」と明言した。さらに「欧州経済通貨同盟への参加はいくつかの選択肢の一つである」とも述べ、それまで労働党が示していた欧州単一通貨参加への積極姿勢への留保を示した。ブレアが強調したのは、不平等は経済効率に反するものであるからこそ、社会的結束、教育と技能向上に向けた政府の役割が重要だということだった（*the Guardian*, 14 November 1995）。

CBIはブレアの演説を総じて歓迎した。[95] ターナーは、税制、法定最低賃金、社会政策協定に関してより明確な方針を示すように要請したものの、ブレアの演説内容をほぼ支持すると発言した[96]（*the Guardian*, 14 November 1995）。ブレア労働党は経営者団体の信頼という資源が拡大しているとの手応えを得たのであった。

ワークフェアをめぐる相克

ブレア労働党に対する保守系メディア、経営者団体、経済界の支持が確実に拡大していく中、党内の政策形成過程は新たな局面を迎えていた。福祉国家改革は、党大会終了直後に影の社会保障相に就任したC・スミス（Chris Smith）に委ねられ、CSJの『社会正義』に代わる政策案を一九九六年党大会に間に合うように準備することが求められた（*the Guardian*, 9 November 1995）。ブレアにしてみれば、CSJは「福祉主義」にすぎるからである（*the Observer*, 3 December 1995）。スミスは党内ではブレア派として知られていたが[97]、じっさいにはむしろ『社会正義』の基本方針を支持し、アメリカ型ワークフェアには批判的だった（Labour Party 1996a; *the Guardian*, 9 November 1995）。彼は政策顧問にCSJの審議に参加したマクレナン（Emma MacLennan）を採用した[98]。一九九五年一月にスミスは『社会正義』の骨子を参考資料として党首脳部に提出し、同報告書の政策案を引き継ぐ姿勢を明らかにした[99]（Labour Party 1995a）。スミスは筆者とのインタヴューの際、彼自身はCSJの就労支援プログラムの一つのモデルとなったオーストラリアの就労支援プログラム（JET）の導入を考えていたと証言している[100]。彼は、就労支援プログラムの拡充とあわせて、失業給付の増額、社会保障給付の維持を目指していたのである。

ブラウンの反応は、就労支援と社会保障給付の両方を拡充することを主張するスミスの構想は、政府支出の増大をもたらすとの痛罵であった。ブラウンは、一九九五年党大会でニュー・ディール・プログラムの骨子を発表したのだが、その時にはあえてプログラム忌避者の懲罰要件への言及を巧みに避けた。ところが彼は、スミスをはじめとする関係者に諮らぬまま、一一月八日、若年失業者が就労もしくは政府の提示する就労支援プログラムへの参加の義務を怠る場合、求職者手当の四〇パーセントを削減するという懲罰条項を独断で主要各紙に発表した（*the Times*, 9 November 1995; *the Financial*

Times, 10 November 1995; *the Guardian*, 9, 10, 11 November 1995)。ブラウンが提示した懲罰的措置は、メディアからも労働党内からも、サッチャー保守党政権の政策志向に同調するものだと理解された（*the Financial Times*, 10 November 1995)。非難に対してブラウンは、「労働党による右への屈伏などではない。労働党が真面目に働く多数派に支持される党として、その哲学を示したのだ」と反論した[101]（*the Guardian*, 10 November 1995)。

懲罰要件がかくも問題視されたのは、それが現代の福祉国家改革の方向性を左右する一つの争点だったからである。福祉給付の条件に就労や求職活動を課し、その義務をはたす努力が不十分とみなされる場合には給付停止などのペナルティを科す。福祉の権利性をはっきりと後退させるワークフェアへと舵を切る重大な政策案の公表を、ブラウンが独断で進めたことは、党内論争を惹起せずにはおかなかった。市場原理に重きをおいた福祉国家改革を目指すのか、それともサッチャー以来の方向性を修正していくのか。社会的包摂の分岐という視点から見れば、それはワークフェアとアクティヴェーションとの間の選択であった。キノック時代の「供給サイド社会主義」でもスミスの「社会投資国家」でも浮上した争点が、ブラウンの専断によって改めて争点化したのである。サッチャー政権が採用したアメリカ発のワークフェアはメイジャー政権下でさらに強化され、一九九五年に立法化された求職者法（Jobseekers Act: JSA）に結実した[102]。これら一連の保守党政権下の政策は、ニュー・ディール・プログラムの重要な前提条件となった。つまり、この点だけに着目すれば、労働党による革新的な政策案というよりも、従前の制度を転用した上で拡充したプログラムであった。問われたのは、就労規範の厳格さと、他の政策との連携の在り方だった。

党首脳部における政策アイディアの対立

一九九五年を通じて労働党内では福祉の権利性を後退させるような就労規範をめぐって、党首脳部内部での対立が先鋭化した。その重要な契機は、一九九四年から一九九五年にかけての求職者法の成立過程であった。首脳部では、就労規範の強化を求める勢力と、給付の条件化に強く抵抗する勢力とに割れていた。そうであったがゆえに、ブラウンの抜き打ち声明は、政策志向をめぐる問題と政策立案過程における手続きの問題の双方を含み、議会党内からの激しい批判の的となった。批判にさらされたブラウンは、声明の内容は一〇月の党大会ですでに明らかにしたことだったとして、政策案が党の総意にもとづいたものであると反論した（*the Guardian*, 10, 11 November 1995）。だがじっさいには、彼は党大会演説で、若者が「就労への新たな権利を享受するとともに、訓練もしくは学習を行う責任を担うことを期待する」と述べただけにとどまり、具体的な懲罰事項に関する言及はなかった（Labour Party 1995a: 12）。

一一月一四日の影の内閣のメンバーと党首室のスタッフによる会議では、クックをはじめとした複数の出席者が、懲罰要件の導入そのものに反対した。手続き上の問題についても事前の協議を経ずに「党の政策」として公表したことを論難し、ブラウンが「制御不能」だとさえ断じたメンバーもいた（*the Guardian*, 20 November 1995; Routledge 1998: 229）。ワークフェア的な政策構想に強い違和感を抱く議会党実力者ミーチャー（Michael Meacher）やスミスもブラウンを容赦なく批判し（*the Guardian*, 9 November 1995; *the Guardian*, 19 November 1995; Bower 2005: 170）、いったん噴出した党内論争は容易には収まらなかった。スミスは、CSJのワークフェア批判を援用し次のようにブラウンを批判した。「私は現在の［ニュー・ディール・プログラムの――引用者注］方針については満足している。だが、人々を鎖につないで仕事に送り込むアメリカ的なワークフェアが私には決して賛成しえない類のものであることは明らかだ[103]」（Bower 2005: 170）。

スミスとは対照的に、ニュー・ディール・プログラムを管掌することになる影の教育雇用相ブランケットは、ブラウンに対する留保なき支持を表明していた（*the Guardian*, 10, 11 November 1995）。ブレア労働党の福祉改革構想が、社会保障政策と雇用政策、教育訓練政策との強い連携を前提としていたにもかかわらず、連携の要となるブランケットと影の社会保障相スミスとの間での政策志向の隔たりが明らかになった。なお、ブレアは彼がもっとも重視する政策領域の一つである教育と就労支援を担当するポストにブランケットを指名し、ブランケットに対する全幅の信頼と支援を約束していた[104]。

ブレアはブラウンに対する態度の表明を保留していたため、ブラウンに批判的な勢力から、ブレアが「給付を四〇パーセント削減することで失業者を脅かす、ワークフェアとしか表現しようのないものを支持している」との非難を浴びた

（*the Observer*, 19 November 1995）。ブレアは一部の党首脳部や左派のバックベンチャーからの批判を収束させるために、議会党の定例会議の席上で、ブラウンを「一〇一パーセント支持する」と発言した。これを受けて、クックやプレスコットは非難の矛先を納めた（*the Guardian*, 23 November 1995）。

ここで留意したいのは、ワークフェアに傾斜したとの非難を受けた就労支援策は、ブラウンの政策デザイン全体の部分を成すものであったことである。じっさい彼は、働く貧困層《ワーキングプア》対策として、低所得層に対する減税措置を同じ一一月に発表している。ブラウンは、最低税率を従来の二〇パーセントから一〇パーセントに引き下げると発言し、「この国のきちんとした勤勉な多数派である低所得者層と中間所得層に利する」とした。もっとも彼は「税制は、成功した人々にペナルティを科するのではない。労働党は貧困に抗うが、富に抗うのではない」と注意深くつけ加えた[105]（*the Independent on Sunday*, 19 November 1995; *the Guardian*, 21 November 1995）。ここに、ブラウンの政策構想が就労規範を強めつつも、低所得層のリスクにある程度配慮していたことがわかる。次章で詳しく見るように、給付を条件化することで社会権の位置づけを見直すと同時に、一定のリスクに対しては保守党のリスクの個人的責任を強調する立場から離れていったのである。一方メイジャー政権は、一九九五年一一月の予算案で、ブラウンによる低所得者層を対象とした減税構想とは異なる税制案を提示した。クラーク（Kenneth Clarke）財務相は、中間層を主たる対象とした二五パーセントから二四パーセントまで税率を引き下げる減税案を提示した。この減税措置は、一九八八年に行われた基本税率の三〇パーセントから二五パーセントへの引き下げ後初めて実施された。このクラークの減税案は、中位所得の家庭では、最大で一週あたり一〇ポンドの恩恵を受けると喧伝された（*the Guardian*, 29 November 1995）。

7　福祉国家再編構想の岐路――「ステーク・ホルダー社会」演説

「ステーク・ホルダー社会」構想とは

党内のリーダーシップの基盤が確立し、有権者、市場、メディアの支持獲得に手ごたえを得ていたブレアは、一九九六年一月八日、東南アジア諸国歴訪の際に、シンガポールで「ステーク・ホルダー社会」と題する演説を行った。グールド、キャンベル、ミリバンドらブレアの側近たちは、前年の党大会でもブレアが好んで用いていた「一つの国民」という言葉を政権構想に結びつけることに腐心し、一九九五年後半から検討を重ねていた。その成果が「ステーク・ホルダー社会」構想であり、この構想の発表は、メディアや有権者にアピールし、選挙キャンペーンに弾みをつける一つの画期になると期待された（Gould 1998: 253）。

「ステーク・ホルダー社会」構想は、ブレアとその周辺が満を持して臨んだ政治声明であったといってよい。それは彼らのいうところの「中道と中道左派」のポジショニングを目指す労働党の戦略拠点となるべきものであった（Blair 1996a, Richards 2004 に再掲）。クラウチ（Colin Crouch）の解釈では、「ステーク・ホルダー社会」構想は、利害関係者全体に寄与する社会を意味する。しかしながら、一九八〇年代後半以降、市場のグローバル化が進展する中で、そうした観点にもとづく議論は衰退し、じっさいの経済では労働分配率の低下が顕在化していた（クラウチ 二〇〇七：二〇）。ブレアの演説は、ニュー・レイバーをグローバル市場に対して社会を保護する航路へと舵取りするものであった。

ところが、党首室周辺の大いなる期待に反して、ブレアの演説は彼らが望んだような効果を生み出しはしなかった。以下に詳述するように、ブレアが打ち出した構想は、公表後ほどなくして党の政策アジェンダからは削除され、総選挙マニフェスト作成段階では、たんなる「スローガン」以上の意味を持たなくなった。しかし、この構想をめぐる顛末を分析すると、それがニュー・レイバーの政策デザインの方向性と戦略を左右する重要な転換点であったことが明らかになる。そこで以下では、「ステーク・ホルダー社会」をめぐる政治過程を検討していく。
ここでは、いささか長くなるがその重要性に鑑みて、ブレアの演説内容の抜粋を示す。

「ステーク・ホルダー社会」演説（一九九六年一月八日）

キーワードは、投資、質、そして信頼です。〔中略〕

我々が必要としているのは、市民一人一人にこの国の中での持ち分《ステーク》を保障する義務がコレクティヴな文脈の中で認められている国です。「一つの国民」の政治は、何かの感情を表したものでもなければ、恵まれない者たちに対するまっとうな配慮を表したものでもありません。能動的な政治、つまり、国を一つにまとめ、権力と富と機会の可能性を分かち合うことなのです。これを達成するために左派が採ってきた旧いやり方は、税と公的給付を通じた再分配でした。もちろん、公正な税制は正しい。けれどもほとんどの人は、公的給付に依存した生活、すなわち国家に依存した生活を望んではいません。人々が望んでいるのは、自立、尊厳、自己改善、そして労働によって生活を成り立たせる機会です。低賃金と失業の問題はその原因から取り組んでいかねばなりません。

今日の中道と中道左派が目指す経済は、一握りの特権的な人々でもなければ、豊かな三〇、四〇あるいは五〇パーセントでもない、全ての人々を取り込んだステーク・ホルダー経済〔原文のママ――引用者注。以下同〕の創出へと結びついていかなければなりません。

それに失敗すれば、才能を浪費し、潜在的な富を生み出す力を浪費し、凝集性のある社会、すなわち「一つの国民」を構築する信頼の素地を否定することになります。人々が社会には何の持ち分もないと感じれば、社会に対する責任をおよそ感じなくなり、社会の成功のために働こうとする意欲をほとんど持たなくなるでしょう。

ステーク・ホルダー経済を創り出すことの意義はじつに大きい。それは長期的失業や構造的失業との闘いに政府が責任を持つことを意味します。人々の中にアンダー・クラスを作り出すこと、社会のメイン・ストリームから切り離された人々を生むこと、貧困や闇経済、犯罪、あるいは家庭不安の中で生きる人を増加させることは、道徳的、経済的な害悪です。ほとんどの西側経済はこの問題に苛まれています。それは悪であり、不必要で、大きなコストをともなうものです。［中略］

ステーク・ホルダー経済には、ステーク・ホルダー福祉システムがともないます。それは、富める者から貧しき者まで全ての国民のコミットメントを得たときにはじめて、生涯を通じた安全と機会の促進という目標が達せられるのです。全ての者が持ち分を有するのです。それ以外の選択肢は、貧しき者だけに対する残余的なシステムです。［中略］

第二に、教育システムは、エリートに限らず全ての人々に保障されるべきです。［中略］

第三に、全ての人に新しいテクノロジーが浸透するようにしなければなりません。［中略］

第四に、企業活動と政府との間に信頼にもとづく適切な関係を構築しなければなりません。［中略］現代の経済においては、旧いスタイルの経済統制や節度のないレッセフェールは求められていません。［中略］「力を与える enabling」という政府の役割は、長期的安定と成長にとって決定的に重要になります。

この信頼にもとづく関係は企業内の活動にもあてはまります。成功する企業は、投資を行い被用者を公正に処遇し、彼らを単なる生産のための資源ではなく創造的なイノヴェーションの資源として尊重しています。イギリスではコーポレート・ガヴァナンスの議論はまだ始まったばかりです。［中略］しかし、商品を取り引きする資本市場の単なる一つの歯車である企業から、一人一人の被用者がステークを持ち、企業の責任が明確に示された共同体あるいはパートナーシップのある企業へと、企業倫理の重点をいかに移動させるか、そうした判断をする時であることは確かです。［中略］

これが、中道と中道左派の新しい経済が向かうべきところです。それは、グローバルな変化の果実とともに機能し、規律あるマクロ経済と財政政策を採るが、右派による自由放任主義的な消極的なアプローチとは区別されます。なぜならば、この国が変化に備えるように積極的に行動し、かつその恩恵が公正に配分され、全ての市民が一つの国民の一員となって成功のチャンスを得ることを保障する責任を担うからです。これが、現代において効率と社会正義を結びつける本当の方法なのです。(Blair 1996a)

ブレアの演説を社会的包摂の文脈から読み解くと、その対象を貧困者等の特定の人々に限定するのではなく、「全ての市民」とし、その「持ち分」の保障は個人の責任に帰されるのではなく、社会全体の問題として(すなわち「コレクティヴ」に)取り組まれるべきだ、というのが趣旨である。ここで実践されるべき「ステーク・ホルダー福祉システム」とは、税を財源とした現金給付によって生活を保障するのではなく、また貧困者に対する残余的な補償でもなく、所得にかかわらず広く国民がコミットする普遍性を有するものである。後の「福祉から就労へ」とつながる公的扶助受給から就労による自立へと促す方針は同じであるが、財、権力、機会の配分によって、人々の自立のみならず尊厳、自己改善、そして労働を促していくことに重きがおかれている。

このコレクティヴな保障の担い手に、政府とともに企業経営者が含まれている点は注目に値する。すなわち、企業には、被用者の公正な処遇をはじめとした企業倫理と被用者とのパートナーシップの構築が求められており、この点が、後にコーポラティズム志向であるという指摘を誘発した。これらの点から、「効率と社会正義」を連結させるとする「ステーク・ホルダー社会」構想は、健全財政を要請するグローバル経済や新しい社会的リスクに対応しつつ、分配と承認を両立させようとしている点において、アクティヴェーションにも接近する福祉国家改革案であったと見ることができる。したがって、一九九六年一月時点での労働党のポジショニングは、ブレア自身が言及したように、中道左派にあったと見てよい。この構想をもって労働党は、保守党に対抗し政権を担当しうる政党として明確な対立軸を打ち出したといえよう。

中道左派としての対抗軸

ブレアの演説は、経済政策にとどまらず、労使関係、産業政策、福祉国家改革、教育改革までをも網羅する包括的な政権構想であった。グールドは、ブレアの演説がニュー・レイバーのアイディアを総括するものになることに自信を持っていた。演説原稿の起草に際して彼がもっとも重視したのは、コミュニティの価値と経済的な責務とを連結させることであった（Gould 1998: 254）。すなわち、経済のグローバル化、労働市場の規制緩和、そして福祉国家の削減が進展する中で、グローバル経済を再度国内システムの中に埋め込み、社会の紐帯を回復しようというのが、この時点でのニュー・レイバーの方向性だったのである。

ブレア労働党の独自性と保守党政権との違いを明確にする対立軸を模索していた広報担当のキャンベルは、より戦略的な観点から演説の準備に万全を期した。キャンベルは演説を控えた陣営の高まる期待を、「一大アイディア」という言葉でグールドに語っていた（Campbell and Stott 2007: 98–99）。キャンベルにとってこの演説は、「単に金銭や労働以上のものとして経済を導く方法であり、我々がどのような国を導きたいのか」、「一大アイディア」を人々に提示するものだった（Gould 1998: 254）。キャンベルの一月七日の日記では、ミリバンドも演説に「興奮し」、「ブレアがようやく経済に関する中道左派のメッセージを見つけた」と述べたと記されている[106]（Campbell and Stott 2007: 98–99）。

ブレアの演説はいくつもの水脈から流れ込んだ政策アイディアの統合体であった[107]。第一に、ブレアの政策アドバイザーであったハットンが提唱した「ステーク・ホルダー資本主義」構想である[108]（Hutton 1999; Rentoul 2001: 388; Thompson 2006: 267）。第二に、しばしば「コミュニタリアン」という言葉に集約されもする「信頼」の強調は、フクヤマ（Francis Fukuyama）の『信なくば立たず』に着想を得たもので、「規範」・「ネットワーク」・「信頼」を重視したパットナム（Robert D. Putnam）の社会資本論からもアイディアを得ている。第三に、演説を行ったシンガポールの経済モデル（the Central Provident Fund）である（Gould 1998: 254）。「ステーク・ホルダー社会」構想の提唱者として、ハットンは、演説直後に『ガーディアン』紙にこれを積極的に評価する寄稿を掲載した（*the Guardian*, 9 January 1996; Hutton 1999: 79–82）。

演説前後に見られたブレアとその周辺の高揚感とは対照的に、ブラウンは演説についての事前の話し合いにかかわれなかったことに強い不満を抱いた。ブラウンの懸念は、社会的コストをめぐる攻撃の材料を保守党ら論敵に提示したことが、戦略的足かせになることであった（Gould 1998: 255）。

一方、次期総選挙で労働党の議席が伸びなかった場合に備えて連合交渉が進められていた自民党からは、一九九五年に発表された「ステーク・ホルダー社会」構想や「包摂社会」をめぐる政策案を、ブレアが「盗用」したとの声も聞かれた（*the Guardian*, 12 January 1996）。たしかに、自民党の重鎮で「ステーク・ホルダー社会」構想を主導したダーレンドルフ（Ralf Dahrendorf）の上院での発言は、ブレアの演説と重複する。

> 企業は利潤を生む機会の提供主体という側面ばかりを持ちあわせているものではない。企業は、購買者として、供給者として、そしてコミュニティ生活の中心として、ステーク・ホルダーによるネットワークの結節点となる。［中略］株主にのみ集中し、それ以外の全ての者を排除することは正しいことだろうか。［中略］［企業が――引用者注］株主の利益のためにステーク・ホルダーの関係を犠牲にすることは、公共にとっても、また社会的結束にとってもコストとなり、それはほどなくして企業と経済全体に跳ね返ってくるものである。（*Hansard*, 21 Feb 1996, Col. 1060）

また、ＴＵＣ書記長モンクスは、ブレアの演説に先立ってＴＵＣがすでに進めていた「ステーク・ホルダー経済」を基本理念に据えた組合改革運動（「新組合主義 New Unionism」と呼ばれた[109]）と結びつきうると理解した。モンクスの持論は、「従業員一人ひとりが『ステーク・ホルダー』として尊重され、労働生活において平等な機会が保障されること、その利害が労働組合を通じて権利として保障されること」によって「公正」を確保する、というもので（小笠原 一九九九：二一九）、ＴＵＣはこれによって職場での最低限の権利、雇用保障、職場における労働者の声を反映する場を確保しようとしたのであった（Howell 2005: 177）。だからこそ、ＴＵＣもまたブレアの演説を支持したのである。

以上のように、ブレアの「ステーク・ホルダー社会」構想は、中道左派ジャーナリスト、中道政党である自民党、ソーシャル・ヨーロッパを支持し現実路線に転換した労働組合といった広義の中道左派陣営を横断して共有される世界観や経済観を体現していた。それは、ブレアのいう「一つの国民」に修辞を超えた実態を与え、富裕層や、ブレアらが支持獲得のために注力したミドル・イングランドばかりでなく、中小企業を含めた経営者、自営業者、伝統的支持基盤である労働組合、低所得者層や貧困層をも含んだ幅広い層の利益を網羅せんとするものであった。すなわち、ブレア流の「ビッグ・テント」であったといってよい。

個人主義への旋回——「ステーク・ホルダー社会」構想の放逐

ところが「ステーク・ホルダー社会」演説は、経営者団体、金融界、メディアから批判の集中砲火を浴びた。批判の矛先は、その「コーポラティズム的な」性格に向けられた。『フィナンシャル・タイムズ』紙によれば、株式市場の利益はアングロ・サクソン型資本主義によって支えられているのであり、ブレアの演説に表れている「全ての人々の持ち分」を保障するために、政府介入を肯定するブレアの姿勢は、産業界や金融界の利益に反するとし（*the Financial Times*, 13, 19, January 1996）、大衆紙『サン』も非難の列に加わった（*the Sun*, 16, 24 January 1996）。

支持調達に成功したかに見えた経営者団体やメディアからの強い批判を受けたブレアの対応は、じつに素早かった。間髪をおかずに「ステーク・ホルダー社会」を、「たんなるスローガン」にすぎないと言い切った彼は、自分の意図は、「一九七〇年代のコーポラティズムに回帰するものではない」として、「ステーク・ホルダー社会」を事実上撤回した（*the Financial Times*, 15, 16, January 1996）。かくして、ニュー・レイバーの基軸となるはずであった「一大アイディア」は、発表後わずか一週間で姿を消した。コーツ（David Coates）によれば、「ステーク・ホルダー社会」構想は、「野党時代の最後の何年かでヘゲモニックな機能をはたす」可能性があった。しかしじっさいには、既存の労使関係や社会関係の権力配置に対してあまりにもラディカルな挑戦を必要とするこの構想は、経営者団体にとって容認できるものではないことが明らかになり、結果的に党の政策アジェンダからも除外されることになった（Coates 2005: 204-205）。

メイジャー政権にしてみれば、ブレアの「ステーク・ホルダー社会」構想をめぐる紆余曲折は格好の攻撃材料となった（*the Financial Times*, 12 January 1996）。保守党議員たちは連日こぞってブレアの「スローガン」発言をやり玉に挙げた（*Hansard*, 15 January 1986, Col. 439; *Hansard*, 16 January 1996, Col. 537）。ブランケットは、「労働党は、人々を職に就かせるために、訓練や技能育成に長期的投資を実行することを目的と、だからこそ保守党政権のような金持ちに利するバーガーキング経済ではなく、ステーク・ホルダー経済を強調するのだ」と抗弁したが（*Hansard*, 16 January 1996, Col. 601）、保守党による労働党攻撃が止むことはなかった（*Hansard*, 18 January 1996, Col. 879）。

かくしてブレアの構想は、最終的には、「資本と労働の協調を前提とした社会的凝集性の集合的な全員参加型社会」の構築ではなく、より個人主義的な就労を通じた個人の自立に一義的に向けられることとなった（小堀 二〇〇五：一〇五―一一三、*the Observer*, 13 October 1996）。ブレアとその側近が、中道および中道左派のポジショニングを確認する政権構想を早々に撤回したことには、この政権構想を拒絶した経営者団体や、中間層に広く読者を持つ『サン』紙といったメディアへの応答性を最優先にする姿勢が鮮明に映し出されている[110]。

この一連の顚末は、ブレア労働党の政権構想と政策ポジショニングに重大な影響を及ぼした。制約要因から見れば、ブレア労働党の政策形成は、政権獲得に不可欠と考えられた経営者団体、中間層、メディアからの支持動向に強く規定された。ステーク・ホルダー論争を通じて明らかになったのは、保守党政権下の政策枠組みを大きく変化させるような構想が強い反発を招きうることであった。ステーク・ホルダー構想の撤回からは、ターゲットの支持調達が見込めない政策構想に固執するべきではないとの政治判断を読み取ることができる。つまり、一九九六年一月の論争は、金融市場が要請する財政規律に加えて、一連の労使関係法のような保守党政権の政策遺産という制約要因に自らを適合させていくことこそが、最善の選挙戦略であるとブレアらに再認識させたのだ。

次章で詳述する総選挙に向けたマニフェストの形成過程では、こうした制約を強く意識するブレアと側近たちが、政権獲得を目指す上でのポジション取りとして、「ステーク・ホルダー社会」構想を「左」の限界点だと判断したことが浮き彫りになる。その過程で見え隠れするのは、ブレア労働党は、「ステーク・ホルダー社会」構想のポジショニングよりも右へと急速に移動していく政治力学である。

小　括

本章は、一九九四年七月に党首に就任したブレアが約一年半をかけて実践した、党の自己規定、政策アイディア、支持調達戦略という三つの相互連関する次元での改革を検討した。「ニュー・レイバー」たらんとするブレアの改革は、「革命」的とさえ論じられたが、たしかに労働党のアイデンティティを不可逆的なまでに変えた。そのことを象徴するのが、一九一八年以来一度も改訂されることのなかった党綱領第四条、いわゆる国有化条項の全文改訂であった。これに勢いづいたブレアとブラウンは、直後から、歴代の党首よりもはるかに大胆に市場競争や規制緩和を奨励する経済政策構想を打ち出した。

ブレアら首脳部のもう一つの政策アイディアの要は、キノック党首以降の基本方針である人への投資であった。ここに、サッチャリズムへの明確なアンチテーゼがあったのである。社会政策に関しては、自由市場重視と伝統的社会権重視という理念上の対立から党首脳部内で激しい論争が起こり、どの政策アイディアが勝ち抜くのかは依然として不透明だった。そして、当時のブレア労働党の政権獲得戦略を具体化したのが一九九六年一月に発表された「ステーク・ホルダー社会」構想だった。ところが、この構想は、保守党、産業界、金融界、各種メディアに痛罵され、発表後わずか一週間あまりで撤回を余儀なくされた。この挫折の経験は、ブレアとその側近に、この構想が「中道左派」路線の限界点なのだとの認識を改めさせたという意味において、その後の政権獲得戦略の大きな転換点となった。

第4章　総選挙マニフェストの形成過程

1　総選挙マニフェストへの着手

ブレア労働党の改革構想の行方を左右した「ステーク・ホルダー社会」構想が頓挫して後の一九九六年三月二七日、ブレアら首脳部は、総選挙マニフェスト作成作業に本格的に着手することを発表した（Blair 1996b; Brown 1996a; Prescott 1996）。前章で見てきたように、労働党では一九九五年五月から、マニフェストの中核を成す政策群が政策領域ごとに議会党内外で検討に付されていた。メイジャー政権が任期満了の一九九七年五月まで政権を維持すると予想される中、労働党の総選挙マニフェスト作成には約一年が費やされた。

労働党に限らず、イギリスの政党が、マニフェストを重視しその作成に膨大な時間と労力を投入するのは、政権を獲得した場合、その内容が法制化されることが制度的に保障されているからである。マニフェストの具体化を支えるのは、ソールズベリ・ドクトリンと呼ばれる習律である。序章で述べた、ソールズベリ・ドクトリンをここで改めて想起しておきたい。それは、政権与党が総選挙で公約とした内容の法案は、上院で否決されることはないとする共通了解である。この了解が習律として定着しているのは、総選挙で勝利した政党の公約は国民の信託を得ているとの認識が共有されているからである。総選挙で勝利すればマニフェストの内容がほぼ確実に法制化されるのであるから、各党がマニフェストの準備に注力するのは当然だろう。

ブレア労働党のマニフェスト作成スケジュールは、一九九五年五月の全国政策フォーラムでの党内全部門の代表による審議、六月の合同政策委員会での決議、全国執行委員会が夏期休会に入る前の七月に通過、九月末の年次党大会でのマニフェスト草稿の採択、というものであった。党大会終了後にも、さらに党首脳部で内容を詰めていく作業を進められ、いくつかの懸案事項については年明けの一九九六年一月に決定された。

2　権力資源の拡大（1）――ブレア労働党への支持の増大

政党間競争においてブレア労働党は、一九九六年には圧倒的優位に立っていた。メイジャー政権の混迷は深刻であり、保守党は下院補欠選挙で敗退し続けていた。

メイジャー首相が、一九九三年にEU設立や通貨統合を掲げたマーストリヒト条約の批准にこぎ着けて以降、一九九六年にかけて保守党内ではEU懐疑派の有力議員が次々と造反し、党内規律は崩壊状態に陥った。一九九六年一二月六日には、下院議員のゴースト（John Gorst）が、メイジャー首相のヨーロッパ政策に抵抗して下院での採決の際に党議拘束に従わないと宣言し、複数の議員が彼に追随した。保守党政権は事実上の少数政権と化し、労働党が他党と共同で内閣不信任案を提出する可能性さえ浮上した（*the Financial Times*, 7/8 December 1996; *the Financial Times*, 17 December 1996）。

表4－1に見られるように、「明日総選挙があるとすれば、あなたはどの政党に投票をしますか？」という質問による複数の世論調査の結果は、いずれもブレア労働党の揺るぎないリードを示し、もはや次期総選挙で保守党の勝機はないとみなされていた（*the Financial Times*, 4 June 1996）。ここに、ブレア労働党が少なくとも支持調達という権力資源を十全なものとしていたことが確認できる。

ブレア労働党が総選挙前年にこのような高い支持を得た理由は、メイジャー政権の権威の失墜ばかりではない。ブレアは、党首室直属の選挙対策本部を拡充し、大がかりなメディア対策と選挙キャンペーンの拠点としていた。この選挙対策

表 4-1　主要政党の支持率（1996 年 5 月）

調査会社（調査実施日）	保守党	労働党	自民党	労働党のリード	同年 4 月との差異
ICM/Guardian（5 月 3-5 日）	26	50	20	24	−7
Gallup/Telegraph（5 月 1-6 日）	24.5	55.5	15.5	31	+1.5
NOP/Sunday Times（5 月 16-17 日）	26	53	17	27	+5
Mori/Times（5 月 23-26 日）	26	54	15	28	+1

出所）*The Financial Times*, 4 June 1996.　（単位％＝回答者全体に対する割合）

本部はまず一九九五年一〇月に設置され、一九九六年一月には、「作戦司令室 the war room」、または本部が置かれた建物の名称をとって「ミルバンクタワー」と呼ばれた大がかりな組織に一新された。一九九七年五月までに総額二〇〇万ポンドにのぼる資金が注がれた。「ミルバンクタワー」の総責任者はマンデルソンである（Jones 1997: 26）。前章で述べたように、選挙対策本部の運営には、グールドと一九九二年の米大統領選でクリントンの選挙参謀を務めたグリーンバーグが参加し、労働党の選挙キャンペーンはクリントン陣営のノウハウが大胆に導入された(111)（Rentoul 2001: 279）。

ブレアは、これら腹心とともにメディア担当のキャンベルに全幅の信頼をおいていた。スピン・ドクターを擁し、ある種の一貫性と徹底性に彩られたブレアの選挙戦略は、イギリス政治史上きわめて新規なものであったと見られている（Crewe 2001: 67）。

3　権力資源の拡大（2）——党内基盤の確立に向けて

次に党内政治という観点からマニフェスト形成時の資源を見てみよう。ブレア党首就任以降議会党は、一九八〇年代の激烈な分裂を乗り越えて統率を取り戻したというのが当時の大方の見方であった(112)。しかしながら、カウリィ（Philip Cowley）らは、労働党議員が外形においては規律を保っているように映ったとしても、内部に激しい対立の芽を抱えていたことを、議会での投票行動の分析から明らかにした。カウリィによれば、労働党の院内外組織のうち議会党こそが、党首脳部に対してもっとも不満を増幅させており、それは議会党内の分裂、さらには政権獲得後に政権の基盤を揺るがす造反を惹起する可能性を持っていた[113]（Cowley *et al.* 1996: 3)。

　議会党でとりわけ目立つのは、経済政策や福祉政策に関する見解の相違よりも、むしろ治安、安全保障問題に関しての不一致の方であった。ブレアが「犯罪にも、犯罪の原因にも断固たる」という演説をして以来、労働党は右傾化したといえるほど政策転換をしていると捉える議員は少なくなかった。治安問題は伝統的に保守党が得意とする領域であり、長らく厳罰主義への否定的姿勢を基本としてきた労働党は、一九八〇年代には治安をめぐる政策論争で保守党に圧倒されていた。ブレアは具体的な政策ではなく効果的な短いフレーズを用いて、労働党が治安問題で保守党政権とわたり合える存在へと変化していることを国民やメディアに印象づけようとしたのである（*Hansard*, 23 November 1993, col. 336–345; Rentoul 2001: 192; Gould 1998: 188–189)。

　議会党から強く反発されたとはいえ、「断固たる」姿勢の強調は、支持層のウィングを広げる上できわめて大きな意味を持った。なぜならば、治安と犯罪対策に強い党というイメージは、中間層の支持獲得に不可欠であったばかりでなく、労働党の伝統的支持層である労働者階級の権威主義的な志向にもアピールしたと考えられるからである[114]（Sutcliffe-Braithwaite 2013; Heath *et al.* 1991: 178)。伝統的支持層と中間層双方に訴えるブレアの決め台詞は、一九九七年マニフェストに組み込まれる。あえて強硬姿勢を示したブレアにとって、議会党の反発はいわば織り込み済みのことだった。

　とはいえ、造反する可能性のある議員が無視できない数にのぼったことによって、党首脳部は身内に野党を抱える状況に陥っていたのであり、このことは、党首脳部に議会運営の手法の再考を迫った。政権交代後に盤石の基盤を手にしようとするならば、造反分を補うに足る議員を当選させなければならない。カウリィらの試算では、労働党が安定的に過半数を制するためには、最低でも保守党の議席を八四上回らねばならず、四・三ポイントのスウィングが必要であった。さらに、造反の可能性を考慮すれば、必要とされるスウィングは八ポイント以上にまで達する。これは一九四五年以来最大規模のスウィングを意味し、一九九七年総選挙に先立って、そうしたスウィングが生じる可能性は小さいと見られていた（じっさいには、一九九七年総選挙時のスウィングは八ポイントを大幅に上回る一〇・二ポイントであった）（Cowley *et al.* 1996: 28）。

造反をちらつかせる議会党の規律に腐心する一方で、ブレアは選挙区党の統率を強めることを目指した。ブレア、党首室のスタッフ、選挙対策本部が一致して重視していたのは、一九九六年党大会で『マニフェストへの道』を圧倒的多数で可決させ、有権者やメディアにブレアのリーダーシップと党の一体感を強く印象づけることであった。党首室の意向を受け、議会党に対しては院内幹事長デュワーが、選挙区党（のうちとくに個人党員）と労働組合に対しては党書記長のソーヤが、規律の強化にあたった。ソーヤとともに働きかけを行ったのが、選挙対策本部の重点選挙区担当であったマクドナであった[115]。党内文書から明らかになるのは、選挙対策本部、党首室、党本部が密接に連携し合い、マニフェストの素案の広報活動を一九九六年六月には全国の選挙区で展開させようと準備を進めていたことである[116]。第3章で論じたように、党書記長人事が党内改革の鍵となる、としたブレアの見込みの的確さを証明するかのように、ソーヤは選挙区党に対して綿密な通達を幾度も行い、党本部の方針（すなわち党首室の方針）が忠実に実行されるように統率を強め、それはやがて選挙キャンペーンを展開する際に絶大なる効果を発揮するようになる[117]。こうしてブレアは、自らの意向を汲み取る院内幹事や党書記長といった人材を駆使して、党内全体の統率をできうる限り強めることを目指し、一定の成果を収めた。一九九六年党大会では、ブレアが望んだように、『マニフェストへの道』は紛糾することなく可決された。

4 権力資源の拡大（3）——政策アイディアの蓄積

クリントン・ルート

次に、ブレア労働党首脳部がマニフェストを作成する際に、どのように政策アイディアを調達したのかを検討する。すでに述べたように、ブレアらは、米国クリントン民主党政権と密接な協力関係を築き、盛んに人的交流を行っていた

(Mandelson 2010: 151)。アイディアの面でブレアがひときわ関心を寄せていたのは、具体的な政策よりもむしろ支持獲得戦略であった。他方でブラウンは、財政政策から金融、税制、福祉政策まで多岐にわたる政策アイディアをクリントン陣営に求めていた（Labour Party 1996d: 2）。もっとも、労働党のマニフェスト作成過程では、クリントン政権からの政策アイディアが一定の影響を及ぼしていたことはたしかだが、「ステーク・ホルダー社会」構想に表れたようにブレアらはそれ以外にも政策アイディアの調達チャネルを有していた。本章で後述するように、ブラウンは累進課税による分配的正義のための選択肢を完全には放棄しておらず、また「福祉から就労へ」政策では、アメリカ型ワークフェアとは異なる政策デザインを採用している。まず以下では、こうした米国発のアイディアの伝播を見てみよう。

　ブラウンは一九九六年三月の記者会見に先立つ二月に訪米し、連邦準備制度理事会理事長グリーンスパン（Alan Greenspan）、サマーズ、ライシュらと意見を交わした。この訪米は、ブラウンがかねてから策定していた均衡財政を主眼においた財政政策、中央銀行の独立、税額控除の改革を中心とした税制改革[118]、雇用政策の基本方針をより確かなものとする機会となった（Bower 2005: 104–105; Keegan 2004: 239; Riddell and Haddon 2009）。ただしブラウンがクリントン・ルートから得たのは、経済政策をめぐるアイディアばかりではなかった。注目されるのは、クリントン政権の首脳部から戦略的な言説についても助言を得ていたことである。例えば、ブラウンが好んで多用した「勤勉な家族 hard-working families」は、クリントン大統領のスピーチライターであったシュラム（Robert Shrum）の助言にしたがったものである（Bower 2005: 185）。それは労働者階級 the working class という言葉を敬遠した彼やブレアにとって、階級という言葉を用いずに労働者に訴えるのに格好の言説であった。

　ブレアとその側近は、同年四月一二日にホワイト・ハウスを訪れ、クリントン政権の中枢を担う要人と会談した[119]。このクリントンとの会談は、総選挙を一年後に控えたブレアらが増税案を放棄し、支持拡大を阻害すると思われるあらゆるリスクをなり振り構わず除外する重要な契機となった（Seldon 2004: 245; Campbell and Stott 2007: 112–113; King and Wickham-Jones 1999）。民主党政権は、ブレア、マンデルソン、キャンベルらを「次期首相」一行であるかのように異例の歓待で迎えた。クリントンとブレアの間には一九九三年のブレアの訪米以降，個人的な友好関係が築かれていたとはいえ，ブレアはあくまでも野党第一党の党首にすぎなかったにもかかわらずである。ブレアとクリントンの会談は四〇分にも及び，論点はアイルランド問題，ボスニア問題，ヨーロッパ情勢，選挙戦略等，多岐にわたった（Campbell and Stott 2007: 116）。

会談の席でブレアがとくに強い関心を示したのが，社会民主主義としての価値観と支持獲得戦略とをいかに両立させるかであった。彼はクリントンにこう尋ねたという。「あなたならば，どうやって増税への懸念を惹起することなく平等と正義を拡大することに支持を集めますか」。クリントンはこう応じた。「鍵となるのは民間部門です。我々はたんなる公的部門の政府としてのみみなされるべきではない。民間部門を巻き込み，富を創出する彼らの役割を強調することが大事なのです」（Campbell and Stott 2007: 116）。クリントンの見解が，ブレアらの政策形成にどれほど影響を与えたのかは推測するしかないものの，政権交代後に遂行された政策を見ると，教育，保健医療，「福祉から就労へ」といった労働党の福祉国家改革の主軸となる領域において，官民パートナーシップの名の下で供給主体として政府機関以外の民間企業やヴォランタリ組織が積極的に活用されており，少なくとも，両者の間に政策選好の一致があったことはたしかだろう。

もっとも，ブレアらがクリントン政権から吸収したのは成功体験ばかりではない。むしろ，教訓を学ぶべき反面教師としての側面もまた大きな意味を持っていた[120]。選挙キャンペーンの要であったマンデルソンは，クリントン陣営が具体的な政策を十分に準備せずに政権に就いたことによる負の側面を見逃さなかった（Mandelson 2010: 200）。マンデルソンらは，政権運営を安定させ長期政権へとつなげていくためには，政権獲得前に実施すべき政策を十分に準備しておくことが必要だと確認したのだった。

クリントン・ルート以外にも，例えばニュー・ディール・プログラムの策定で主要な役割をはたした労働経済学者レイヤード（Richard Layard）は，スウェーデンの積極的労働市場政策にも学んでいた。ブレアのアドバイザーを長年務め，マニフェストの作成でも主導的な役割をはたしたテイラー（Mathew Taylor）がいう通り，クリントン・ルートはいくつかのチャネルの一つであって，それだけに還元するのは単純化の誹りを免れない[121]。

ただし、北欧モデルの政策形成への影響については慎重に見積もる必要がある。一九八九年からベケットの政策顧問、ＩＰＰＲ研究員、ブラウンの政策顧問などを歴任したコリーは、ホールとソスキス（Peter A. Hall and David Soskice）の資本主義の多様性論に照らして、次のように述べている（Hall and Soskice 2001）[122]。すなわち、そもそもブレア労働党が前提としていたイギリスの資本主義モデルとは自由市場主義モデルにほかならず、それとは対照的な強いコーポラティズムや高い国民負担から成る北欧等の調整型資本主義モデルとは根本的に相容れないと考えられていた。要するに、ブレアらは経済政策の枠組みとして後述するようなアングロ＝サクソン型成長モデル、つまり、規制緩和、減税、健全財政、金利政策の独立を前提としており、北欧モデルはこれになじまないというのが、当時の関係者の認識であった[123]。

習律がもたらす野党の権力資源――高級官僚との接触

これまで述べてきた通り、一九九六年に入ると、ブレアら首脳部は、マニフェストの政策案の実行可能性を高めるための準備作業を始めた。その過程で、情報と人的交流という重要な資源の供給を促した制度が、ダグラス＝ヒューム・ルールズである。序章で示したように、これは野党首脳部と現役高級官僚との接触を認める習律であり、ブレア労働党の場合、このルールが一九九六年一月から適用された。政権与党と野党との間の著しい非対称を補う上で、このルールがはたした役割は軽視できない（Routlege 1998: 230; Riddell and Haddon 2009）。もちろん、この協議の過程は、省庁の担当者の政権移行への準備作業としての意味もあった（牧原 二〇一三）。適用直後から、影の財務相チームでは、ブラウンの側近ボールズが財務事務次官との接触を開始し、労働党のマニフェストの要諦を成した「福祉から就労へ」政策の財源となるウィンドフォール税や税額控除等について協議した（もっとも、ブラウンらはイングランド銀行の独立構想は総選挙直前まで財務官僚に通知しなかった）。

事務次官級の官僚との接触の頻度や実質的効用には、影の内閣の中でもばらつきがあったが、成功例の一つとみなされている影の教育雇用相ブランケットの例を取れば、失業者の就労への移行支援策であるニュー・ディール・プログラムと、基礎教育の拡充について、教育雇用省（当時）の事務次官ビカード（Michael Bichard）と六週間に一度の頻度で接触した。個人的な信頼関係に裏づけられた両者の入念な準備作業によって、これら政策案は政権発足直後に速やかに施行され、新政権への積極的評価に寄与した（Blunkett 2002; Riddell and Haddon 2009）。野党として得られる情報は限られていたとはいえ、慣例となっている政権移行《トランジション》支援システムは、彼らの政策案の妥当性を担保する上で重要な意味を持ったといえよう。

習律という公式なルート以外からも、ブレア党首脳部にはマニフェストの実現可能性を確保する支援が集められていた。例えば、民間の投資コンサルタントのアンダーセンが、当時同社の主席エコノミストを務めていたヒューイットの仲介で政策形成に参加し、税額控除の導入のための膨大な試算や制度設計に協力した[124]（Riddell and Haddon 2009）。また、影の内閣のメンバーには、各政策領域の専門家やＩＰＰＲ、デモスといったシンク・タンクが政策立案に協力した。スコットランド、ウェールズへの権限移譲、上院改革、欧州人権条約の国内法化、情報自由法、ロンドン市長の設置、（自民党との連立政権の可能性を視野に入れた）比例選挙制導入を審議する委員会設置、等の憲政に関わる一連の改革に関しては、一九九五年、ロンドン大学ユニヴァーシティ・コレッジに特別の政策準備室が設けられた。同室は、労働党と自民党が共同で立ち上げた憲政委員会と連携し、仔細にわたる準備を行った（Riddell and Haddon 2009: 46-48）。

ときをほぼ同じくして一九九六年初頭から、一九八〇年代を通じてキノックの忠実な腹心であったクラークとヒューイット（いずれも一九九六年時点では下院議員ではない）は、元財務省事務次官モンク（Nicholas Monck）と毎月会合を設け、労働党の政権準備のための助言を得ていた。彼らの間では早くから、党首脳部には政権運営の経験者がほぼ皆無であった事実が問題視され、少なくとも影の内閣のメンバーが省庁内外での交渉方法、法案の取り扱いについて学習する必要があると考えていた。学習会をお膳だてしたのは、またしてもアンダーセンであった。ヒューイット、パウエル、ラドル（Keith Ruddle）の仲介によってアンダーセンとオクスフォード大学のテンプルトン・コレッジとの間で提携が結ばれ、労働党議員のためのセミナーが開催された。同じように、フェビアン協会もまた退官した次官級の官僚による講義を準備し、影の内閣のメンバーや政策顧問に参加を呼びかけた。

図4-1　野党労働党の政策アイディアの流れと権力配置

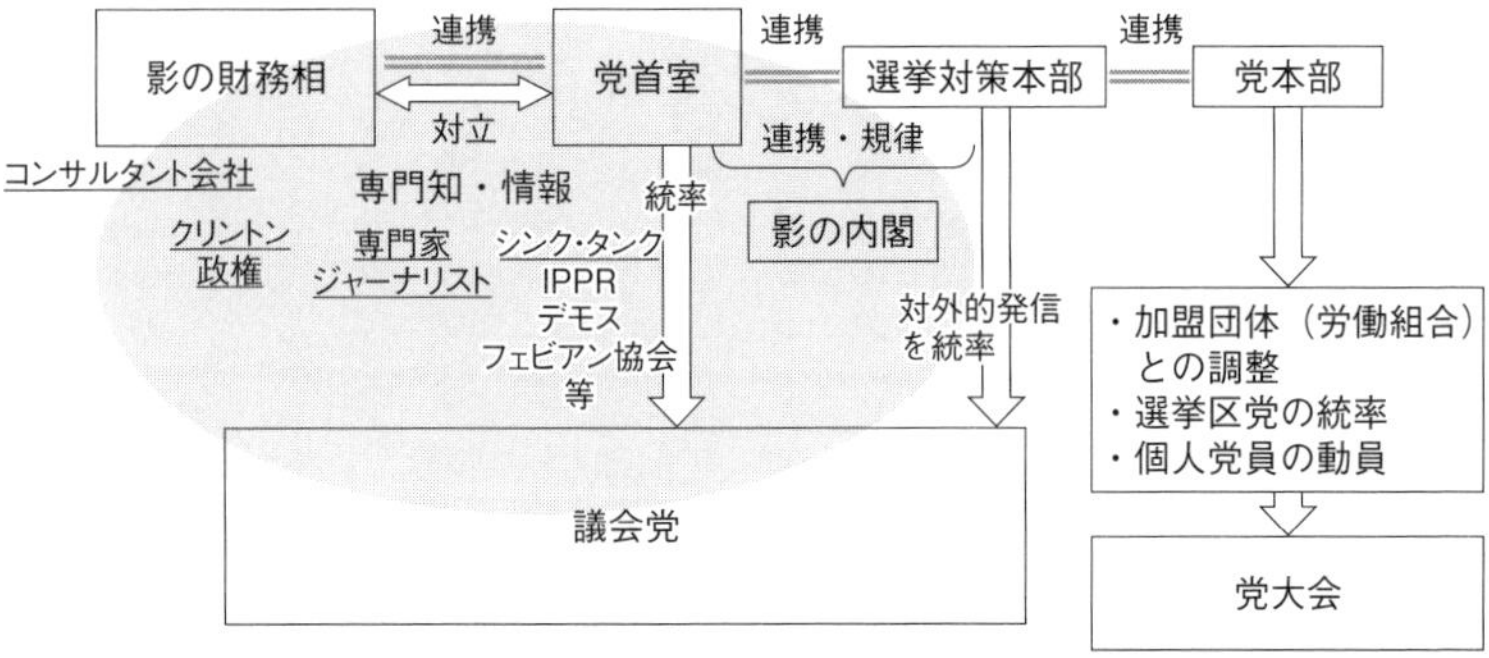

出所）筆者作成。

もっとも、議員が将来の政権運営の準備にもれなく取り組んだとは言い難かったようである。それというのも、影の内閣のメンバーらは、「我々が決定を下せば物事は動く」「次官や官僚が省庁を動かすのであって、我々政治家は政策を決定するのだ」といったイメージで政権党と官僚との関係を認識していたのであって、結局のところブレアやブラウンも学習会に参加することはなかった（Riddell and Haddon 2009: 16）。

図4－1は、ブレアら首脳部の総選挙前の権力資源のうち、意思決定構造と政策アイディアの調達チャネルを示している。これまで論じた通り、党首脳部に権力資源が集中し、政策形成における首脳部の自律性が寡頭制というべきほど高まっていたことがわかる。次節では、これらの集権的な党組織構造と多様な政策アイディアが、どのようにマニフェストの仕上げの段階で活用されたのかを検討する。

5　マニフェストの政策デザインの最終審議

まず、政策領域ごとの草稿準備は、影の内閣のメンバーが個別に進め、クックがそれら個別の草案を秋の党大会のために取りまとめる役目を担った。クックは、党首室の政策担当首席顧問のミリバンドと定期的に会合を行い、マニフェスト草案の内容の協議を行った（Gould 1998: 266）。とはいえ、マニフェスト作成の主導権は明らかに党首室にあった。グールドによれば、じっさいの作業を担当していたのは、「ポピュリスト的な」メッセージを発信するべきだと主張して憚らなかったブレアのスピーチライターの一人であるハイマン（Peter Hyman）だったという（Gould 1998: 267–268）。

次期選挙での公約を策定するにあたりブレアがもっとも重視したのは、有権者、なかでもニュー・レイバーが支持動員を狙う中間層が何を求めているかを見定めることであった。選挙前に実施された世論調査では、有権者が最重要視した政策課題はＮＨＳの改善であり、そのサービスの普遍性の維持であった(125)（Brook, Hall and Preston 1996）。これに続く重要課題は、教育、治安であった。また、人々が社会保障のうち政府支出の拡大を求めた項目は、優先度が高い順に、年金、障害者給付、児童手当、失業手当、ひとり親への給付であった(126)（Brook, Hall and Preston 1996: 193）。これらの改善や拡充は、民間部門ではなく中央政府が責任を持って担うべきだというのが多数派の意見だった（Fielding 2002: 93）。つまり、人々の間では依然として福祉国家への期待が高く、これを削減しようとする政党が政権に就くことは望まれていなかったのである。ここに制度の経路依存性が改めて確認できる。党派的投票の減退傾向が強まる中で、有権者は「どの政党がよりうまく自分たちが望む政策を遂行できるか」を基準に投票先を決めるようになっていった（Denver 2002: 23）。

これらの調査結果から、ブレアは、人々が公共サービスの不十分さに対して怒りさえも抱いていることを認識した。そこで公約の中核要素に取り入れられたのが、教育、治安、ＮＨＳ、失業対策、税制の五項目であった。これらは「五つの誓約」として、キャッシュカード大に印刷され、一般有権者にも配布された。税制に関しては、フォーカス・グループ調査を指揮したグールドが、保守党から労働党に鞍替えしようとしている有権者の間で、経済状況への楽観的な見通しが広がっていることを踏まえ、公約には保守党政権における税制の基本方針の継続を意味する所得税率の据えおきをあえて盛り込むべきだと主張した。グールドの意向が通り、「五つの誓約」が決定した(127)。

選挙対策本部の政策担当テイラーやコリーによれば、労働党が政権交代に向けて有権者に示した公約とは、確実に実行可能な事項のみに絞り込んだきわめて慎重で保守的な内容のものであった(128)（Labour Party 1996f: 38）。彼らの証言は、第1章において論じたバラらの政党のポジショニング研究で示された、ブレア労働党の急速な保守化の動きと符合する。

表 4-2　5 つの誓約（1996 年）

1）5歳から7歳までの1クラスの定員を30人以下にする。
2）逮捕から求刑までの時間を半減することで若年犯罪者への処罰を迅速にする。
3）NHSの待機人数を削減し，プラス10万人の患者を診療する。
4）25歳以下の若年失業者25万人を就職させる。
5）所得税の増税をせず，燃料への付加価値税5％減。インフレ率と金利をできるだけ低位に抑える。

ブラウンの独走

中央集権的な政策形成構造が確立しつつあったものの、政策の志向性は党首脳部の中枢においても一致していなかった。均衡財政という制約要因を政策デザインの枠組みとすることを最重要視していたのはブラウンであり、そのためには、イギリスの戦後福祉国家で限定的に採用されていた普遍主義にもとづく現金給付の見直すことも彼は厭わなかった。

その一例として、給付の普遍性に関する論争を見てみよう。一九九六年四月二〇日、ブレアとその側近が米国にクリントンを訪問している間に、ブラウンは、週一〇・八〇ポンド相当の児童手当のうち、一六―一八歳を対象にした手当（対象約一一〇万人）に資力調査を導入し、その結果として生じる七億ポンド相当の余剰分を貧困層の就学児童に向けた資力調査付補助金（educational maintenance grants）に切り替える、という方針を発表した（*the Observer*, 21 April 1996; Routledge 1998: 231）。一九九五年の党大会後にニュー・ディール・プログラムへ懲罰要件を付帯する案を発表したときと同じように、事前に党首室や公的給付を担当する影の社会保障相らとの協議の場を設けぬままブラウンは方針変更を発表した（Bower 2005: 170）。

児童手当は、選別的給付が大半を占めるイギリスにおける数少ない無拠出の普遍的給付の一つであり、ＣＳＪもこれを擁護していた。議会党からの強い反発を受けたものの、ブラウンの考えが揺らぐことはなかった。彼のいう福祉国家の現代化の前提には、既存の予算枠の中での財源の移転によって健全財政と景気の安定を実現することがある。要するに、決められた財政支出枠を維持しつつ、困窮者支援といった社会正義に向けた政策を実施しようとするのであれば、既存の制度のうち給付の普遍性が犠牲になることはやむを得ない、というのが彼の立論だった（Bower 2005: 168–170）。

ブラウンの専断的ともいえる行動には、彼とその周辺の権力資源の増大が作用していた。上述の通り、ブラウンの側近ボールズは一九九六年初頭から、財務省の次官らと接触を始めており（Routledge 1998: 230）、ブラウンらが政策の実現可能性を検討する上で有意な情報を得ていたと考えられる。官僚以外にも、クリントン・ルート、シンク・タンク、コンサルティング会社など多様なチャンネルから政策形成上の資源が集まっていた。自律性を高めていたブラウンは、自身の強い権力欲も手伝って、党内の批判にいっそう頑なな姿勢で臨むようになる。同様の事態は、党首室周辺でも生じていた。テイラーが筆者に証言したように、党首室は独自の判断で閉鎖的に政策形成を進めるようになり[129]、マニフェストの準備作業における党内からの介入の余地は、次第に狭まっていった。

その中で、マニフェストの中心的政策に位置づけられた「福祉から就労へ」の策定は、社会保障、税制、職業訓練にまたがるその包括性ゆえに、スミス、ブラウン、ブランケットという三つのラインでほぼ排他的に進められた。スミスの証言や資料が示すのは、政策作成がそれぞれの影の内閣のメンバーによって個別に行われたことである[130]。ブランケットは、スミスの社会保障改革とは別に、労働市場政策に関する政策立案を進めていた[131]。スミスは、六月に包括的な社会保障改革案『福祉から就労へ *Getting Welfare to Work*』（以下、GWWとする）をまとめた。GWWが提示したのは、年金改革や子ども政策と一体となった包括的な社会保障改革案であり、スミスの原案にしたがって、議会党、全国執行委員会が審議した（Labour Party 1996g: 33）。なお、ここでいう「福祉」とは、同文書では「給付から就労へ from benefit to work」と表記されたことから、その内容を公的扶助に限定していたことがわかる（Labour Party 1996c: 2）。ブラウンは、財源となるウィンドフォール税、税額控除について入念な準備を重ねていた。

『福祉から就労へ』の政策アイディア

スミスの社会保障改革構想でとりわけ注目すべきは、その基底に社会的排除という新しい政策概念がおかれたことである。スミスは「福祉の根本目的は、社会的排除と闘うことでなければならない」とする表現を政策パンフレットや講演で繰り返し強調した。[132] スミスは、社会的排除を「包摂」へとつなげていく道筋については、公的扶助と雇用の連携の強化という先進諸国で見られる政策傾向を踏襲しているが、「福祉から就労へ」のスローガンが示す通り、強調されるのはまず就労である。ここにおける福祉とは、「(福祉への) 依存」という言葉が物語るように、望ましくない例外的な状況と捉えられ、できるだけ速やかに公的扶助を受給する状況から離脱することで、「自立」した市民となることこそが眼目であった。

スミスが作成責任者となった政策パンフレットGWWの基本理念は次の三点である。第一に、人口の高齢化にともなう現役世帯の負担増と財政への圧力は不可避ではなく、経済成長によってもたらされるべき資源と歳出の間の慎重なバランスを図ることで対処可能であること、第二に、公的扶助が増大したために保守党政権下で「失敗」した社会保障支出の削減は、資力調査の無制限な拡大で対処されるべきものではなく、むしろ人々を福祉受給から就労へと送り返すことで達成されるべきこと、第三に、経済のグローバル化が進展する環境においても、適切な社会的保護の整備は可能であり、減税とサービスの削減とは異なる志向を持つヨーロッパの方針の導入が有効であること (Smith 1996: 4-5)。

もっともスミスの草案では、ソーシャル・ヨーロッパについて直接言及されることはなく、モデルとして挙げられた政策実践の事例は、GWWの文中で直接言及されているオーストラリアのJET (Jobs, Education and Training) プログラムとカリフォルニアのGAINプログラムであった[133] (Labour Party 1996c: 3-4)。これらのプログラムは給付と訓練、就労支援を個々人のニーズに適応させ、公的扶助受給者を就労へとつなげることに成功している「最善の国際的な事例」と紹介されている (Labour Party 1996c: 3)。このうちGAINプログラムは、一九八〇年代半ばからカルフォリニア州で実施された積極的労働市場政策であり、人的資本開発と就労の義務化という二つの要素から成っていた (小林 二〇一二：一六〇—一六二)。政治的背景を見れば、州議会におけるリベラル派と保守派の政治的妥協の産物であったGAINプログラムは、教育、訓練、労働経験活動、求職活動への支援や育児サービス、交通費支給というサービス強化 (人的資本開発) と、参加を拒否する者に対する給付金削減の制裁措置とを並立させていた。ただし、就労義務を最大化し、ひとり親世帯の稼得所得を上昇させる等して福祉関連支出の削減に成功すると、就労義務優先モデルの側面の方が注目されるようになった。この「成功」はやがてクリントン政権下の一九九六年福祉改革法へとつながる（小林 二〇一二：一六〇—一六三）。

GWWで提案されたイギリス版JETでは、公的扶助の受給者自身による状況改善努力に報いるとともに、給付、雇用、キャリア支援について個別のニーズに応じるサービスの強化が確認されている。同時に、スミスが当初強く抵抗していたはずの方針である、受給者が適当な職業紹介を正当な理由なく拒否した場合には、給付額の四〇パーセントが削減される懲罰要件が併設された。ここに、ブレア政権下のニュー・ディール・プログラムに連なる政策案が準備されたのである（Labour Party 1996c: 3）。

なお、ここでいう給付の個人化とは、給付の対象を家計ではなく個人のニーズに着目したものである。従来の求職者手当（JSA）は、受給対象を世帯としていたため、共働き夫婦のいずれか一方が失業した際、六カ月後に適用される資力調査の上限を越えないようにもう一方の離職をさそうことが指摘されていた（Labour Party 1996c: 7）。スミスの「福祉から就労へ」の構想では、給付対象を個人に変更することで、世帯への支給がもたらしうる失業の罠を解消することが目指されたのであった。サービスの個別化では、職業訓練や求職活動支援の他に、使用者が就労者のパートタイムの学習を認めることが推奨されている（Labour Party 1996c: 6）。

この段階で、労働党政権下で展開されるニュー・ディール・プログラムのサービス供給システムなどのガヴァナンス構想も固まっていた。公的機関は以下の方向で組織改編されることになる。（1）受給者のニーズに近い地域社会の各機関の裁量の拡大、（2）中央レベルでの関係政府機関の統合（社会保障省、雇用サービス庁、新しくキャリア支援を実施する「個人ガイダンス開発サービス」の連携）、（3）雇用サービスと公的給付機関の統合（「ワン・ストップ」化）、である。また、低所得勤労者への在職給付の捕捉率の向上のために会計検査院の役割が重視される。これらの提案は、政権交代後に、教育技能省の新設（政権第二期）、税額控除を管掌する会計検査院への新たな機能付与（政権第一期）、給付機関と公共職業紹介所を統合した「ワン・ストップ」機関ジョブ・センター・プラスの設立（政権第二期）へと結実した。

一方では公的給付を受給する状況を例外的と捉え、かつ懲罰要件を確認することで就労規範を前提としていることがわかる。つまり、少なくとも脱商品化を高めることは射程に入っていない。他方において、労働市場に参入するまでの移行過程ではリスクの社会化が見られ、個人の努力よりも、技能向上、求職活動、子育て、等にかかわる個別ニーズに対するきめ細かな公的介入を射程においていることがわかる。したがって、社会的包摂の分岐の視点からは、就労義務優先型よりも人的資本開発を重視したワークフェアを志向したものといえよう。

これらから明らかになるのは、セブラ（Andreas Cebulla）が指摘したように、イギリスの「福祉から就労へ」は、アメリカ・モデルの焼き直しではなく、保守党政権の政策遺産、オーストラリアのＪＥＴをはじめ複数の政策アイディアから、イギリスに適合的な政策デザインへと練り直されたことである。とりわけ一九九六年福祉改革法で労働市場への拘束を最大化しようとしたアメリカとは、サービス強化という要素において区別される。だからといって、労働党が構想した「福祉から就労へ」がスウェーデンなどのアクティヴェーションを志向していたとみなすことには無理がある。なぜならば、ニュー・ディール・プログラムを実施するための財源確保のためのウィンドフォール税の見積りは、総額で約五〇億ポンド（約七六億ドル。一九九五年時点の換算レートでは一ポンド＝一・五二ドル）であり、一九九〇年代半ばの積極的労働市場政策の支出としては、北欧諸国や大陸ヨーロッパ諸国に遠く及ばなかった（スウェーデン五一四億三六〇〇万ドル、ドイツ二八一億三三〇〇万ドル）（Hemerijck 2013: 260, table 7.5）。スウェーデン・モデルほどの寛容さを持ち合わせていなかったにもかかわらず、ＧＷＷは、従来のイギリスの就労支援の文脈、さらには均衡財政を受容したブラウンの枠組みに照らせば、大きな飛躍だと受け止められた。

ブランケットは、ニュー・ディール・プログラムの執行を管掌する立場からＧＷＷに対する異論を党首室に表明した。ブランケットの批判の対象は、イギリス版ＪＥＴプログラムと、キャリア計画への支援サービス拡充のための雇用サービス機関の再編案にあり、彼は、スミスに直接対峙するよりも党首室のミリバンドに調整をあおいだ。ブランケットがミリバンドに宛てた書簡では、スミスが自分の管掌である雇用サービス機関の組織改革に言及したことに対する強い不快感が表明されている。[134] 一連の要請に応じて、スミスは、合同政策委員会の前に修正案をブランケットと共同で準備することになる。六月一九日に開かれた同議事録によると、「数多くの改正案」について合意されたが、[135] 後段で見るように、スミスは一連の修正によって、彼が重要政策課題と認識していた社会的排除の問題に対する人的資本強化型のアプローチが形骸化されたと考えていた。なお、総選挙マニフェスト草案が全国執行委員会に提出された直後に実施された影の内閣改造で、スミスは影の保健相に移動し、スミスの後任には、ブレアと政策選好の近いハーマンが就任した。[136]

『マニフェストへの道』――党大会での圧倒的支持

七月二日、全国政策フォーラムの審議を経たマニフェストの前段階である党の公式文書『マニフェストへの道』が院外組織である全国執行委員会を通過した。これを受けて、ブレアはキャンベルとともに、七月四日から「ラディカルな中道としてのニュー・レイバー」を提示するキャンペーンを始動した（Campbell and Stott 2007: 126）。そもそもブレアらは、全国執行委員会の審議を通じて何らかの修正が加えられることは想定していなかった。ブレアらが目標に据えていたのは、『マニフェストへの道』を党大会で圧倒的賛成多数によって採択されること、そしてマニフェストの骨子を有権者に徹底的に周知させることであった。

党大会に先立ち党書記長ソーヤは、労働組合の各代表に対して、党大会での『マニフェストへの道』の採決への組合員の動員を求める書簡を送りつけていた。[137] 組合員はもとより、今や一大勢力に発展した個人党員の票をまとめあげることは容易ではなかった。一九九六年の『マニフェストへの道』の採択に際して、党本部は党員へのダイレクト・メールや電話を通じて投票を促し、辛うじて六一パーセントの投票率を確保した。投票に参加した大多数が賛成票を投じ、結果的に『マニフェストへの道』は全投票者の九五パーセントから「賛成（ＹＥＳ）」票を得て可決された。[138] こうした経緯からは、ブレアのいう党首室の方針が「一貫性」を持って院外組織にまでトップダウンで行きわたる、党内の意思決定構造の「革命」ともいえる転換が明らかになる。そうして、あくまでもニュー・レイバー流の「福祉から就労へ」を軸とした社会投資国家構想という基本方針に対する党内の異論は、マニフェストには反映されにくくなっていく。要するにブレアら首脳部にとって、マニフェストの形成過程で考慮に入れるべきは党内の意見ではなく、一般有権者へのアピール力であった。ブレアとブラウンら議会党首脳部に政策決定権限が集中していく中で、マニフェストに関する決定は、党首室とブラウンら影の財務相チームを核とした密室で行われることになる。

政権構想をめぐる党内論争

かくして『マニフェストへの道』は、ブレア、選挙対策本部、ブラウンに対する異論を封じながらトップダウン方式で党の公式政策として決議された。中央集権的な政策決定が進展するにしたがって、影の内閣のメンバー間でさえ、党の政策が「右寄りに」移動していることへの懸念が語られはじめた。そうした懸念をメディアに発したのはクックであった。彼は『オブザーバー』紙に、「最も脆弱な立場にいる人こそが労働党政権の最優先課題になる。労働党は貧しき人のために声を発しなければならない」と釘を刺した（*the Observer*, 21 April 1996）。クックの見解は、ブレアとその周辺が、「ステーク・ホルダー社会」構想の撤回以来、経済界とミドル・イングランド以上の層からの支持獲得に神経質なまでに注力しすぎているという党内外のニュー・レイバー批判を集約していたといってよい。そうした懸念は、クックと連立の可能性を協議していた自民党のアシュダウン（Paddy Ashdown）党首とも共有された。

クック：党の穏健左派に位置する我々の多くは、中流階級の利益を優先し、アンダー・クラスを見捨て、貧困層に対する歴史的使命を捨てつつあることへの懸念を強めています。
アシュダウン：中流階級のために持たざるものを見捨てるとすれば、それは致命的です。なぜならば、排除された者は極右に向かう可能性があるからです。
クック：まさにそれが問題なのです。我々が慎重さを失えば、そうした結果を生み出しかねない。我々の多くは今こ

そ貧困を再び取り上げていこうと強く思っているのです。（Ashdown 2000: 422）

やや後知恵にはなるが、クックやアシュダウンの危惧は、労働党政権後に台頭した右翼ポピュリスト政党ＵＫＩＰの躍進、そして二〇一六年六月のＥＵ残留・離脱を問う国民投票におけるＵＫＩＰ支持層を中心としたＥＵ離脱に大挙して流れた「置き去りにされた」人々の動向を予示していたといえる。

クックらに並んで、社会保障政策立案の担当者という立場からより具体的な異論を提示したのがスミスであった。彼は、『マニフェストへの道』が全国執行委員会に提出される直前に大幅な修正を余儀なくされ、不満を鬱積させていた。スミスの主張からは、ブレアらがマニフェストでいかなる政策的選択肢を除外したのかが明らかになる。スミスは、ＩＰＰＲとフェビアン協会の二つの講演会で、「社会的排除」という概念を前面に掲げ、党首脳部の方針とは異なる福祉国家改革の持論を表明した（Smith 1996; *the Fabian Review*, August/Sept 1996）。

スミスの福祉国家改革の基底を成すアイディアの源泉は、（１）一九四二年の『ベヴァリッジ報告』、（２）一九四四年のベヴァリッジによる『自由社会における完全雇用』、（３）ヨーロッパにおける包括的な社会的保護政策、（４）ＣＳＪの『社会正義』である（Smith 1996: 14）。彼の政策志向と、「ステーク・ホルダー社会」構想の失敗以来、ますますＣＳＪの報告書から距離をおいていたブレアらのそれとの隔たりは明白であった。

スミスは二つの演説で、「社会的排除」の問題を正面から取り上げた（Smith 1996: 1）。彼によれば、社会的排除は不安定さと並ぶ現代の「二つの巨悪」の一つであり、貧困はその帰結であった（Smith 1996: 8-10; *the Fabian Review*, August/Sept 1996: 19）。彼の意味した社会的排除とは、就労からの排除や所得の欠如に限らず、まともな住宅からの排除、教育からの排除、技能を向上させる機会からの排除、質の高い保健医療からの排除であった（Smith 1996: 10）。スミスは、社会的排除の問題こそが、将来の労働党政権の要諦となるべきであると「情熱をもって信じる」と述べ、切実な憂慮の念を表した（Smith 1996: 10）。「労働党政府が最初の五年間で貧困を削減できなければ、我々は荷造りをして引き上げる」。これが彼の政策目的であった（*the Fabian Review*, August/Sept 1996: 19）。

周知の通り、社会的排除という捉え方は、一九八九年にヨーロッパ社会憲章の序文で言及され、かつ同年の欧州閣僚理事会で社会的排除との闘いについて決議採択されて以来、欧州連合の社会政策の最重要課題となっていた（大沢 二〇一三：七四—七六）。社会的排除を包摂へとつなげていく仕組みにはいくつかの分岐があることは第1章で示した通りであるが、スミスが想定した政策的対応とは、公的扶助の増額といった現金給付ではなく、社会的に排除された人々を就労によって社会に参加させることで、「より十全に包摂」することであった（Smith 1996: 1-2, 12）。前出のGWWが提示した「給付から就労へ benefit-to-work」戦略の内実は、人的資本への投資を強調しサービスを重視するワークフェアにほかならない。(139)

ブレアらの独走に対する異論は、影の内閣のメンバーからばかりでなく、政策アイディアを提供してきた知識人からも出された。一九九六年七月初旬、党内きっての社会保障政策の論客であったフィールド（Frank Field）は、政治学者マーカンド、経済学者ケイ（John Kay）、ステーク・ホルダー構想の発案者のハットンと連名で、『オブザーバー』紙にブレアを非難する文書を寄稿した（*the Observer*, 7 July 1996; Hutton 1999: 88-92）。彼らは、労働党政権の成立は、サッチャリズムから脱却し、国家、市場、個人の関係の社会民主主義的変革のモメントになるべきだと主張した。ブレアらが、千載一遇の社会民主主義を具現化する好機に向かっているのではなく、むしろ「保守党化」している、との認識からの異論である。批判者の趣旨は、新たな形態の資本主義を作りだす上で、ブレアの政策プログラムは「過剰であるというよりも、あまりにも不十分である」点にあった。ハットンは同年一〇月にも、ブレアの政策顧問であるマルガンを個人主義に偏りすぎていると痛罵した（*the Observer*, 13 October 1996）。こうした身内からの痛烈な批判は、一九九六年を通じて、ブレア労働党のポジショニングが確実に中道右派に向かって移動したことを示す手がかりだといえよう。

再分配をめぐる首脳部の攻防

一九九六年九月末から一〇月初旬にかけて開催された労働党党大会で、ブレアは、効果的なフレーズで自身が重視する教育政策をアピールした。「政権の優先課題は何かと聞かれたら私はこう答えます。教育、教育、教育」。「五つの誓約」に示されたように、教育とは、保守党政権との差別化を図る公共サービス改革の一環であった。ブレアは同時に、保守党政権下の贈賄、増税、犯罪対策の失敗を攻撃し、労働党こそがそれらの問題に十全に取り組むことができるのだと謳った。この党大会で『マニフェストへの道』は圧倒的多数の賛成票をもって採択された。

その内容は次のように整理される。まず経済政策の目標に「インフレの抑制、生活水準の向上、高いレベルで安定した雇用の実現」が挙げられ、かつての「経済の過熱と急激な後退（boom-bust）を生むストップ・ゴー政策」から決別し、経済の安定化策を優先することが明らかにされた（Labour Party 1996f: 10）。この目標を達成するための方針として、第一に、政策金利の長期的な抑制のために、国家財政の慎重な管理を促す明確なルールの必要性、第二に、インフレ抑制のための厳格な目標水準の設定、第三に、ヨーロッパとの安定した関係の構築、第四に、持続可能な成長のための就労と投資の促進、国際競争力を担保しうる公正な税制、が提示された。ここでいう「ルール」を担保するシステムに関するブラウンの見解は、一九九〇年代初頭から政権期にかけて驚くほどの一貫しており、それが彼の政治信念であることに疑いを入れない。『マニフェストへの道』では、労働党が均衡財政と雇用を重視し、リスクへの事後的対応となる失業者等への公的扶助から失業を未然に防ぐことを目的とした積極的投資への転換が確認された。

ミクロ経済では、労働市場の柔軟化を前提とした供給サイドへの介入策のみが示され、前年まで政策アジェンダに含まれていた需要サイドへの介入策は姿を消した。学校教育、生涯教育、積極的労働市場政策が盛り込まれ、とくに雇用政策は「一つの国民」を創り出す装置と位置づけられた（Labour Party 1996f: 17）。経済政策では、トリレンマのうち財政規律と供給重視の雇用拡大がまずもって優先されたことがわかる。

『マニフェストへの道』が強調したのは、将来の政権は「企業と国民の変化に対応するために産業界と協働する政府」を目指すこと、とくに（1）教育と訓練、（2）インフラと地域経済振興、（3）技術開発、（4）公的部門と民間部門のパートナーシップこそが経済政策の主軸となるべきことである（Labour Party 1996e: 10–11）。

それでは、トリレンマを構成する第三の要素、社会正義の達成はこの時点でどのように位置づけられたのであろうか。『マニフェストへの道』では、分配論を明示的に表す税制について、（1）就労意欲を高める税制、（2）貯蓄と投資を促進する税制、（3）「公正」な税制、という三つの基本方針のみが示され、具体的な内容や税率に関しては一切言及されていない。（1）は、労働市場に参入した低所得者を対象とする社会保障給付と税を統合した税額控除として実践された。（2）はキャピタル・ゲイン税の減税措置など海外からの投資と金融市場に向けられた税制であった。ところが、何をもって（3）の「公正」とするかは明らかではない。

むしろ同書でとくに力点が置かれていたのは、経済的弱者が失業による公的扶助を受給する状態から抜け出すことを支援する公的システムの整備であり、換言すれば、「福祉から就労へ」という労働市場への包摂が改めて確認されている。具体的には、（1）社会保障システムの焦点を失業時の支援に据え、個々人のニーズに見合った（tailor-made）支援を柔軟に提供すること、（2）社会保障給付関連支出削減による節税、（3）公的扶助受給者の就労の阻害要因を取り除くことで、分断された社会を積極的に統合していくものとされた。同時に、公的扶助がセーフティ・ネットであるとともに、跳躍台となるべく制度転換していくことが確認された（Labour Party 1996f: 3）。

このようにマニフェスト草案では、税制について具体的な数値が提示されることはなく、一九九六年七月のマニフェスト草案が公表された時点では、累進課税導入の是非について結論を示していなかった。重要政策事項について議論がまとまらなかった理由として、ブラウンが累進課税の導入を通じた分配論にこだわったことがある（Minkin 2014: 288）。第3章でも見たように、ＢＢＣ政治記者ジョーンズ（Nicholas Jones）やブラウンの評伝を著したキーガン（William Keegan）によれば、ブラウンは累進課税こそが公正な税制を担保すると考えていた（Jones 1997: 73–111; Keegan 2004: 139–49）。ブラウンは高額所得者を対象に、最高税率を現行の四〇パーセントから五〇パーセントにまで引き上げることをマニフェスト公表の数カ月前まで主張し続けていた（Routledge 1998: 235; Bower 2005: 189; Jones 1997: 75, 98）。彼の再分配構想は「赤いゴードン Red Gordon」とも表現されたブラウンの信念が表れたものと理解されている（Keegan 2004: 149）。しかし、現行税率の維持を主張したブレアは遠く隔たった位置にいた（Routledge 1998: 235）。

ブレアと世論調査を担当したグールドは、選挙戦略上の理由から、すでに一九九四年秋の時点で、ブラウンに対して税制案について譲歩するように迫っていた（Gould 1998: 287）。ブレアは、先述の一九九五年五月二二日の金融界、産業界の代表者を聴衆とした講演で、一般家庭の税負担を増やすことはないと明言した。あえて付言するならば、一九九五年五月時点でのブレアの税制案にはグリーンバーグからの助言が影響していた。グリーンバーグは、税制は「［増税と支出増大を繰り返す］制御不可能な労働党［というイメージ］の象徴である。［中略］だからこそ、労働党が保守党政権の二二項目に及ぶ増税策を攻撃することが重要なのである。そうすれば、人々は労働党には政府の支出を制御する能力があり、［中略］イギリスの主流を占める人々の生活水準を脅かさないと考えるようになる」と進言した（Gould 1998: 284–285）。グリーンバークは、有権者を安心させることこそが、政権奪還の必要条件だとして、次のように主張した。「有権者が［保守党から労働党に］鞍替えするのは、労働党だからという理由ではなく、保守党に不満を持ったがゆえのことだ。［中略］そうした鞍替えした選挙民に対して、労働党は『安全』なのだという思いを確かにする必要がある。［中略］何度も、何度も、何度も」（Gould 1998: 258）。

労働党が政権に就いても混乱はないと中間層を安心させるため、なおかつ政権第二期への可能性を広げるために労働党首脳部が行ったのが、接戦区を中心にした徹底的な世論調査であった。グリーンバーグらの助言にしたがうブレアを、フォーカス・グループによる有権者の意識調査にもとづいてマンデルソンらが練り上げた選挙戦略が後押しした（Jones

1997: 76)。一九九六年九月、ブレアはＢＢＣのインタヴューに応じて、将来の労働党政権は、（1）所得税の最高税率を据えおく、（2）同最低税率を一〇パーセントまで引き下げると明言した（Jones 1997: 75-77）。ブレアとその側近が何よりも警戒したのは、保守党が一九九二年総選挙戦のネガティヴ・キャンペーンを再現し、有権者の間に根強く残る「増税と支出増の党」という労働党の従来のイメージを掻き立てることであった（Bower 2005: 189; Jones 1997: 78）。ここにおいて、ブレアとその側近らは、均衡財政への圧力と市場や中間層の信頼という制約に抗うことはせず、その中で見い出される裁量は限られていると判断していた。

ブレアが増税を否定する立場を表明したことに対抗するかのように、ブラウンは、九月の党大会直前、『タイムズ』紙の記者に年間所得一〇万ポンド以上の富裕層の所得税率の引き上げ（設定税率五〇パーセント）の意図をオフレコで伝えた（Jones 1997: 75, *the Times*, 29 September 1996）。税制をめぐる一連の攻防は、均衡財政という制約の中で社会正義のための政策的選択肢をいかに捉えるかをめぐる政策アイディアの争いであった。とはいえ、党大会の演説など、公式の政策表明のレヴェルでは、両者間の違いが表面化することは慎重に回避された。ブレアらは、選挙戦略上、もっとも論争を呼ぶ政策案に関しては、公式の場で議論して党内の不調和をさらすリスクを負うよりも、むしろ限られた首脳陣の中で調整することを優先したのだった。

この点を具体的に見てみよう。ブラウンの党大会演説の中心は、雇用問題と失業問題におかれ、その中核に位置づけられたのが教育改革とニュー・ディール・プログラムであった。それらと並んで、税制と公的扶助システムを統合することで貧困層の実質所得を引き上げ、就労意欲を向上させる政策案を提示した（Labour Party 1996j: 31）。就労への見返りを保障する、いわゆるMake Work Pay政策である。

一九九六年一一月、ブラウンは「財源がゆるせば」所得税の基本税率を一〇パーセントに引き下げる提案を公表した（*the Independent on Sunday*, 19 November 1995）。労働党の総選挙に向けたスケジュールにしたがえば、ブラウンは一九九七年の年明け直後に経済政策の全体像を示す公式発表を予定し、したがって、党首脳部としては一九九六年末から一九九七年一月にかけて最終調整を行う必要があった。

税と福祉の一体改革——新しい包摂社会の模索

党の重要政策をめぐる調整は、ブレアとブラウンとその側近というきわめて限られたメンバーの中でのみ進められた(Campbell and Stott 2007: 145)。一九九六年一二月、彼らは、新政権の政策の取捨選択を行う最終局面にさしかかっていた。その最中の一二月六日、ブラウンは、アシュダウンの私邸で行われた非公式会談の場で彼の改革案を次のように説明した。

税制と福祉システムはともに改革しなければならず、どちらか一方だけを改革することはできないというのが私の考えです。

〔低所得者層を対象にした所得税——引用者注〕一〇パーセントに引き下げるという税制の導入は、税制と公的扶助への新しいアプローチの中核になります。

アメリカでは、何百万もの人々が低賃金への上乗せ〔税額控除の形式で支払われる実質上の現金給付——引用者注〕を受けていますが、イギリスでは導入するのが難しく、なおかつ実施されたとしても〔対象者を——引用者注〕ごく少数に限るべきだと考えられています。我々はこれを変えていかなければなりません。〔中略〕失業者が労働市場に再参入することを容易にすべきであり、そのためには、経済構造の一部として、税制による低賃金への上乗せが必要なのです。(Ashdown 2000: 485–487)

ここで表明されたのは、ブラウンが早い段階から基本方針としていた福祉制度と税制を一体化していく方針、すなわち、低所得者に対する所得補償として機能する税額控除を導入することであった。ブラウンが目指したのは、アメリカで実践されていた負の所得税をイギリスで導入することであり、アメリカのそれよりも対象と補償範囲を広げることでワーキング・プア問題に取り組むことが構想されていた。それは、彼が信じるところの「機会の平等」を達成するためである。ブラウンはアシュダウンに対して、税額控除に関する持論を次のように述べた。

> あなたと同じように、私は中心的なアイディアは「機会の平等」だと確信しています。〔中略〕私は結果を操作することはできないと信じるようになりました。〔中略〕全ての人に機会の平等を提供するために介入する用意のある政府が必要なのです。（Ashdown 2000: 485–487）

機会の平等とは、すぐさま政府の介入を縮小させる自由主義を連想させがちなのだが、「実は徹底しようとするならばきわめて大きな政府責任を生じさせる事柄で、決して市場主義的改革に連なるものではない」（宮本 二〇〇六：一〇六）。この点についてダイアモンドとギデンズ（Patrick Diamond and Anthony Giddens）は、再分配なき機会の平等とは、「一つの世代の結果の不平等を次の世代の機会の不平等」としてしまうことにつながるからこそ、機会の平等は、「富と所得の再分配を前提とするものでなければならない」と主張する（Diamond and Giddens 2005: 101）。

ブラウンの主張に読み取れるのは、彼がブレア以上に機会の平等の実現のためには所得の再分配という政府介入が必要であると考えていたことである。ブラウン、スミス、クックをはじめとした影の内閣の主要メンバーの間では、戦後福祉国家からの「パラダイム転換」を受容した上でもなお、「社会民主主義」的要素を政策にどれほど盛り込むかについて、無視できない見解の相違が残っていた。ニュー・レイバーの自己規定の根幹を左右する重要課題をいくつも積み残したまま、総選挙マニフェストをめぐるアイディアの攻防は、一九九七年にもつれ込んだ。

総選挙前の自己制約と再分配の放逐

一九九七年一月五日、ブラウンと彼の政策秘書のボールズは、税制についてブレアと協議した。ボールズが説いた増税案はブレアには到底承服しかねる内容であり、話し合いは口論と化したという（Blair 2010: 93）。その場でブラウンは、年間所得一〇万ポンド以上の高額所得層を対象とした税制案を改めて強く主張したブラウンに、ブレアは、グールドの世論調査結果を引き合いに出しながら、そうした方針が、選挙キャンペーンに悪影響をもたらすのは必至であると反論した。

たしかにグールドが率いたフォーカス・グループによる中間層を対象とした世論調査結果では、たとえ年間所得一〇万ポンド以上の高額所得層に対する増税と引き換えに中間層を対象とする減税措置を実施したり、あるいは中間層が恩恵を受ける教育政策へ振り分けたりしたとしても、増税案には難色を示すことが明らかとなっていた（Gould 1998: 289）。このことから、グールドは、いかなる増税案も、直接の課税対象とはならない中間層には不人気な政策であると結論づけた。

グールドらは、調査結果をもとに選挙戦略を慎重に作り上げていった。そしてブレアはこの選挙対策本部の判断に忠実にしたがい、「何も変えないという戦略 a policy of no-change」という現状を大きく変化させない「継承戦略」を貫こうとした（Keegan 2004: 148）。ブレアは最終的にブラウンの税制案を退け、マニフェストから増税による再分配政策の一切を除外することを決定した。同じ時期に、ブレアとブラウンは、保守党政権が設定した公的支出の上限を維持すること、同財務相クラークの財政政策を継承することについても合意した[140]（Minkin 2014: 286）。

ブレアは一九九七年一月八日に、「個人の増税を必要とするような政府支出には一切コミットしない」と明言し、所得税率を据え置き、既存の税制において富の再分配を促すことを容認しない姿勢を公表した（*the Financial Times*, 9 January 1997: Campbell and Stott 2007: 145–147）。一月二〇日、先のブレアの発言にそって、労働党は、党としての歳出と税制の基本方針を正式に発表し、政権にある間は、所得税の基本税率と最高税率を据えおくことを確認した（Minkin 2014: 286）。この方針が労働党政権の財政政策に大きな制約を課す方針であることは明らかである。それでもなお、ブレアが選挙キャンペーンで重点においた経済界とミドル・イングランドの支持を確実にすることが優先された。さらに、その後に発表されたマニフェストでは、「（社会的）排除」という言葉も削られた。

これらの事実から、ブレアと選挙対策本部がその正当性の拠りどころとした独自の世論調査が彼らの最大の判断材料となり、もっとも安全と思われる政策を除いて、革新性を除外するという徹底した自己抑制へと導かれていったことが見て取れよう。それは労働党が何らかの社会民主主義的な政策を遂行する上で必要な財源を失ったことを意味した。ミンキン（Lewis Minkin）が論ずるように、一連の財政上の公約を遵守した場合、将来の労働党政権が再分配政策をしようとすれば、それは必然的に、常に限られた税収との兼ね合いの中でのみ実施されねばならない（Minkin 2014: 286）。ここに、やがて「ステルス増税」が呼び込まれる構造が生み出されたのであった。

一九九七年四月一一日、ブレアは経済界に向けて将来の政権構想を発表した。労働市場の柔軟化と競争力の強化を通じた「ダイナミックな市場経済」を謳った政策案は、労働市場における最低限の公平な処遇をヨーロッパ社会政策協定の批准を通じて確保していくとともに、「イギリスで先行している労働市場の柔軟化を進める法制をヨーロッパ諸国に訴えていく」ことを強調した（Minkin 2014: 287-288）。この政策案では、空港官制システムの民営化と将来的な活用の見込みのない国有財産の売却も提示された。党大会のアジェンダにも載らず、マニフェストにも記載されなかったこの民営化政策は、ブラウンにとって重要な意味を持っていた。所得税増税案を断念したことによって、将来的な歳入不足を補う財源が必要となったブラウンは、その手段として、国有財産の売却をともなう民営化を否定していた従来の方針を覆し、財源を確保しようとしたのだった（Minkin 2014: 288）。

所得税の増税を党の政策選択肢から除外し、経済界の利益を反映する政策を採用したブレア労働党は、保守党政権の政策遺産という制約に拘束されていたばかりでなく、その遺産を積極的に継承することを選択したのであった。それが、本書のいう継承戦略が意味するところである。マーカンドは、サッチャー政権は一九八〇年代を通じて政治経済と文化を転換させ、減税と親ビジネスを標榜する労働党はこの転換を体現したと論ずる（Marquand 1999: 242）。党首就任以来、ブレアとその周辺は、構造面でも資金面でも党内権力配置において権限行使が可能な立場におかれ、政党間競争上も圧倒的優位にあった。確実に資源を拡大し、政策決定構造の寡頭化を押し進めていったブレアは、いくつもの政策アイディアの選択肢の中から、もっとも保守的な政策デザインをマニフェストに採用したのであった。こうした労働党の政策史上の歴史的転換を政策ポジションに照らすと、中道ラインをまたいで保守党政権の位置に接近する大胆な移動と符合する。その選択の過程で顕在化したのは、政策選好の相克とブレアの優越であった。

このブレアとその側近らの政治判断に対しては、党内から軌道修正を促す警告が発せられた。それらの警告には、選挙キャンペーンの場を親ヨーロッパの姿勢、リベラルな価値観、平等主義を掲げる場として用いるべきだとするものが多かった。クリントンもかつて同じような議論を大統領選前にライシュと交わしていた。ライシュは、大統領選期間中、クリントンに対して革新性を予め打ち出しておかなければ、選挙後に世論を革新的な方向へと動かすことはいっそう難しくなると意見した。当時のクリントンと同様の指摘を受けたブレアであったが、それでも彼は自らの戦略を変えようとはしなかった。ブレアは、「労働党は政府の側から論争に勝つべきであって、野党の側から論争に勝つことはできない」と断言したという (Rentoul 2001: 312-313)。

なぜブレアは、労働党にとって戦略的高地が開けていた福祉国家改革について、かくも頑なにマニフェストで政策的革新性を明確に示すことをしなかったのか。この点に関して、当時のブレアの考えが表れたブレアとアシュダウンの会談内容を引用しよう。

> アシュダウン：福祉改革はどう考えていますか。私は先日、クリス・スミスからあなたが総選挙の後に王立委員会[の設置――引用者注]を支持していると聞いたのですが、本当ですか。
>
> ブレア：王立委員会は、常に一般国民からは責任回避の口実だとみなされてきました。とはいえ、[王立委員会設立を考えているのは――引用者注] 本当です。我々は福祉改革について、具体的であることはできないという見解を持つようになってきています。福祉改革は、イギリスが今日直面しているもっとも難しい問題です。我々は、福祉シス

テムの機能を見直さなければなりません。いかなる選択肢も排除されてはなりません。問題は、野党の立場からそれを試み実行すれば、保守党が（彼らのネガティヴ・キャンペーンの影響力は決して過小評価するべきでないのです）そのコストについてデマを飛ばすことで、事を成すのを不可能にするでしょう。政権の地位を維持するのも決して楽ではないと思います。ですから、そう、私は、このことについては、非常に大まかでいるほうがいいと思っています。（Ashdown 2000: 427.（　）内は原文通り）

アシュダウンは、ブレアに対して、かつてベヴァリッジが自身の改革は「国民的な合意」があってはじめて成しえたものであると考えていたことに触れ、同じことをできないかとブレアの意向を尋ねた。

アシュダウン：ボリ委員会の委員長であったボリと、自民党の委員会の代表であったダーレンドルフに、強い権限を与えて引き込んではどうでしょうか。このことについて協働することは、広く一般の利益となる問題に関して、両党が真剣に仕事をする準備があるという姿勢を示すことになります。

ブレア：それは正しいことだと思います。我々はこの領域でともに作業する準備をしなければなりません。唯一の問題は、いかに、そしてどこで、かです。ボリとダーレンドルフに関するあなたの提案は確かに興味深い。なぜなら［二人を引き込むことは――引用者注］我々の提案に知的な重みを与えてくれるでしょうから。この点については考えておきます。（Ashdown 2000: 427）

しかし、ボリが責任者となったCSJに対して当初から懐疑的であったブレアが、アシュダウンの提案にしたがって、ボリやダーレンドルフに政策審議への参加を要請することはなかった。バラのマニフェスト比較によるポジショニング分析では、一九九二年時点では労働党よりも左右軸で右側に位置していた自民党が懸念を深めるほど労働党は右へと向かって急速に移動していたわけだが（Bara 2006: 200）、その移動は目指すべき政策理念を追求した結果というよりも、中道ラインに向かって動くこと自体が自己目的化していたと考えられる。政権成立直後から首相府の非常勤経済顧問となったスコットは、自伝の中でブレアの政策とポジショニングの関係を次のように証言した。「ブレアの経済政策への関わり方は、他の政策同様に、政治戦略の中におかれており、それは『ポジショニング』であった。労働党の再ポジショニングは、多くの政策を放逐し、労働党が何をしないつもりなのか（「課税と支出」）を有権者に再確認することを意味した」（Scott 2004: 17）。換言すれば、特定の政策スタンスに拘泥しないブレアの身軽さが、ポジショニングの急激な変化に対する積極性を支えていたのであった。

ブレアは保守党政権に対して優位を保ちながらも、革新的政策の旗印の下で中道から中道左派の人材を結集することにも消極的であった。それはブレアとその側近が、一九九二年総選挙の敗因を保守党とメディアによるネガティヴ・キャンペーンに求め、その再現をひどく警戒していたからであった。だからこそ彼らは、いったん広げた「ビッグ・テント」を畳み、ミドル・イングランドや経済界の支持を最重要視する戦略に転じたのだといえよう。「ステーク・ホルダー社会」構想の挫折は、ブレアらをして制約の中の裁量の範囲を自ら大きく狭める契機になったのである。

対照的にブラウンは、経済的制約の観点から裁量の範囲を慎重に見きわめようとしていた。ブラウンは、一方において制約要因に対する責任性を示すことでグローバル市場と有権者の信頼を確保しながらも、他方においては、それを社会正義とのトレードオフ関係に捉えることなく、分配的正義などの労働党の伝統的な価値観にもとづく政策を、人々の警戒心を必要以上に煽らないよう「ステレス」という手法ではあっても、実現する可能性の芽を摘むことはなかったのである。

小　括

本章では、「ステーク・ホルダー社会」構想を掲げて政権獲得を目指そうとした思惑が頓挫した後に手がけられた総選挙マニフェストの起草過程を追った。三つの次元の権力資源から見た場合、総選挙前年の一九九六年時点でブレア労働党の資源は急速に増大していった。ただし、それは必ずしも保守党政権の苦境がもたらした結果ではなく、むしろ、ブレアらが慎重に権力資源の獲得の阻害要因を排除し、その極大化を目指したからこそのことである。支持調達では、補選の連敗と造反で事実上の過半数割れにまで追い込まれたメイジャー政権の凋落に反比例するかのように、労働党の政権奪還は確実に可能性を拡大していった。政党間競争上の制約が薄らいだことに甘んじることなく、ブレアらは支持調達に余念がなかった。彼らは、有権者を不安にさせるあらゆるリスクを回避するために選挙公約から革新性を除外し、結果としてポジショニングを急速に右方向へと移動させていく。

党内組織では、党大会での採決で労働組合票の比率が引き下げられる等、議会党首脳部に有利に働く改革はほぼ完遂されていたものの、保守党政権への同質化を感じ取った議員の造反が相次ぎ、党内規律は乱れた。政策アイディアでは、とりわけ経済政策においてクリントン政権の影響を強く受け、厳格な財政規律といった基本方針はもはや揺らぐことはなかった。ブレアはクリントンらの助言から増税案の除外を決めていたが、ブラウンはむしろ独自に「制約の中の裁量」の余地を見い出そうとし、増税による再分配の選択肢を最後まで手放さなかった。ブレアらが念頭においていた政権奪還のための最良の支持調達戦略とは、革新性を前面に出さず、保守党政権下の政策枠組みを継承することで右のポジショニングを採ることであった。たしかに、社会政策では多岐に及ぶ回路からアイディアが調達され、公共サービス改革が保守党政権への対抗軸として打ち出された。しかし、マニフェストの起草に携わった複数のスタッフが証言したように、その改革案はあくまでも慎重に策定された限定的なものであった。とはいえ、きわめて保守的な総選挙マニフェストであったとしても、その背景には、膨大な政策アイディアの注入と党内論争、高級官僚との接触、税制の綿密な試算といった政策準備があったことには格別の注意が払われるべきである。次章では、かかる戦略と準備を持って臨んだ一九九七年総選挙と政権交代後のブレア労働党の政権運営について論ずる。

第5章　労働党政権の制約と裁量

本章では、ブレア労働党が一八年ぶりの政権交代を実現した一九九七年総選挙が、なぜ歴史的とみなされるのか、ブレア労働党がどのような勝ち方をしたのか、その勝利は、新政権にどのような権力資源（支持調達、組織、政策アイディア）を与えたのか、を考察する。その上で、ブレア労働党政権の権力資源を確認し、それらの資源をどのように制約への応答と裁量の発揮に用いたのかを検討する。

1　歴史的な政権交代

一九九七年五月一日木曜日、総選挙の投開票が実施され、翌二日未明にブレア労働党の地滑り的勝利による政権交代が確定した。総議席数六五九に対して労働党の獲得議席数は四一九議席（下院議長席を含む）に達した（表0－1参照）（Norris 2005: 44）。保守党はわずか一六五議席にとどまり、メイジャー政権で防衛相等を歴任したポーティロ（Michael Portillo）をはじめとした大物議員も次々と落選した。スウィングは一〇・二ポイントを記録、第二次大戦後最大規模の投票者の鞍替えが起こった。労働党は、地域、職業階層、年代などあらゆる属性の有権者グループで得票を伸ばした。ブレアの念願だった、伝統的支持層の労働者階級と新たに支持獲得を目指した中間層の有権者連合の形成に成功したといってよいだろう（Fielding 2002: 35）。第三党の自民党は、得票率こそ伸び悩んだものの議席数では二六議席を上乗せし、同党の戦後最多となる四六議席に達した（表０－１参照）。

一方、惨敗した保守党の得票率は第一回選挙法改正が行われた一八三二年以来最低にまで落ち込んだ（*the Guardian*, 2 May 1997）。保守党の伝統的地盤であった南東部を含む全国のほぼ全ての地域、階層、年齢層で得票を激減させた。スコットランドとウェールズでは一議席も獲得できなかった。とくに、ミドル・イングランドの票が大きく減少した（Butler and Kavanagh 1997: 250）。保守党にとってそれは党史上もっとも深刻な低迷の始まりであった。それというのも、保守党は労働党の一三年に及ぶ長期政権の下で野党に甘んじることになるからである。ようやく政権に返り咲いた二〇一〇年総選挙にしても、過半数に達することができず自民党との連立を余儀なくされ、辛うじて単独政権を成立させた二〇一五年総選挙を経て政権党として臨んだ二〇一七年の総選挙では再び過半数を下回った。

議会で圧倒的優位に立った労働党は、政権交代時に有権者の絶大なる支持という強力な権力資源を手にしたかに見える。たしかに、戦後最も若い首相ブレアを迎えて、イギリスが高揚感に包まれたのは事実である（*BBC News*, 2 May 1997）。ブレアは新しい労働党《ニュー・レイバー》が国民の支持を得たのだとして、「我々はニュー・レイバーとして勝利した。我々はニュー・レイバーとして統治する」と高らかに宣言した。もはや労働党は決してオールド・レイバーには戻ることはないのだ、とする強い意思表明でもあった。だが、地滑り的勝利の内容をつぶさに見てみると、労働党首脳部に楽観を許す材料はさほど多くはない。まず、投票率が前回選挙を六ポイント以上下回る七一・四ポイントにとどまった。さらに悪いことには、投票率の低下がとくに大きかったのが、労働党の地盤たる北部イングランドの選挙区であった。この総選挙で伝統的支持基盤の離反を経験したのは、保守党だけではなかったのである[141]。結局のところ、労働党は中間層に支持を広げたといいながらも、絶対得票率ではわずか三割程度の支持を得たにすぎなかった。

要するに、一九九七年のブレア政権の成立は「歴史的な」政権交代ではあったものの、ブレア労働党への積極的な支持は限定的であった（Butler and Kavanagh 1997; Crewe 2001; Worcester and Mortimore 1999）。投票行動分析によれば、労働党への支持よりも、保守党を政権から追い落とそうとする戦術的投票の方が目立った選挙であった（Butler and Kavanagh

1997: 251-252)。じっさい、一九九七年の政権交代は、労働党への信任によって生じたのではなく、有権者による「保守党政権の拒否」の結果だったとの解釈もある（Crewe 2001: 69; Worcester and Mortimore 1999: 130-131)。それでは、ブレア労働党による政権交代は、保守党が自滅的に政権から陥落したことによる「棚ぼたの」勝利であったのであろうか。前章まで論じたように、本書はそうした見解に留保を促し、むしろブレア労働党が、選挙前に有利に立っていたにもかかわらず、政権を手繰り寄せるためにあらゆる手段を講じたことを重視する。

労働党の勝ち方と支持調達戦略の帰結

すでに論じたように、ブレアらは、自分たちの政治プロジェクトを達成するためには、政権二期を可能にするだけの議席をなんとしても確保しなければならないと確信していた。ブレアらにとって、一九九七年総選挙は「地滑り的勝利」でなければならなかったのだ。そのためにブレアら首脳部が注力したのが、人々と市場を不安がらせないことであった。

そうした労働党にとって抜群の演説力を備えたブレアというリーダーの存在は、労働党が政権獲得を狙う上で重要な財産となっていた。第3章で述べたように、労働党は一九九四年に党首を選出する際に、スミス前党首がそうしたように政策内容で支持を訴えるのではなく、党首の資質を前面に出す方針へと舵を切ったのだった。政治リーダーの「人格化」が指摘される近年の選挙ではいかなるリーダーを「党の顔」とするかが有権者の投票先を決定的に左右する傾向が著しくなっている（Denver 2002)。対抗する政党のリーダーに対してどれだけ優位に立てるか、これが総選挙での勝利を見越すバロメータとなっていた。一九九七年の投票日直前の調査で、ブレアは支持率においてメイジャーを一四ポイント前後と大きく引き離していた。しかも総選挙後に新首相ブレアへの支持率はさらに高くなり、一九九七年秋には支持率は七五パーセント前後に達した。ダイアナ元王妃の悲劇的な死に寄せた名演説等によって支持率が高まっていたとはいえ、この数字は、労働党・保守党そして第三党自民党による三党政治という条件下では特筆すべき高さである（高橋 二〇一二)。

もっとも、総選挙直前の労働党首脳部は、それほどまでに高い国民的人気を得たブレアの存在を勝利の十分条件とは考えなかった。前章で述べたように、労働党が政権についても混乱はないと中間層を安心させ、なおかつ政権第二期への可能性を広げるために労働党首脳部が実行したのが、接戦区を中心にした徹底的な意識調査であり、それに応答力を持つ公約作りであった。

一九九七年総選挙期間中、ブレアらはそうした調査結果を踏まえて、増税と支出拡大路線からは巧みに距離をおいた。その上で新たなかたちの政府責任として提示したのが、財政ルールの下で実践される「現代的な」公共サービスであった。かくして、労働党は福祉国家削減路線を崩そうとしない保守党に対して、総選挙の争点をめぐるアイディアで優位に立った。「ある意味で一九九七年総選挙は、福祉国家と公共サービスの未来をめぐる国民投票であった。そして、保守党はそれに負けたのだ」（King 1998: 192）。政治学者キング（Anthony King）による評言は、正鵠をいている。

公共サービスの改善と拡充による生活インフラの充実。これが一九九七年総選挙に向けて労働党が掲げた最大の争点であった。だからといって、国民が増税を含む負担増を積極的に受け入れていたのではないことは、前章で述べた通りである。有権者は、負担をさほど増やさずに公共サービスを充実させうる政権党を望んだのである。

繰り返しになるのだが、財源問題に関するブレア労働党とそれ以前の労働党との決定的な違いは、世論が負担増を受け入れないことを新たな前提に、選挙前に所得税の増税を封印し、慎重な財政運営を約束したことである。この保守党政権の方針への「継承戦略」は、政権獲得に必要な有権者からの信頼を確実にする上で重要な意味を持った。しかし均衡財政下での「投資」による福祉国家改革（公共サービス改革）というブレア労働党の公約は、本質的には矛盾している。

結果的に「歴史的」大勝を手にしたブレア労働党であったが、彼らは選挙マーケティングにもとづく戦略重視の手法を選択したがゆえに、政権成立前から、レトリック先行型で内実なきスピンによる政治だと揶揄された。増税せずに財布の紐を締めて節約しつつ、新しいやり方で投資を増やし成果を生む、という約束は実現可能なのか、というある種の懐疑が有権者に残ったことは否めない。上記で見たように、大方の有権者が積極的に労働党を政権に押し上げようと行動したのではない以上、ブレア新政権は、態度を決めかねている有権者を引き続き安心させる必要があったのである。

次節以降は、労働党政権下の政策展開を実際に検討していくわけだが、その際、フィールディング（Steve Fielding）の次のような指摘を念頭におく必要があるだろう。すなわち彼が早くから指摘していたように、ブレアらが使う「投資」とは、実質的には「支出」の言い換えであり、人々が労働党に抱く放漫財政の党という印象を惹起しないために、慎重に選ばれたレトリックだったとも捉えられる（Fielding 2002: 35）。つまり、ブレア労働党は、財政規律を守りつつ実際に支出を増やし、幅広い分配策を画策したことになる。この点について、GMBの前書記長エドモンズは、次のように語る。

> 実際のところ、論争はあるにせよ、我々は［労働党政権下の政策について——引用者注］反対するよりも賛同することの方が多いのです。［中略］現在悩ましさを生みだしている問題の一つは、労働党政権の報道官や大臣たちが、これらのことに関し、きわめてしばしば、我々が了解しているタームで語らないという事実です。彼らは、組合員にとって良い変化を行うことについて、むしろ言い訳がましい態度を見せ、労働党というよりも、いささか保守党のように響く修辞を用いて語るのです。（*BBC News*, 6 December 2002）

言説と実践した政策の巧みな使い分けは、労働党の政権交代への戦略の重要な構成要素であったといえよう。はたして、野党時代に取捨選択して練られた青写真は政権交代後、どのようにして実践されたのか。ブレア政権は、たんなるスピンばかりの政権だったのか、それとも内実がともなっていたのか、ともなっていたとすれば、なぜ、今日においてもなお評価が定まらないのか。以下ではこの点を追っていく。

2　権力資源から見る労働党政権の特徴

首相府への権限集中

労働党政権を検討するにあたり、労働党政権の権力構造を見ていこう。まず意思決定構造からいえば、ブレア労働党政権には、野党期に築かれた寡頭制ともいうべき中央集権的な党のガヴァナンスの基本構造がほぼそのまま持ち込まれた（Mandelson and Liddle 1996）。ブレアは、野党時代からリーダーシップの足場を固めたわけだが、政権交代後、それは政権中枢における首相権力の強化として現れた（Marquand 1999: 245）。この点を端的に示すのが、首相直属の特別顧問の増員、首相府（首相官邸）の主席補佐官（Chief of Staff）の権限拡大、首相府と内閣府の連結である。

首相や大臣直属の政策スタッフには、省庁から抜擢された官僚に加えて、政府外部から任用された特別顧問（special advisers: SPADs「スパッズ」とも称される）が前例をはるかに上回る規模で任用された。首相府付を見ると、一九九六年のメイジャー政権下では八名であったのが、一九九七年には一八名、翌九八年には二五名に達した。省庁所属では、同じく三〇名、五二名、四九名とメイジャー政権時代よりも大幅な増員が見られる。従来の特別顧問は、首相や大臣から任命された非公務員であったのに対して、ブレア政権では臨時公務員の身分を得て、首相や大臣に対する補佐的業務を超えて政策立案の中核で活動した。

主席補佐官については、政権交代前に党首室の主席顧問を務めていたパウエルをこのポストに就任させたことが大きな意味を持った。それというのも、パウエルは、首相府に上限三名の定員で新設された特別顧問の筆頭を担い、官僚に対する指揮管理の権限が与えられたからである。選挙の洗礼も公務員試験等の手続きも経ていない特別顧問の権限の拡大は、高橋直樹によれば、立法府や執政府の公式の制度を迂回する「裏口」からの資源の調達であった（高橋 二〇一二）。

首相府の機能強化は人員の増強にとどまらなかった。省庁間の調整を行う内閣府と首相府とを連結させたことで、内閣府が首相の補佐機構としての機能をはたすようになった（阪野 二〇〇六：三二―三三）。一連の執政府中枢機能の拡充は、政策決定の中心が首相と担当閣僚にあった保守党政権と対比しても、首相府への権限集中が際立っている。こうした統治スタイルは、首相が政権与党との調整よりも、メディアなどを通じて首相個人が人々に直接支持を訴える言説政治と相まって、「大統領（制）型」、あるいは首相と限られた側近のみの非公式な談話から政策を審議、決定する様子から「側近政治」「ソファ内閣」とも表現された（Poguntke and Webb 2005）。

財務相ブラウンとの権力分有

労働党政権における政策形成のもう一つの核を成していたのが、財務相官邸である（Seldon 2007: 507; Radice 2010）。つまり、ブレア政権には双頭政治ともいうべき権力の二元性が現出したのであった。既述の通り、ブレアとブラウンの間では、一九九四年党首選以来、熾烈な権力抗争が展開されていた。とはいえ、ブレアの卓越したコミュニケーション力とブラウンの経済政策に関する知識と構想力は、政権獲得に不可欠であり、両者の関係は対立ばかりでなく相互補完的な側面を持っていた（Lee 2010: 20）。ブレアとブラウンは、一九九七年総選挙前に主導権を握る政策領域の棲み分けを大枠において了解し、この棲み分けは新政権にも持ち込まれた（Radice 2010: 116, 140, 143; Bower 2005）。ブレアは外交、保健医療、教育、治安、ブラウンは経済、税制、社会保障においてそれぞれイニシアティヴを取ることになっていた。

ニュー・レイバーの中核を担った両者は、選挙戦略や主要政策をはじめ多くの重要事項にかかわる認識を同じくしていた[142]。だが、ブレア自身も認めるように、二人の間には架橋することのできない社会観、政治観の決定的な違いがあった（Blair 2010: 194, 210）。ブレアによれば、それは「ニュー・レイバーとは何か」という労働党の自己再規定の根幹部分にかかわる相違であった。端的な例が、国家と市場の関係に対する見解の違いである。ブレアは、市場への懐疑心が薄く、国家と市場を同列に捉えていた。これに対してブラウンは、国家と市場は全く異なる機能で動いていると考えた。だからこそブラウンは、ブレアが積極的に推し進めようとした公共サービスの「市場化」への警戒を隠そうとせず、それに歯止めをかけようとしたのであった[143]（Blair 2010: 480-485）。このような相違を抱えたブレアとブラウンであったが、両者の関係は、ブラウンが財務相として権力資源を増したことで、よりいっそう緊張したものになっていった。

財務相としてのブラウンの権限の源泉は、経済問題内閣委員会議長への就任、および予算編成機能を持つ財務省の権限の拡大にあり、後者を促したのが、政権発足直後に実施された一連の制度改革であった。

第一に、歳出見直し（Spending Review: SR）と公共サービス合意の導入である。包括的歳出見直し（Comprehensive Spending Review: CSR）では、三カ年という複数年度で予算管理を行う新公共歳出計画（New Public Spending Plans）にもとづいて、財務省が向こう三年間にわたる各省庁の歳出上限を決定する権限を持った。各省庁には上限の中で柔軟な配分が認められたものの、予算の運用についての説明責任と効率性の向上が求められ、それが政府の優先政策と合致しているかについてもゼロベースで評価されることになった。

第二に、公共サービス合意の導入である。包括的歳出見直しの設定する省庁別支出上限の枠内で、各省庁が達成すべき成果目標が設定され、各省庁はその目標に関して財務省と合意をかわすことが求められた（阪野 二〇〇六）。一口にいえば、ブラウンが目指したのは、野党時代から目標としていた財務省の権限の圧倒的拡大であった。ブラウンは、財源管理を盾にブレアの政策領分にもしばしば干渉し、政権中枢における対立をさらに激化させた。

第三に、イングランド銀行の独立（金利政策のイングランド銀行内に新設した金融政策委員会への一元化）である。金利政策を手放した財務相は、もはやインフレ抑制のために所得政策等を通じた調整を自ら実施する必要がなくなり、そうして生まれた膨大な余力を、社会政策に振り向けることが可能になったのである（Mullard and Swaray 2006: 37; Lee 2008: 19; 今井 二〇一六c）。

労働党議員の大量造反

ブレア政権では、執政府中枢に著しく権力が集中され、なおかつ議会内多数も盤石だったわけだが、だからといって政府が思うままに政策を遂行できたわけではない。ブレアらは野党時代から、議会審議では党議拘束が機能し、労働党議員が一致して政府法案や予算の成立を支えるものと考えていた。しかしじっさいには、三期にわたった長期政権を通じて、ブレアら首脳部は、重要法案について幾度も労働党議員による大量造反に見舞われ、一度ならず敗北に追い込まれた。

もとより執政府が立法府に対して優位に立つイギリスの政治システムでは、政府の役職に就いていない一般議員であるバックベンチャーは政府の許可なく動議を提出することも、下院規則の改正を発議することもできない。投票に際しては党議拘束にしたがうことが前提とされてきた（奥村 二〇一一）。したがって、議員が執政府に公然と異議を申し立て、執政府の権力を抑制し、均衡を図ろうと行動する機会は限られていると考えられてきた。しかしながら、政府法案の成立を脅かしえる人数のバックベンチャーが、一致して造反した場合には、議会は執政府に対する抑制力としての機能をはたしうる。そしてそうした事態は、政権第二期以降にじっさいに現出した。

前章までに論じたように、ブレアら首脳部は、党内での合議よりもトップダウン型の効率的な意思決定によって、自らが推進する方針を実現しようとし、政権交代後も野党時代と同じように政策決定が政権中枢で一元的に行われることを目指した。議会での審議も閣僚との事前協議もしばしば省略された。政権の議会軽視を端的に示したのが、議会での野党第一党党首などによる「首相への質問（Prime Minister's Questions: PMQ）」を、従来の週二回から週一回に集約し、ブレア自身が議会に赴く時間を節約したことであった（阪野 二〇〇六）。

議会軽視と党内での事前協議を欠いた政策決定に、多くの労働党議員が反発した。トップダウンでなされる様々な改革案にはしばしば造反が起こり、政権第一期だけで累計一三三の議員が党議拘束に抗して政府案への反対票を投じた。造反の頻度は政権第二期にはさらに増加した（Cowley 2002）。通常は政権党の凝集力が高まり、ハネムーンと呼ばれる政権初年度でも、ひとり親手当の削減に関する政府法案に対して四七名もの大量造反があった。一九九七年一二月、健全財政を念頭において、この法案に執着したブラウンの説明では、削減はあくまでもひとり親家庭への就労支援の財源を確保するための措置であったが、議会党への事前の根回しを欠いたまま審議に入ったことで、新政権は早々に困難に逢着することになった。要するに、ブラウンは自らが念入りに準備した均衡財政の方針と両立する福祉国家改革を、党内審議を経ずに進めようとしたところ、その手法と説明不足と理念の違いとが相まって、議会党から強い反発を招いたのであった。

造反に関する緻密な研究を重ねるカウリィは、労働党が議会で圧倒的優位にあったがゆえに、よほどの大量造反が生じない限りは政府案が否決されなくなったため、かえって造反行動に拍車がかかったと指摘する（Cowley 2005）。それでもなお、造反の規模と頻度は注目に値する。頻繁な造反は首脳部の意思決定方法と政策内容に対する反発であり、議員らはそれを表出する機会を逃さなかったといえよう。具体的には、労働党政権下では、第二読会と第三読会（議案の可否の議決）とで、それぞれ一九四五年以来最大の政権与党からの造反を出した。なかでも教育と保健医療に関連する政府法案の審議では、理念の違いを理由に多くの労働党議員が再三にわたってこれに反対した（Cowley 2005: 241）。

党議拘束の機能不全に直面して、首脳部は議会党を軽視してばかりはいられなくなり、議会での規律を担う党内幹事らが、造反の可能性のある議員を予め入念に説得し、ときには譲歩を示し、ときには圧力をかけることが常態化した（Bochel and Defty 2007: 66-70）。それでも抑え込めなかった造反もあり、ブレアを辞任の瀬戸際まで追い込んだことすらあった。例えば、大学授業料の値上げにつながった二〇〇四年の高等教育法案は、僅差で可決されたものの、公約に反したこの法案に対する戦後最大規模の造反はブレアの威信を大きく傷つけた(144)。そして、二〇〇五年テロ対策改正法案はついに廃案に追い込まれる（*BBC News*, 13 November 2005）。

このように、首相と財務相という二つの頂点を持ちながら集権的な意思決定構造を構築し、効率的に自ら推進する政策を実行しようとしたブレア政権の思惑は、ときとして労働党議員の造反によって揺さぶられた。とはいえ、少なくとも二〇〇五年総選挙で議席を大幅に減じる政権第三期までは、議会での圧倒的な議席数は大きな強みであった。例えば、世論と議会党からの激しい反発にもかかわらず、政権はイラク侵攻を認める法案を強硬に採決に持ち込むことができた。史上最大規模といわれた反対デモも、ブレアには届かなかったのである。山口二郎は、それは強力な執政府を生む議院内閣制の「選ばれた独裁」の問題を露呈した例であると指摘する（山口 二〇〇九：一九）。国民にきわめて不人気な法案を政府が押し通そうとする際に、議会がその防波堤になれなかったのだ。これは、ニュー・レイバー流の意思決定過程の効率化の重大な陥穽であった。本書の射程からは後日談になるが、やがて裏づけに欠く情報にもとづいてイラクに軍事介入するというブレアの決断は、いくつもの調査委員会によって検証され、彼の責任が徹底的に追及されることになる(145)。

政策アイディア

このような意思決定構造の中で策定されたブレア政権下の改革モデルについて、ブレアのブレーンであるギデンズとダイアモンド（Patrick Diamond）は次のように総括する。社会問題について取り組むときにブレア労働党が目指したのは、「貧困や不平等に対する政策アプローチについて従来の労働党政権とは異なる政策を実践」することであった。ブレア労働党の独自性は、「安定した経済成長こそが社会政策への鍵となる」と捉えたことにあり、「社会正義に関する政策は、経済ダイナミズムと雇用創出に関連づけられながら実践されなければならない」とした（Diamond and Giddens 2005: 103）。要するに、社会正義を規範として特権化するのではなく、それはあくまでも経済的活動を通して実現されるものとみなしたのである。それでもなお、社会正義の追求を政権の明示的な目標に設定した点において、従前のサッチャー政権とははっきりと区別されることになる。それはあたかもトリクル・ダウンを実践するかのようであるが、じっさいには、成長の果実が自ずと社会に行きわたることを期待したというよりも、むしろ分配のために裁量的な介入策を駆使したのであった。そうしたブレア政権の政策デザインを、アングロ・ソーシャル・モデル、すなわち、アメリカ型の資本主義モデルに北欧型の社会政策の要素を加えたものとする評価もある（Casey and Howard 2009; Pearce and Paxton 2005）。

もっとも、均衡財政と雇用とに関連づけられた社会正義がどのように実現されたかは自明ではない。雇用と福祉の連携の仕方には、北欧型のアクティヴェーションと呼ばれるものから、労働市場への拘束度が高いアメリカ型のワークフェアまで、じつに幅広いバリエーションがある。野党時代のブレア労働党内でも、総選挙前のマニフェストの最終版で論争のあった財源調達の方法等のように、いかに社会正義が実現されるべきかについては決着を見ていなかった。そこで、政権交代後の政策デザインの特徴を理解するために、経済、制度、政治的な制約の中で労働党政権が見い出した裁量をいかに用いたのかを検討する。行論にあたっては、経済政策、公共サービス、雇用政策の順に見ていくこととする。

3　サービス経済のトリレンマと制約の中の裁量

均衡財政と経済成長

アングロ・サクソン型成長モデル

黄金律《ゴールデン・ルール》による経常収支の均衡を公約に掲げたブレア労働党は、一九九九年までは保守党政権が定めた支出枠を堅持すると、マニフェストに明記した。この公約は、支出をともなう改革ではニュー・レイバーの新しさをアピールできないという判断の産物であり、政権初期の政府の行動を強く拘束した。しかし、なんとしても有権者と市場の信頼を獲得しなければならないと確信していた首脳部にとって、それは完遂されるべき公約であった。

このように自らに足枷を課した労働党政権は、アングロ・サクソン型成長モデルとも呼ばれる経済政策の枠組みを提示した（Lee 2010）、その内容は、サッチャー保守党政権やクリントン政権と同じく、市場を重視するものであった（表５‐１）。この成長モデルの特徴は、金融部門が牽引する成長に重点がおかれていることにあり、首相府の報道官は、「シティを害するようなどんな法案も通すつもりはない」とまで発言した（Shaw 2007: 55）。

経済政策は財務相ブラウンの専管であった。野党期から一貫しているブラウンの確たる信念とは、財政規律の維持やインフレの抑制といった制約を政治争点化せずに、むしろそれをルールとして受け入れ、そのルールから逸脱しない範囲においては裁量を活かすべきだ、というものであった。しかしながら、二〇〇〇年代に入り税収がブラウンらが期待していた水準を下回ったことは、後のブラウンの社会正義をめぐるプロジェクトに、財源不足という大きな課題を突きつけることになる。(146)

ブラウンの側近で主席経済顧問となったボールズは、制約と裁量に対する認識を財務官僚との共著で明らかにしている。同書で頻用されるのは、「制約の中の裁量 constrained discretion」という言葉である。「長期的な目標を達成するための短期的な流動化は、市場での信用と世論の信頼に値する制度的な枠組みの中でのみ可能となる。その枠組みは、明確な定義を持った長期的な政策目標を実行することを政府に課し、かつ最大の開放性や透明性を確保するものである」(HM Treasury *et al.* 2004)。それはあたかも序章で述べた、ロドリックのいうハイパー・グローバリゼーションが課す「黄金の拘束服」を自ら装着するかのごときである。あえて繰り返すならば、金融引き締め、小さい政府、低い税率、流動的な労働市場、規制緩和、民営化、開放的な経済といった政策を求める市場の信任を獲得し、貿易や資本を引きつける政策を自己目的化しているともいえるのである(ロドリック 二〇一四:二三四)。ボールズが同著で示した経済政策の主眼を整理してみると表5－2のようになる。

表 5-1 労働党政権下のアングロ・サクソン型成長モデル

金利決定の外部化(イングランド銀行への金利設定権移譲)
公的部門の予算管理ルール
減　税
金融部門の規制緩和
サービス経済への積極的転換
労働市場の規制緩和
公共サービス改革

出所)Lee 2010: 17; Darling 2011: 179 をもとに筆者作成。

経済運営上のルールの非政治化

次に、ブレア政権下の経済運営を具体的に見てみよう。

第一に、マニフェストではあえて明言を避けた中央銀行の独立が、政権発足直後の五月六日にブラウンによって公表された。この決定は、戦後、中央政府の重要な経済政策であった金利政策の責務が、イングランド銀行に移行したことを示す画期的なものであった(Mullard and Swaray 2008)。ブラウンらの官僚不信のためもあり、総選挙に先立つ財務省の高級官僚との事前協議では明らかにされなかったのだが、総選挙直前には財務省の高級官僚たちもブラウンらの意図を推察して急遽準備を整え、政府発表直後に速やかに施行された。

表 5-2　マクロ経済の枠組み

信　用：	世論，企業，市場の信頼獲得
柔軟性：	政府の長期的な目標への信用を損なわない金融政策・財政上の行動の余地の確保
正当性：	新しい枠組みをめぐる世論，異なる政党間，議会での支持獲得と合意の形成

出所）HM Treasury *et al.* 2004: 381 をもとに筆者作成。

第二に、均衡財政実現のための三つのルールの設定である。一九九七年七月二日に発表された最初の予算案では、「黄金律《ゴールデン・ルール》」と「持続可能な投資ルール」が明らかにされた。前者では、政府の借入れの目的を投資目的に限定し、経常的経費のための借入れを排した。後者は、公的部門の純債務の対GDP比を「安定的かつ慎重な」水準に保つため、上限を景気循環を通じて四〇パーセント以内とした。これら二つの財政運営上の自己制約は、二〇〇七年後半からの金融危機まで労働党政権によって一貫して維持され、労働党政権のきわだった特徴となる。

もう一つの財政ルールとして、政策の形成および執行の過程で実践されるべき財政安定のための行動規範が導入され、透明性、安定性、責任制、公平性、効率性が強調された（Lee 2010: 20）。この方針にしたがって、上述した包括的歳出見直しが実践されたのである。収支均衡の維持は、法人税減税（大企業・小規模企業を含む）とキャピタル・ゲイン税減税による歳入上の制約の中で実行されることも明示されている。税制、社会保障を含む全ての政策領域が、この制約の中に枠付けられた。

労働党政権では、一九九九年までは歳出抑制が徹底されていたわけだが、その中で政権が精力的に推進したのが国家構造改革であった。スコットランド、ウェールズ、北アイルランドへの権限委譲、上院改革、欧州人権条約の国内法化等、イギリス憲政史上の画期を成す一連の改革が実行された。財政上の制約に照らして着目すべき点は、これらの国家構造改革自体は、中央政府による大規模な財政出動を要するものではなかったことである。なお、支持調達の観点から権限移譲を見ると、急進的な改革を警戒するミドル・イングランドの懸念を払拭する目的で、ブレアらはあえて「分権」という言葉を頻用した（Hindmore 2004: 66）。

福祉国家改革では、予め財源が臨時の税収で確保されていたニュー・ディール・プログラムを顕著な例外として、二〇〇〇年までは公共サービス改革は事実上棚上げされていた。政権交代の三カ月後の無任所相マンデルソンによる演説によって、社会的排除への取り組みが政権の重要アジェンダであることが明言されていたにもかかわらず、である。新たな財政出動が見込めないため、振り上げられた拳は二〇〇〇年まで行き場を失っていたのだろうか。じっさいには、この問題に取り組むために首相の指示で一九九七年一二月には内閣府に社会的排除室が設置され、低予算でも実施可能な徹底した社会調査が行われた。そして、二年後には同室の報告書『格差を架橋する *Bridging the Gap*』が刊行され、中等教育離学年齢の一六歳からニュー・ディール・プログラムの対象となる一八歳までの若年層の中に、教育、就労、訓練のいずれのカテゴリーにも入らない若者（Not in Education, Employment or Training: NEET）が一〇万人近くいる、という衝撃的なデータが報告された（Social Exclusion Unit 1999）。後述するように、このNEETをはじめ複合的な問題を抱えた人々を政策の網の中に取り込むことが、社会的排除室の中心的な政策課題となった(147)。

公共サービス投資の記録的拡大

さて、均衡財政という制約の中での労働党政権の裁量的政策の柱とは、公共サービス改革と社会的排除対策から成っていた。公共サービス改革は主に中間層を、社会的排除への対策は経済的・社会的弱者をそれぞれ主たる射程においていた。いわば「二つの福祉」を同時に遂行しようとしたのである（高橋他 一九九九）。サッチャー政権が「自由な経済」と「強い国家」を目指したのに対して、ブレア政権が掲げたのは、「強い経済」と「公平な社会」であった。なかでも教育とNHSは公平な社会の実現に道筋をつける重要政策領域であった。

そこでまず労働党政権下の公共サービス改革の推移を見てみよう。図５‐１から読み取れるように、一九九九年までの二年間は、歳出制限という公約によって公共サービスへの支出は抑制されていた。この支出抑制の方針が大きく転換したのが、二〇〇〇年の包括的歳出見直しにおいてであった（HM Treasury 2000）。

ブラウンは、財政ルールを自らに課した健全財政の枠組みの中で、最大限の裁量を発揮しようとした。ブレアが述べたように経済の安定は必要条件であって、それはあくまでも改革の土台であるにすぎなかった。ブレアによれば、労働党の

図 5-1　総歳出額，経常支出，政府投資の推移（1979-2013 年度）

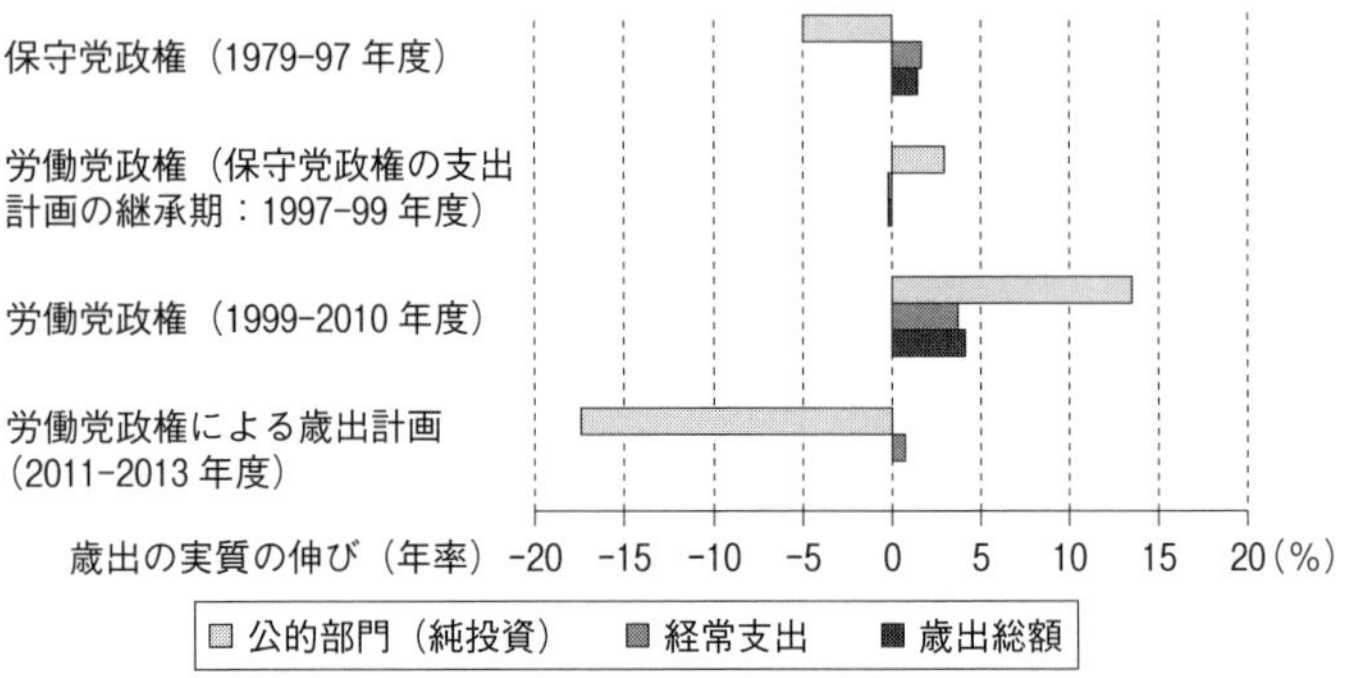

出所）Crawford, Emmerson and Tetlow（2009）p. 44.
注）歳出総額とは，新公共歳出計画のうち，性質ごとに歳出計画を設けた各年管理支出と省庁別歳出限度額を合計したものである。

「二大構想」とは「公共サービスへの持続的な投資、将来にわたる改革」なのである。なぜなら、「世界水準のサービスがなければ、労働党が目指す『本当の機会の平等』をもたらすことはできないからである」（Fielding 2002: 34による引用）。こうした意思を鮮明に表明したのが、政権第一期後半以降の公共サービスへの政府支出の大規模な拡大であった。図５－１からは、一九九九年までの徹底した歳出抑制とは著しく対照的なその直後からの公的部門純投資の飛躍的な拡大が読み取れる。また、投資においてマイナスを記録したサッチャー・メイジャー保守党政権との明確な違いも明らかである。支出増大のうち多くを占めたのが、ＮＨＳ、学校教育、そして税額控除を主たる手段とした特定の低所得グループに対する支出であった（IFS 2007b）。

　政権交代によって公共サービスが改善されると期待した多くの有権者からすれば、第一期政権の後半から手がけられた改革はあまりにも不十分であり、彼らは、そうした不満を隠そうとはしなかった（Geddes and Tonge 2002: 1）。そこで、ブレアらが二〇〇一年総選挙で労働党の最優先課題としたのが、公共サービスへの政府支出の拡大と改善であった（Wickham-Jones 2002: 120）。公約の柱は、向こう三年間にわたるＮＨＳと教育への支出の各々六パーセントと五パーセント引き上げと運輸関連への支出の倍増であった。その財源には、増税ではなく、政権第一期に積み上げられた財政黒字分が充てられるとした（Labour Party 2001）。

二〇〇一年総選挙の際に労働党が重視したのが、ハワード（Michael Howard）保守党が標榜するサッチャリズムにもとづく「小さな政府」構想との差異化であった。ブレアは有権者に対して、社会の重要性を強調し、保守党政権下で軽視され続けた公共サービスに政府支出を投じることこそが「現代化」の要だと主張した。対照的にハワードは、減税と公共サービスへの支出削減、ＥＵへの懐疑、難民規制の厳格化を掲げた。ここに二大政党間の対立軸が鮮明に現れた。二〇〇一年総選挙前には党首への支持率で、ブレアはハワードに三〇ポイント以上の大差をつけた。この差が示すのは、ハワードのリーダーシップの問題もさることながら、サッチャリズムにもとづく社会政策の不人気である（Denver 2002; Fielding 2002: 43）。ブレアは、こうした世論の動向を巧みに捉え、ポジショニングを中道右派から中道寄りに移動させたのだった。

六月七日に実施された総選挙で、ブレア労働党は前回選挙よりわずか六議席減らしただけで、議会の六割を超える議席を占める二度目の地滑り的勝利を収めた（Geddes and Tonge 2002）。しかし、一九一八年以来最低の五九・四ポイントという「壊滅的」なまでに低い投票率は、労働党の支持獲得を楽観視することに留保を促す（Denver 2002）。

労働党の得票率は前回選挙よりも二・五ポイント低い四〇・七で、得票数も前回を約二八〇万票下回った。得票数の減退がとりわけ著しかったのは、またしても労働党の伝統的地盤であった。労働党は有権者全体のわずか二五パーセント程の支持を集めたにすぎず、小選挙区制に助けられて勝利を手にしたのであった（Denver 2002）。

総選挙後、労働党は公約通り公共サービスへの政府投資を大幅に拡大した。政府の投資額は、一九九九年の対ＧＤＰ比三六・三パーセントから二〇〇七年には同四一パーセントにまで上昇し、この増加率はＯＥＣＤ諸国の平均値を優に上回っていた（Bosanquet 2007）。ＮＨＳの予算は、年平均で七パーセントずつ上昇したわけだが、ドライバーは、一九四九年のＮＨＳ施行以降、これほど持続的に政府資金が投入されたことはなかったと指摘する（Driver 2008: 52）。教育予算も年平均で六パーセントを超える勢いで増大した。この政権第二期（二〇〇一年六月八日〜二〇〇五年五月六日）の労働党政権の実績に照らして、多くの論者が、前保守党政権からの継承という評価を修正した（Annesley and Gamble 2003; Dolowitz 2004）。

一連の教育改革を主導した首相府では、二人の有力な専門家が首相直属の特別顧問に登用され、政策形成と執行過程に強い影響力を行使した。野党期からブレアのアドバイザー役を務めていたアドニス（Andrew Adonis、首相付教育政策顧問、学校問題担当政務次官、教育相）、そして公共サービス改革を統括したバーバー（Michael Barbar、教育省水準・効率室長、首相官邸執行室長）である（Shaw 2007: 76-78）。アドニスらの基本方針は、公立学校を中央政府から直接公費を受けて運営する独立学校に変えて学校間の競争を奨励していくことと、公立学校への入学選抜制の導入であった。公教育に競争と選抜を導入する改革構想は、閣僚を含めた議会党の強い反発を受けた。政府案は辛くも議会を通過したとはいえ、多くの造反が出て禍根を残した（Seldon 2007: 348, 420-427）。

こうした反感が生まれたのは、ブレアの改革で最も大きな利益を得るのが中間層以上であり、経済的弱者はむしろ不利な立場におかれることが明白だとされたからである。そもそもブレアは、公共サービス改革と社会的公正の実現とを別々の次元で捉え、社会全般の不平等の是正よりも、中間層を利する公共サービス改革を「（彼ら）中流階級の視点から」達成しようとすることが重要であると考えていた（Blair 2010: 273; Gregg and Wadsworth 2011）。それというのも、中間層が公共サービスに不満を抱けば、民間のサービスを利用するようになり、公共サービスの空洞化が進むことが危惧されたからである。これは、ギデンズが自著『第三の道』の中で、公共サービスからの「自発的な排除」と呼んだ状況である（Giddens 1998）。ブレアはそうした事態が生じることを回避し、中間層を公共サービスに取り込んでおくことが肝要だと認識していたのである。(148) この点について、大法官等を歴任したファルコナーは、次のように証言する。「ブレアが早い時期からの改革を望んでいたのは、社会的公正ではなくて、公的部門改革に関することであった」（Stewart 2007: 413）。

ブレアのこだわりは、支持調達戦略という点でも大きな意味を持っていた。かつてサッチャーは、豊かになった労働者階級に「買う権利」を保障することで、彼らを保守党支持層へと引き込もうとした（第1章参照）。ブレアもまた、ようやく獲得した中間層の支持をつなぎとめておくためには、労働党政権の政策が彼らの利益につながるのだと実感させなければならなかった。そうであるがゆえに、公共サービス改革は、中間層の教育への意欲やよりよきサービスへの欲求を満足させることに主眼がおかれたのである。

もちろん、普遍的な公共サービスは、所得にかかわらず全ての国民がそれを享受できることを前提とするが、その拡充を誰よりも切実に求めるのは民間のサービスを利用する経済力を持たない低所得層である。しかしながら、ブレア政権による学校やＮＨＳの改革の基本方針は、サッチャー政権時代に導入された競争、多様化、選択といった市場原理をいっそう推進することであった。サッチャー政権の政策遺産を受け継ぐこれらの方針にそって、生徒の入学時の選抜や運営内容について自律的な学校経営を可能にするスペシャリスト学校、荒廃地区における学校教育の再興を目指したシティ・アカデミーが新たに設置された。学校の選択権や競争の奨励によって、資力に乏しい荒廃地区の低所得層は選択の余地が狭まり、中間層が集中したスペシャリスト学校と荒廃地区の学校との間に明らかな格差が生じた。ＮＨＳ改革でも選択や競争の奨励が強調され、ファウンデーション病院制度が設けられた（Shaw 2007: 68–79, 104–105）。次章で見るように、こうした方向性で改革された公共サービスでは、利用者の経済力や文化資本の違いによって受けられるサービスの質や量に格差が生まれることが避けられない。

ブレアは、そうした格差が生じることを言外に容認していたといえよう。彼によれば、「（私は）公共サービスを本質的には中流階級の視点からみていた」[149]（Blair 2010: 273）。ブレア政権では、政府投資の拡大によって公共サービスの質はたしかに改善したが、ＮＨＳにおける待機時間問題など、公共サービスの改善を求める有権者の要請は続いた（Allen 2011: 16）。このことは、三回連続で総選挙に敗退した保守党の政策形成にも影響を与え、ＮＨＳをはじめとした公共サービスの予算削減を公言することは政治的にきわめてリスクの高い選択となった。しかし結果的には、財源不足と相まって質的改革と同時に進められた競争と選択を促す公教育の構造改革によって、経済的格差が再生産される可能性が埋め込まれたのも事実であった。

雇用の最大化戦略

サービス経済への転換と労働市場の分極化

さて、これまで見てきたような経済、社会政策の中で、雇用拡大のための政策はどのように展開されたのであろうか。そもそもイギリスでは、一九九〇年代半ば以降の安定的な経済成長によって約一五年もの間、労働市場は拡大傾向にあった（Gregg and Wadsworth 2011）。図５－２のように、二〇〇五年には就業率が高位に安定し、一九七〇年代以来初めて失業率が五パーセントを下回った。雇用拡大を部門別で見てみると、金融部門では求人が増加したものの高度の専門性ゆえにその絶対数は限られており、被用者数は労働力人口全体の四パーセント程度にすぎなかった（Moran *et al.* 2011: 104–105）。

雇用の受け皿は、圧倒的に対人サービス部門であった。図５－３からは、イギリスは一九九〇年代にはサービス経済への転換を遂げていたことがわかる。求人の伸びがとくに顕著であったのは、小売り、飲食店、観光業、育児ケアなど高い技能を要請されない（したがって賃金が低い）対人サービス部門であった。これらの職種でパートタイム労働が大幅に上昇したことが失業者数の減少に寄与したと見られている。雇用総数に占めるパートタイム労働の割合（学生は除く）は、一九八〇年の一六パーセントから一九九五年には二二パーセントに拡大し、その後ほぼ同水準を維持している（Gregg and Wadsworth 2011, Figure 1.4.）。労働市場の規制緩和と相まって、二〇〇〇年代には、勤労時間が保障されず雇用主のニーズがあるときに必要な時間だけ就労する「ゼロ時間契約」と呼ばれる就労形態が増え、雇用と収入の不安定さが問題視されるようになっている。

雇用の拡大が見られたのは、民間部門だけに限らない。公共サービスへの大規模な投資は、雇用創出と地域振興効果をもたらした。イギリス統計局によると、公的部門の雇用者数は、一九九七年から二〇〇五年にかけて約六五万二〇〇〇人増加し、そのうち七割が二〇〇一年以降の増加分であった（Hicks *et al.* 2005: 194）。とくに政府投資が集中したＮＨＳと教育分野での雇用拡大が目立つ。もっとも、その多くが補助教員などの臨時のスタッフであった。

図 5-2 就業率の推移（1970-2015 年）

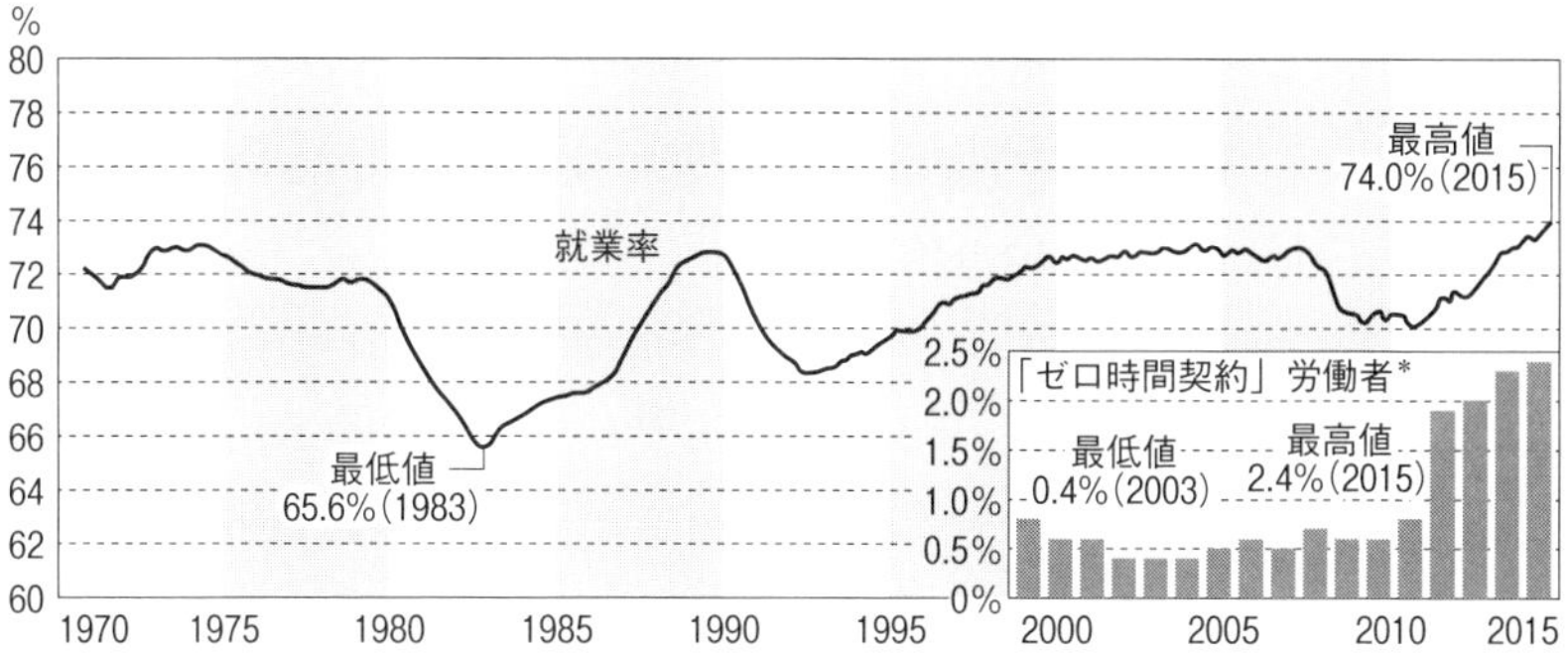

出所）Statista website（https://www.statista.com/chart/4269/employment-reached-record-levels-late-last-year/）をもとに筆者作成。最終アクセス日：2017 年 9 月 8 日。

*ゼロ時間契約労働者。就労時間が保障されず，雇用主が必要とするときに必要な時間だけ就労する労働者。

図 5-3 部門別就業率（1980-2009 年）

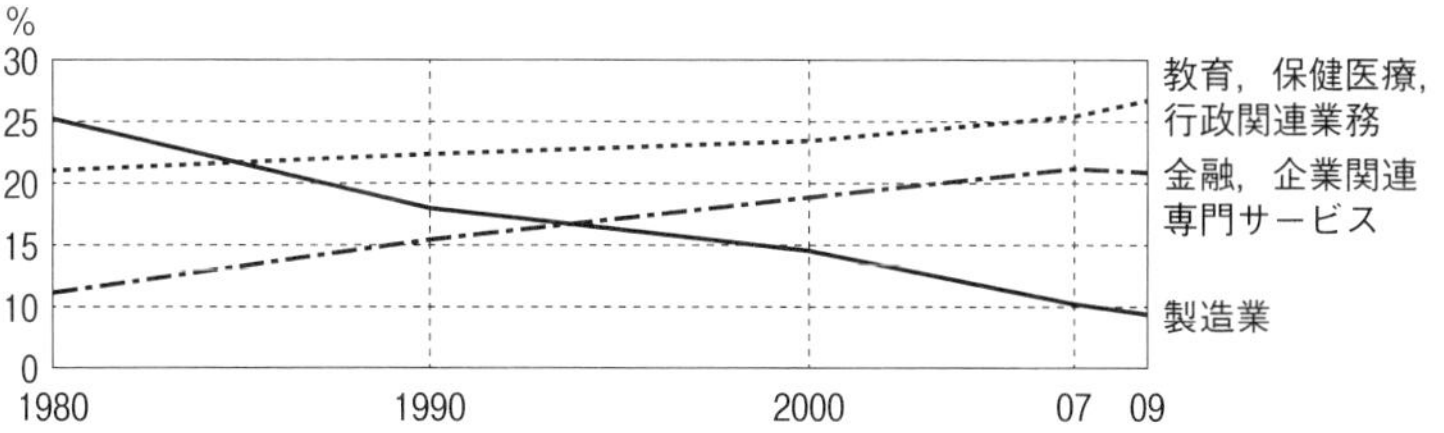

出所）*BBC News*, 12 July 2010 をもとに筆者作成。

中程度の技能サービス部門におけるパートタイム労働の拡大が、就業率を引き上げる主たる要因になっていたとすれば、それは深刻な賃金格差をともなうことになる。ここに、就業率を高めると不平等が拡大するという課題が現れる（Rhodes 2000: 177）。じっさい、イギリスにおける賃金格差は一九七〇年代後半以降に拡大傾向を示し始め、一九八〇年代には大きく分極化した。一九九〇年代以降、格差拡大の速度は緩和こそすれ反転することはなかった（Machin 2011）。長期的な賃金格差に拍車をかけた要因は、技術革新によって単純労働への需要が減少する一方で、知識基盤型経済においてスキルを持った労働者への需要が高まり、大卒者と無資格の労働者との賃金格差が著しく拡大したことがある（Machin 2011: Figure 11.3）。

図 5-4　雇用と福祉の政策デザイン

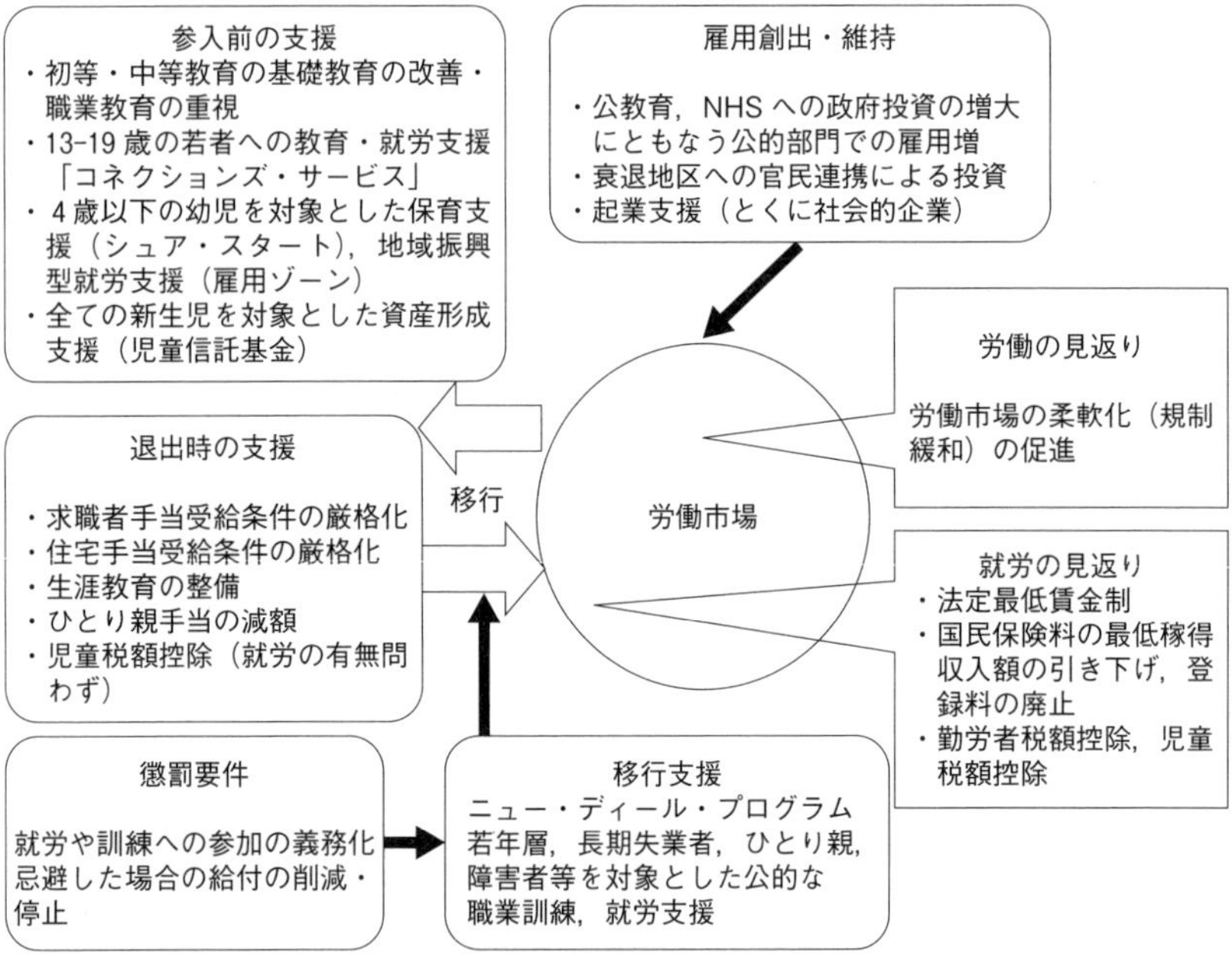

出所）今井（2012）155 頁を一部修正。

福祉と就労をめぐる新たな政策デザイン

このような雇用情勢の中で、労働党政権は就労人口を最大化することを目指した。政府は、求職者手当などの公的給付を受給している人々を労働市場に最大限参入させることを構想し、それを端的に表現したのが「福祉から就労へ」である。ただし、労働党政権では、たんに人々を就労へと駆り立てるのではなく、就労後の最低所得を補償すること、あるいは公共サービス投資を通じて公的部門に一定の雇用を確保することなど、労働市場自体への介入策も同時に行われた。つまりそれが、労働党政権下の雇用と福祉を結びつけた政策デザインの特徴となる（図５－４）。

ニュー・ディール・プログラム

一九九七年総選挙マニフェストの中核的公約「福祉から就労へ」は、一九九七年七月の予算案でニュー・ディール・プログラム（以下、ＮＤＰとする）として具体化された。ＮＤＰは、メイジャー保守党政権下の求職者手当の受給要件である

「積極的求職活動」を発展させたものである（Finn 2002; 阪野 二〇一一：一七五―一七六、Carpenter with Speeden 2007: 144; Taylor 2005: 204）。ここに、保守党政権下の政策デザインの経路依存とその転用が確認できる。労働党政権は、前政権の政策遺産を継承しつつも、その内容を人々の就労可能性を高める供給サイドへの介入策へと大幅に拡充した。NDPは、若年失業者、長期失業者、ひとり親、障害者等に対するそれぞれ個別のプログラムへと発展した。また、全国レベルで失業者を網羅しようとした点において、普遍主義的性格を持つものであり、自助とは一線を画したといえる（表5‐3）。

いうまでもなく、ブレア政権にとってNDPは、均衡財政と整合するものでなければならなかった。したがって財源には、公約通りにウィンドフォール税による税収約五二億ポンドが充てられた。税収の一部は、NDPと同じく五つの重点公約の一角を成した教育に向けられ（とくに学校の新設・修復費）、残りの約三五億ポンドがNDPの財源となった（Radice 2010: 119）。表5‐3に見るように、NDPの対象は多様であったが、政権がいち早く手がけたのは、公約で掲げられた若年失業者対策としての強制プログラムであった（一九九八年一月に試行。同年八月に全国規模で実施）。

同プログラムが政権発足後ほどなくして円滑に施行されえたのは、政権獲得前に影の教育雇用相のブランケットと事務次官ビカードがダグラス＝ヒューム・ルールズを活用して入念に準備を進めてきたためである。政府研究所（the Institute for Government）の調査分析によると、政権交代前にほぼ一年をかけて両者の間に緊密な連携関係が築かれていたことが大きく作用し、両者の協働によって、新大臣チームと官僚側の双方で早期施行に向けた態勢を整えることが可能になった。

スムーズなスタートを切ったNDP、特定地域限定の雇用支援プログラム（雇用ゾーン）、好景気などが相まって、二〇〇一年総選挙前には、若年失業者が二七万人以上減少した（Geddes and Tonge 2002）。それはマニフェストで掲げた目標を優に超える実績であった。NDPは、二〇〇七年に受給条件を厳格化し、サービス供給過程を民間企業等に全面的に委託する準市場化したフレキシブル・ニュー・ディールに改編された。NDPで一貫していたのは、福祉と就労の結合を主眼におき、労働市場に参入することこそが自立の手段であるという認識である。NDPは、政権第二期以降、長期失業者、ひとり親等、その対象が漸進的に拡大された（今井 二〇〇五）。この点から、労働党政権では、重層的な不利を抱えた人々

表 5-3　労働党政権下の就労支援プログラム

プログラム	対象者・参加者	概　要
NDP（1 ～ 6） 1. 若年失業者向け（1998 年導入）	18 ～ 24 歳で，求職者手当を過去 6 カ月間申請している者（参加義務あり）	a. ゲートウェイ（16 週間） 就業のための面談。パーソナル・アドバイザーによる支援 b. オプション（13 週間） ①助成付き雇用　②フルタイムの教育・訓練　③民間・非営利部門での就業体験　④環境保全のための活動への活用「第 5 の選択肢はない」 c. フォロースルー（16 ～ 26 週間） アドバイザーによる求職活動支援，フルタイムの教育訓練
2. 長期失業者向け（1998 年導入）	25 歳以上で，求職者手当を 18 カ月間申請している者（参加義務あり）	a. ゲートウェイ（16 週間） 就業のための面談，パーソナル・アドバイザーによる支援 b. 集中活動期（最短 13 週間） 上記①～④ c. フォロースルー（16 ～ 26 週間） アドバイザーによる求職活動支援，短期訓練コースの受講
3. ひとり親向け（1998 年導入）	16 歳未満の子供を持つひとり親で，所得補助受給者，非就労者もしくは 16 時間未満の就労をする者（任意参加）	・就業のための面談，パーソナル・アドバイザーによる支援
4. 50 歳以上向け（2000 年導入）	50 歳以上の失業者で，過去 6 カ月以上求職者手当などを受給している者（任意参加）	・就業のための面談，パーソナル・アドバイザーによる支援
5. 障害者向け（2001 年導入）	就労不能給付受給者（任意参加）	・就業のための面談，パーソナル・アドバイザーによる支援 ・就業準備，体調管理のサービスなど
6. パートナー向け（1999 年導入）	求職者手当等の給付受給者のパートナー（任意参加）	・就業のための面談，アドバイザーによる支援
雇用ゾーン（1999 年導入）	高失業地域の長期失業者・若者など	①ステージ 1（4 週間） アドバイザーとの面談を通じて活動計画を作成 ②ステージ 2（26 週間） 活動計画を実行（就職した場合は，13 週にわたり就業上の支援を受けることができる） ③ステージ 3（22 週間） オプションとしてさらに支援を継続
フレキシブル・ニューディール（2009 年導入）	長期失業者・若者など	1, 2, 4, 6 のプログラム等を代替。ジョブ・センター・プラスの支援内容の見直しにより，求職者手当の受給開始からそれぞれ 3・6・12 カ月目までをステージ 1 ～ 3 に区分して，順次支援内容を強化。受給期間が 12 カ月を超える者には「フレキシブル・ニューディール」として公的・民間・ヴォランタリ部門の専門家による 1 年間の支援を提供（6 カ月の延長が可能）。支援供給者には，定められた期間の就業といった実績に応じて報酬が支払われる。期間終了後も仕事が得られない場合は再びジョブ・センター・プラスの支援を受ける。参加当初に作成する活動計画には，最低 4 週間の連続したフルタイムの仕事か関連する活動を含むことが求められる。

出所）樋口英夫（2013）をもとに筆者作成。

を出来うる限り労働市場に包摂しようとした意図を読み取ることができる。

柔軟化が進む労働市場

次に問われるべきは、労働市場に参入した人々に対して、ディーセント・ワーク（働きがいのある人間らしい仕事）へとつながりうる賃金保障や雇用の安定化はどれくらい図られていたか、である。

まず労働者の団体交渉権等について、ブレア労働党は、一九九七年総選挙に臨むにあたり、サッチャー政権期から手がけられた一連の労働組合規制を原則として継承すると公約していた（Labour Party 1997b）。政権成立後、ブレア政権は公約通りにメイジャー政権下で適用除外となっていたEUの社会政策協定を批准したものの、国内法化の過程でその効力を限定しようとした。例えば、労働時間規制の国内法化では、個別的な適用除外を定め、派遣労働者の雇用保護についても欧州委員会から不十分性が指摘されるほどまでに、憲章の内容を形骸化した（小宮 二〇〇六：八七）。一九九八年に刊行された白書『職場における公正』を受けて、一九九九年以降に一連の雇用関係法が制定されたが、OECDの雇用保護法制指標に照らせば、イギリスの労働市場はアメリカに次いで二番目に規制緩和が進んでいた（OECD 1999）。結果として、労働党政権下では労働市場の柔軟化の傾向が強まったといえる。

もっとも労働市場の柔軟性が高まったのは、イギリスだけの例外的現象ではない。イギリスはEUにおいてもっとも雇用保護の規制緩和が進んでいるが、デンマークやスウェーデンなどいわゆる「高福祉」で知られる国であっても、労働市場、雇用形態、労働編成の柔軟性は高い。これらの国では、柔軟性とともに労働者にとっての所得、雇用、教育訓練等の保障（セキュリティ）も高い（セキュリティが高いから柔軟性を高められるともいえる）。各国間の違いを生むのは、労働市場の柔軟性の度合いと、それに対してセキュリティがどのように調整されているのか、あるいは就労可能性を高める支援の度合いである(150)（若森 二〇一〇：五六―五七）。一九九〇年代以降、とりわけ柔軟性と保障の相互補完的な関係を重視したいわゆるフレキシキュリティ政策が重要視されるようになり、二〇〇〇年代に入ると欧州委員会は、成長、雇用、そして包摂を同時に目指す戦略の要としたのだった。

ブレア政権の政策デザインでは、「労働の見返り」が薄い柔軟な労働市場と相互補完関係にあったのが、ＮＤＰと後述する所得補償であった。その目的は、たとえ柔軟性の高い労働市場で失業に陥り易いとしても、就労を自助努力に委ねるのではなく、公的な就労支援という跳躍台によって労働市場に再参入できる仕組みを作り出すことが企図されていた。しかし、デンマークのようにアクティヴェーションにもとづいて再参入までの脱商品化や就労可能性をできるだけ高めるというよりも、就労へと移行させることにこそ重点がおかれていたのである（Gregg and Wadsworth 2011: 28）。

就労義務優先型ワークフェアへの転換

ブレアは、政権二期目後半以降にイニシアティブを発揮した公共サービス改革の一貫として、就労不能給付の受給者への懲罰要件をより厳格化することを目指した（Taylor 2005: 198）。彼は、これら受給者にはモラルに問題のある多くの「福祉依存」者が含まれているとみなしており、それへの対処法をワークファースト型の典型とされるアメリカの貧困家庭一時扶助（ＴＡＮＦ）に求めた[151]。ここに野党期から党内の批判を受けたとはいえ相対的人的資本育成を重視した政策方針から、就労規範を強調したワークファースト型ワークフェアへの移行が確認できる。

ブレアが期待したのは、私的年金の拡大を目指した年金改革の試みと同様に、福祉改革においても、可能なかぎり個人が自己責任のもとでリスクに対処することによって、政府支出を削減することであった。ブレアらは、社会的弱者への対策は必要だとしながらも、福祉に依存している人々がいるとの認識に立ってこれに対処すべきだと考えていた（Blair 2010: 584-587）。ブレアにとって、貧困とは、個人の道徳や勤労意欲の問題であった。アンダー・クラス論に依拠した貧困観を抱いていたブレアは、現行の福祉改革は不十分であり、改革が必要であるとした[152]。二〇〇五年総選挙の後に辞任の意向を表明したブレアは、ワークフェア改革を首相として最後の仕事の一つに位置づけたのだった[153]（Blair 2010: 203-204, 272）。ブレアが前向きだった改革、具体的には、全ての就労不能手当の申請者に労働能力テストを課すことであり、そして就労支援プログラムの民間委託の拡大は、ワークフェアと公共サービスの市場化を重視していた（Blair 2010: 586–587）。「福祉から就労へ」の移行を強調する改革は、「福祉依存」に厳しい目を向ける中間層の意向にも応ずるものであった。ただし、留意しなければならないのは、大半の失業者が半年以内に就労し、公的扶助を一年以上にわたって受給しているのは一〇パーセントにも満たないという事実である（Hills 2017: 88–89）。むしろ低賃金労働と失業の間を頻繁に行き来する人々の増大という問題が深刻化していた。

ブラウン政権下の改革

二〇〇七年六月二七日、ブラウンは念願の首相に就任した。ブラウンの改革構想で重視されたのは、出生から老齢期に至るまでの切れ目のない予防的介入を目指すライフ・サイクル・アプローチであった。その嚆矢として設置されたのが、幼児から一九歳までの教育と訓練、家族政策を管掌する子ども・学校・家庭省である。同省にはＮＨＳに次ぐ規模の予算が配分された（HM Treasury 2007: 12, Table 1.3）。

公共サービス改革に関して、ブラウンは当初サービスの提供における民間企業の参入が拡大することに難色を示し（Haddon 2012b; *the Financial Times*, 30 July 2007）、とくに就労支援のさらなる厳格化と市場化には懐疑的であった(154)。これに対して、二〇〇五年に保守党党首に就任したキャメロンは、ブレアが登用した公共サービスの市場化推進を主張した特別顧問のフロイト（David Fraud）の政策案を支持する考えを表明し、二〇〇七年末にはフロイトの提唱する公共サービス改革と福祉受給条件の厳格化を党の政策に採用すると公言した(155)。

二〇〇八年一月、ブラウン政権は方向転換を余儀なくされるが、そこで重大な意味を持ったのが雇用年金相に、ブレアの福祉・雇用問題担当スピーチライターを務めていたパーネルが抜てきされたことであった。ブレア主義者を自称するパーネルを起用したことで、ブレアの改革路線への回帰が促されたからである（Seldon and Lodge 2010: 43; Driver 2010: 74）。パーネルはフロイトを政策顧問に登用し、彼のもとでワークフェア改革は漸進的に進められた。翌二〇〇九年には福祉改革法が議会を通過し、公的扶助の受給資格の厳格化とフレキシブル・ニューディールへの再編が動き出した[156]。社会権としての公的給付はいっそう後景に退いていったことになる[157]。

その中で、二〇〇九年二月、フロイトが示した政策デザインをめぐる労働党と保守党の立場の違いは決定的になった。フロイトが労働党政権から離反し、かねてから積極的なアプローチを重ねていた保守党のさそいを受け入れて保守党の影の福祉改革担当相に就任したのである。彼はその後一代貴族の爵位を受けて上院議員となった。フロイトの労働党政権から保守党への鞍替えには、両党の政策が手法においては接近しつつも、目的において明らかに乖離していたことがわかる。二大政党の政策アイディアにおける対立は、やがて起こる二〇一〇年の政権交代後の政策転換を予示していた。

4　社会正義をめぐる裁量——所得補償・再分配・子育て支援

上記で見てきたように、労働党政権は均衡財政を維持する一方で、そのルールが遵守されている範囲内で裁量の余地を見い出し、公共サービスへの投資、就労支援等で次々と改革を実践した。トリレンマの構図に当てはめてみれば、均衡財政、雇用の拡大を実現したのだから、サービス経済時代の必然として社会正義が犠牲にならざるをえないことになる。たしかに労働党政権に対しては、均衡財政と経済効率の陰で社会正義が犠牲になったとする厳しい批判があるが、ことはそう単純ではない。そこで本節では、労働党政権下における社会正義を目指した政策群を考察する。

低所得者層への所得補償——就労への見返り

まず、財政規律を保ちつつ雇用拡大を目指したブレア政権による就労支援（NDP）は、その主な対象が低技能の失業者であることから、たとえ労働市場に参入できたとしても、流動化と分極化が進んだ労働市場においてはワーキング・プアに陥る可能性が高い。こうした状況は放置できるものではなく、労働党政権は労働市場に参入した低所得層への支援策

表 5-4　労働党政権下の低所得層を対象とした所得補償

①当初所得の引き上げ：法定の全国最低賃金制度
②当初所得に対する事後的補償：税額控除（勤労者税額控除および児童税額控除）
③税制の累進性強化：軽減税率の引き下げ（10%）（2008 年に補償政策と抱き合わせで廃止）と社会保障負担の減免措置。国民保険料の拠出義務が発生する最低稼得収入額の引き下げと同登録料の廃止。

出所）筆者作成。

を準備し、実行したのだった。

低所得労働者の所得支援についてブラウンが重視したのが、事後的な所得補償となる税額控除の刷新と拡充であり、彼は最初の予算演説で早くもこの点に言及していた（Brown 1997）。すでに述べたように、税額控除は税還付と公的扶助を一体化したもので、従来型の所得補償等の公的扶助とは違って、あくまでも税制の一環として位置づけられた[158]。財源には税が充てられ、高い分配効果があるとされた税額控除であったが、労働党政権は徹底して「再分配」という言葉を用いなかった（Hills 2013: 11; Rhodes 2000）。

従来の所得補償と大きく異なる点は、一定の所得以下の層を対象とする選別主義にもとづくが、それは従来の資力調査に拠らないこと（Dobrowolsky and Jenson 2005）、支給の方法が対象者の銀行口座などに直接振り込まれるためスティグマがともなわないことである。税額控除は、すでに前保守党政権下で家族税額控除として一九八八年に導入されていたのだが、労働党政権下では、対象を勤労世帯（後に個人を対象とした勤労者税額控除に改編）および有子世帯へと多元化するとともに、逓減が始まる所得額を前政権よりも高く設定したことによって就労インセンティヴを高めることが期待された。就労をせずに受給する公的扶助の額が勤労所得を上回る「貧困の罠」を解消する措置が講じられたのであり、そこには、「福祉から就労へ」の道筋を確実にしようという政策意図が反映されていた（田中 二〇〇七）。このようにワークフェア型の移行支援と連携した低技能・低賃金労働に対する事後的な所得補償は、金銭的な支援によって、ともすればワーキング・プアに陥り易い人々に包摂の実態を与える手段であった（表5－4）。

この税額控除と全国最低賃金制度がほぼ同時に導入されたことには、重要な含意があった。ブラウンは、税額控除による賃金の実質的な上乗せに経営者が便乗し、本来の水準よりも賃金を引き下げることを防ぐ手立てが必要だと考えた[159]。そこで、賃金の引き下げ競争に歯止めをかける役割を期待されたのが、産業や地域の別にかかわりなく全国一律の最低賃率が適用される最低賃金制度であった。一九九九年から施行されたこの制度は、経営者団体の代表と労働者の代表で構成される低賃金委員会の協議で決められる統一の最低賃率を政府は受容するものとされた。一般労働者、訓練中の労働者、二二歳以下の若年労働者までも含むこの制度によって、産業間、地域間格差の是正が図られた。賃率はほぼ毎年上昇した。この制度は二〇一〇年の政権交代後も保守党・自民党連立政権下で継続される。

そのほか、児童手当の増額、年金受給者の最低所得保障といった現金による分配政策も実施され、結果的に低所得層の手取りは底上げされた（Shaw 2007: 53）。有子貧困世帯を特定して実践された政策によって、一九九〇年代半ばにはイタリア、スペインを除く全てのＥＵ加盟諸国の中でもっとも高かった子どもの貧困率は大幅に減少した（Diamond and Giddens 2005: 102）。他方において、法定最低賃金の水準は、等価所得の中央値六〇パーセント以下（相対的貧困の状態）であり、最低賃金だけでは、就労者の貧困状態を克服しえなかったことには留意すべきである（Carpenter with Speeden 2007: 145）。つまり、社会的投資戦略の下での「二つの福祉」のうち、貧困層に向けられた福祉とは、所得の平等を目指すものではなく、あくまでも対象者の底上げにとどまっていたのである。

ステルス再分配

公共サービスへの政府投資の拡大、税額控除の拡充などを進めた労働党政権であるが、はたして財源はどのようにして確保されていたのであろうか。公約通りに財政規律を遵守し、有権者や市場の信頼も獲得したブレア政権に対し、二〇〇一年総選挙前には、保守党系メディアからしばしば財源不足の可能性が指摘された[160]（*the Daily Telegraph*, 11 May 2001）。じっさい、税収の伸び悩みは深刻であり、健全財政を維持しなおかつ公共サービス投資や税額控除を推進しようとするならば、ブレアらは、遅かれ早かれ財源不足を埋めるために、増税を実施するか、もしくは改革案を縮小するかのいずれかを選択しなければならなかった。「第一の道」のイメージを払拭したいブレアら首脳部にとって、増税という選択肢は取り難かった。

そもそもブレア労働党は、所得税は増税しないと謳って政権交代を実現させた。新政権では、所得税の最高税率（四〇パーセント）が据えおかれ、基本税率は二〇〇〇年度に二三から二二パーセントに引き下げられた。さらに一九九九年四月には、低所得者向けの軽減税率も二〇パーセントから一〇パーセントへ引き下げられた[161]。法人税の最高税率は一パーセント引き下げられるとともに、研究開発（R&D）のための特別控除が導入され、IT関連産業の起業を支援する税額控除が拡充された（Merkel *et al.* 2007: 47）。

しかし、労働党政権下の「制約の中の裁量」を理解する上で、一連の減税措置にもかかわらず、所得税以外の租税や国民保険料などの国民負担による歳入が、一九九七年度から二〇一〇年度にかけて総額で上昇している事実を知っておく必要がある。その一因には、労働党政権が実質的には減税ではなく増税を実施していたことがあり、この点については論者の間でも早くから指摘されていた（Wickham-Jones 2002）。

じっさい、個人所得課税で減税措置を講じたにもかかわらず税収がプラスに転じたのは、ブラウンが公言せずに実施した増税が少なからず寄与していた。例えば、一九九七年政権交代時には、国民保険料の上限を維持することを公約としたが、国民にはそれとは知らされることなく物価上昇への連動幅以上に保険料は引き上げられた[162]（Fielding 2002: 38）。ほかにも、いわば「ステルス」増税は広く、薄く実施された。具体的には、夫婦控除の廃止、住宅ローン控除の廃止、年金への課税、国民保険料、たばこ税、道路燃料税等の引き上げである。

一連の増税を、保守党議員や保守党系メディアが見逃すはずがなかった。『デイリー・テレグラフ』紙は総選挙前に労働党の増税策を連日取り上げて有権者を不安に駆り立てようとした[163]（*the Daily Telegraph*, 10, 11 May 2001）。同紙によれば、二〇〇一年総選挙前の時点で増税分は二四〇億ポンドに達していた（*the Daily Telegraph*, 10 May 2001）。保守党は、労働党政権に攻勢をかけるために、表5-5のような増税リストを公表した。この表からは、一九九七年から二〇〇四年三月までの間に大小一〇〇項目以上にわたって納税者の負担が増していたことが見てとれる（Briscoe 2005: 226–227）。

近年の研究から明らかになっているのは、労働党政権下の国民負担の構造改革は、累進性を高める目的で設計された再分配政策だったことである（Hills 2017: 15–45）。じっさい、表5－6にあるように、公的給付と税額控除の支出は、二〇一〇年までに大幅に増大した。このうち直接税改革は、累進性を高めるという明確な目的に沿って設計された再分配政策だったと見てよい（Hills 2017: 15–45; Browne and Phillips 2010: 1）。

それでは増税分は、たんに財源不足の穴埋めのために用いられたのだろうか。アネスレイとギャンブル（Claire Annesley and Andrew Gamble）は、ブレア政権第二期に再分配効果を持つ政策が次々と実施されたことを指摘する（Annesley and Gamble 2003）。具体的には、児童税額控除や、全ての新生児に対する普遍的な現金給付（「児童信託基金」。通称「赤ちゃん基金」[164]）等である。このほか、全国的な育児支援サービス（シュア・スタート）も大きな再分配効果を持った。アネスレイらは、これら再分配効果をねらった一連の政策が、「再分配」という言葉を用いられることなく、「ひそかに by stealth」実践されたと指摘する。同じような視点から、ローズ（Martin Rhodes）は、納税者の痛税感を惹起しない程度の広く薄い増税策と分配策を、「ステルス再分配」と呼ぶ（Rhodes 2000）。

これら再分配政策は、「第一の道」の時代、すなわち戦後福祉国家の発展期であれば、政権の実績として大いに喧伝されていたであろう。しかしブレアらは、それが政権にとってプラスの評価を生む「手柄」とは必ずしも捉えなかったのである。アネスレイらによれば、したがって、一連の再分配政策は、政権の業績として人々の支持調達に積極的に寄与するものではなく、むしろ業績として広く認識されることが意図的に「回避 avoidance」されることになった（Annesley and Gamble 2003）。それはブレアが野党期から強調していた継承戦略とは異なる次元で展開された裁量にもとづく政策であったといえよう。

もっとも、メディア報道や専門家の指摘からも明らかなように、「ステルス」政策は、いわば公然の事実となりつつあった。にもかかわらず、ブレアらが恐れていたような一九九二年総選挙の悲劇の再来にはならなかった。じっさい、人々

表 5-5 「ステルス増税」

増税項目

1997 年 7 月
・住宅ローン（金利）控除の減額
・年金税
・医療保険への課税
・医療保険への再課税
・ガソリン税増税（エスカレーター方式）
・自動車税増税
・たばこ税増税（エスカレーター方式）
・250,000 ポンド以上の不動産対象の印紙税増税
・法人税改正
・民営化公共事業に対する新規の「ウィンドフォール税」

1998 年 3 月
・配偶者所得控除の減額
・カジノ・ギャンブル機に対する増税
・燃料税エスカレーター方式の継続
・社用車税増税
・外国所得税控除撤廃
・特定の職業に対する減税措置の撤廃
・特定の非居住者に対するキャピタルゲイン税の課税
・再投資控除の制限
・法人税支払いの継続
・上位区分の印紙税増税
・特定の炭化水素油の課税
・埋立税増税

1999 年 3 月
・国民保険料基準所得の引き上げ
・自営業の国民保険料の増額
・配偶者所得控除撤廃
・住宅ローン（金利）控除撤廃
・役務提供会社への課税（IR35）
・カンパニーカー（社用車）・ビジネス・マイレージ控除の制限
・たばこ税エスカレーター方式の継続
・保険料税増税
・職業訓練者所得控除撤廃
・被用者に供した現物給付を雇用者の国民保険料に全て含む
・特定の銀行サービスの付加価値税増税
・テナントに対するプレミアム（礼金）への課税
・マイナーオイル税（重油、軽油等）増税
・大型車両税増税
・埋立税エスカレーター制度導入
・上位区分印紙税再増税

2000 年 3 月
・たばこ税増税
・上位区分の印紙税再増税
・生命保険会社の追加課税
・CFC（外国子会社）に関する規則の拡張

2002 年 4 月
・基礎控除額凍結
・国民保険料基準所得凍結
・被用者の国民保険料の増額
・自営業者の国民保険料の増額
・北海の石油生産を対象とした課税の増額
・特定のアルコール飲料を対象とした税金（酒税）増税
・印紙税に関する新制度
・融資に関する新規則

2003 年 4 月
・電子サービスに関する付加価値税
・IR35 の家内労働者への適用
・賭博税の改正
・レッド・ディーゼル油及び重油の税金増税
・アイルランドの CFC（外国子会社）に対する処置
・自動車税

2004 年 3 月 17 日
・オーナー企業対象の新たな 19％の税率導入
・企業所有のバンの個人利用に対して新規の税金
・移転価格税制の導入
・信託対象の税率増額
・レッド・ディーゼル油税増税
・液化石油ガスを含む他の自動車燃料の税金増税
・カウンシル税（固定資産税・住民税）増税

出所）Briscoe 2005: 226-227.

表 5-6　税制および所得移転改革の歳入への影響（1997-2010 年）

	1997-2001	2001-05	2005-10	総計
課税総額（増減）	£4.6	£15.7	£15.8	£36.2
公的扶助および税額控除の支出				
住宅ローン控除	£4.4	£0	£0	£4.4
有子世帯に対する支出	－£9.8	－£4.3	－£3.6	－£17.7
年金受給者に対する支出	－£5.8	－£3.7	－£1.8	－£11.2
その他	－£0.9	－£1.4	－£2.3	－£4.6
公的扶助および税額控除　総計	－£12.1	－£9.3	－£7.7	－£29.2
歳出入　増減総計	－£7.5	£6.4	£8.1	£7.1

出所）Browne and Phillips (2010), p. 3 をもとに筆者作成。　（単位：10 億ポンド）
注）表中の「－」（マイナス）は支出増を示す。

の意識が変化していたことが二〇〇一年総選挙で明らかになった。同選挙で労働党は、増税を選挙の争点にするのはタブーだとする方針を覆して、一連の増税策のうち国民保険料率についてのみ、被用者拠出と使用者負担をそれぞれ一パーセントずつ引き上げることをマニフェストに盛り込んだ。選挙結果を見れば、事実上の増税策が、第二次ブレア政権成立を妨げなかったことがわかる。メルケル（Wolfgang Merkel）らによれば、政権第一期の順調な経済成長に好感をもった国民は、負担増を受け入れたのであった（Merkel *et al.* 2007: 48）。むしろ国民の反感を買ったのは、増税そのものよりも、ブレア労働党が、増税の方針やその内容について説明責任をはたそうとしないことであった（*the Daily Telegraph*, 10 May 2001）。

ブレア政権の中で、一連のステルス増税による再分配の実現を積極的に追求したのは、ブラウンであったと推察できる。前章で述べたように、野党時代のブラウンの財政プランには、高額所得層への所得税率引き上げが腹案として含まれていたわけだが、この方針は政権交代後も完全には手放されてはいなかった。二〇〇四年一一月、ブラウンは、年収一〇万ポンド以上の所得層の税率を五〇パーセントに引き上げ、その税収を大学授業料の廃止、高齢者と障がい者に対する無料の対人サービスの提供に充てる方針を表明した（*BBC News*, 30 November 2004）。ブラウンの増税案は、首相府の反発もあり、すぐさま撤回されてしまうが[165]、しかしながら、彼が主導した相当な規模にのぼる「ステルス再分配」は、ブレア政権による裁量的政策の重要な特徴を示している。すなわち、有権者や市場の信頼と支持という制約、均衡財政という制約、一九八〇年代以降の減税への支持の高まりという制約の中でもなお、分配的正義を具現化しようとした際、ブレア政権は、あえて政策の抜本的方向転換を公約にするリスクを冒すことなく、ひそかに実施することを選んだのである。

経済戦略の一環としての全国子育て支援サービス

さいごに、ブレア政権が社会正義の実現のために裁量を発揮した政策として、社会的排除対策の射程と、その事例となる子育て支援サービスを検討する。すでに論じたように、社会的排除という課題設定は、ブレア労働党政権発足時から、社会問題への取り組みの中核に位置した。わけても政権が深刻に受け止めたのが、一〇代の若者の社会的排除問題であり、その背景となる子どもの貧困であった。つまり、社会的排除という問題の捉え方によって、就労をはじめとした社会参加への困難を抱える人々に対して、生い立ちという時間軸と地域という空間軸からアプローチすることが可能になったのである。

こうした視点から実践された公共サービスが、「シュア・スタート」という子育て支援であった。シュア・スタートは一九九九年の試行段階では荒廃地区のひとり親支援に特化したプログラムだったが、その後、イングランド全土の全ての乳幼児とその親を対象とした普遍的なサービスへと拡大することになる。そのため政策の射程は、貧困地域での社会的排除対策の一環から、安価な保育サービスへのニーズが高まる中間層へと移っていった。このシュア・スタートはすぐさま人々の支持を得たこともあり、ニュー・ディール・プログラムに次ぐ規模で展開された重要政策である。第1章で述べたように、従来のイギリスの社会政策の範疇では、子育ては家族の領域に委ねられており、政府による包括的な子育て支援は不在であった。したがってシュア・スタートの施行は、子どもの貧困と社会的排除を結びつけたという観点からばかりでなく、家族政策の拡充という意味においても画期的であった（Glass 1999: 257）。

シュア・スタートには、政策形成過程においても執行過程においても著しい特徴がある。まずシュア・スタートを起案し、政策を牽引したのが、財務省の高級官僚だったことである。そもそも子育て支援は、ブレア労働党の一九九七年マニフェストでは、「全ての四歳児への幼児教育」の提供が重要公約の一つとなっていたものの、具体的内容は記されていなかった。かろうじて明らかになっていたのは、前保守党政権が導入した保育ヴァウチャーを廃止し、その予算を公的な幼児教育の拡充に充てることだけだった（Eisenstadt 2011: 16）。ブレアは政権に就くとすぐに政策の準備を始め、一九九七年六月と一二月の予算案では、就学児童と就学前児童を対象とした全国子ども戦略が提示され、公約であった若年失業問題とならんで、子どもの貧困が政権の優先課題に連なった。

この就学前児童支援に熱意を示したのが、新政権最初の包括的歳出見直しの作成責任者であった財務省の高級官僚グラス（Norman Glass）であった[166]。グラスは、貧困家庭の就学前児童を支援する社会サービスには、心身の発育の改善、就労率の向上、犯罪の低減といった効果が期待でき、それらは将来的に大きな節税につながると確信するに至った。つまり、グラスにとって就学前教育と子育て支援策は、経済政策の一環だったのである（Glass 1999: 262; Glennerster 2007: 239; Eisenstadt 2011: 21-22; 今井 二〇一六c）。

グラスは、ブラウンや財務官僚を説得してプログラムの実現を目指したわけだが、就学前児童支援は子どもの無過失性ゆえに、「オールド・レイバー」のイメージを払拭したい政権首脳部にとっても受け入れ易かった[167]。一九九九年三月にはブレアが「子どもの貧困の撲滅」を公約として打ち出した。その前年一九九八年には教育雇用省にシュア・スタート政策室が新設され、政策立案・運営の中心となった。「シュア・スタート」という名称はアメリカの同じ目的を持ったプログラムであるヘッドスタートに倣ったものであり、その含意は、人生のスタート時点で公的な介入を実施することで将来的な社会的排除を未然に防ぎ、貧困の再生産に歯止めをかけることであった（Cabinet Office 1999）。

この目的に沿ってグラスが推挙した室長が、児童福祉と貧困家庭支援の専門家アイゼンシュタット（Naomi Eisenstadt）であった（彼女は臨時公務員として登用された）。主務大臣ブランケット、保健省閣外大臣ジョエルのほか、首相府政策顧問、財務省主席補佐官、教育雇用省政策顧問、内閣府社会的排除室、地方政府、ヴォランタリ部門の代表らが政策形成と運営に参与した。これら多様な主体間の意見調整のキー・パーソンとなったのがグラスであった（Eisenstadt 2011: 101）。

複数の省庁と多元的な主体が一つのプログラムに関与したのは、貧困地区の子どもの問題の重層性ゆえ、サービスの供給に際しては、保健、教育、地域環境、若年犯罪、家族福祉等、多次元の領域を横断する体制が不可欠だったためである（Cabinet Office 1999: 17）。近隣社会のニーズにそくしたプログラム編成が重視され、就学前乳幼児に対する遊戯、保育、初期の医療ケアの提供、子育ての助言等の家庭への支援といったサービスが提供された。中央政府がこうした乳幼児への積極的支援を表明したはじめての政策であった点でも意義は大きい（Eisenstadt 2011: Ch. 3）。

プログラムは試行時点から所得の多寡にかかわらず利用者の評判を呼び、わけても中間層から幅広い支持を得た。こうした支持の拡がりによって二〇〇五年総選挙で政権三期目を狙う頃には、シュア・スタートは労働党にとって集票効果が期待される普遍的政策へと発展していた（Eisenstadt 2011: 110）。これらの施策がひとり親の就業率を上昇させたことはきわめて重要である（Carpenter with Speeden 2007: 150）。当時、貧困状態にある子どもの五分の二がひとり親家庭で、その多くの親が無職の状態にあり、親の就労支援は子どもの貧困の解消に直結する。だが、残りの五分の三の多くは、親が働いていても貧困の状態にあることを意味し、最低賃金や税額控除等でどれだけの所得補償がなされるかが鍵になる。

とくに子どもの貧困の撲滅という政府目標の達成のために、シュア・スタートと保育所の予算は、二〇〇七年度には一九九六年度と比べて約四倍まで上乗せされた。政府は全国一律に提供されるシュア・スタートを「プログレッシブな普遍主義」と呼び、選別主義から脱却することで、サービスの提供が行われている地域が貧困・荒廃地域とみなされることによるスティグマの発生を回避できると論じた（House of Commons, Children, Schools and Families Committee 2010: 44）。政府介入の目的は、親の求職活動や職業訓練参加を促す上での保育あるいはそれに関連する支援とされた。すなわち、子ども政策と「福祉から就労へ」政策とが連結されたのである。[168] シュア・スタートという新たな子育て支援策は、成長戦略、公共サービスへの投資、労働市場政策と密接に連関しながら、中間層と社会的に排除された層をともに射程に入れた点においており、いわばブレア政権下の「ビック・テント」の在り方を特徴づける重要政策であったといえよう。

小括

本章では、まず一九九七年総選挙で「歴史的」大勝を収めて政権交代を実現したブレア労働党が一体どのような勝ち方をしたのか、その内容と含意を概観した。じっさいに起きた変化の度合いに比べて有権者の積極的支持の度合いはさほど高くなく、とりわけ自己再規定を遂げたニュー・レイバーに対する懐疑心は、伝統的労働党支持者の間で容易に払拭されなかった。一九九七年総選挙は、実質的に公共サービス改革に関する国民投票であり、保守党はそれに負けたという評価は正鵠を射ている。ただし優勢の予測が出てもなお政権獲得のために、労働党が「継承戦略」を含めた有権者と市場を安心させる政治努力を続け、それが労働党の大勝を引き寄せたといえる。

政権獲得後、ブレア、ブラウンら党首脳部が政権を成功に導くために必要だと考えたのは、長期的な目的を達成しようとするならば、まずもって市場、メディア、世論の信頼を得ることが必要であり、そのためには様々な制約を受け入れなければならない、ということだった。この制約の根幹にあったのが、成長戦略と財政規律であったわけだが、ブレアらは、公約を履行することで、長期的目標を達成するための裁量の余地を見い出していた。

もっとも、一口に財政規律の維持という目標を掲げたとしても、いずれの手段によって財政の健全化を図るのかは、政策形成者の選好とその選好を支える権力資源によって大きく規定される。政策決定の集権化、専門知の調達、総選挙での連続の勝利によって資源を増大させた労働党政権が選択したのは、公約通りの減税策とステルス増税とを組み合わせて、公共サービスへの政府投資の拡大と再分配を実現する、という手法であった。つまり、労働党政権下では、外形上はネオ・リベラリズムに親和性の高い政策デザインを掲げつつも、内実においては、政権の長期的目標である社会正義を拡充しようとしたのだった。

第6章　労働党政権の功罪

前章では、一九九七年総選挙結果を振り返ることからはじめ、新政権の制約への対応と裁量的政策について論じた。本章では、次の三つの視角から一三年間に及んだ労働党政権がイギリス政治社会にもたらした影響を検討する。第一に、労働党政権の制約への対応を集約した成長戦略と均衡財政の実績、および「ステルス再分配」のような裁量的政策の帰結と限界、第二に、二〇〇七年以降の世界金融危機に対するブラウン政権の対応と危機下で見られた裁量的政策の成否、第三に、二〇一〇年に成立した保守党・自民党連立政権下での超緊縮財政のインパクトである。これら三点を考察することで、一九九七〜二〇一〇年の労働党政権の意義を明らかにする。

1　「制約の中の裁量」の業績と限界

均衡財政の実現

まず労働党政権の経済政策の実績について見てみよう。図6－1から読み取れるように、イギリスの財政赤字は、労働党政権成立前から著しい低下傾向を示していたが、一九九七年以降、その下げ幅はいっそう拡大した。第二次政権では財政赤字は徐々に拡大するものの、対GDP比三パーセント以下とするルールの範囲内で推移したことは確認できる。

かくしてブラウンは慎重すぎるほどの歳出管理を実践したわけだが、一連の財政規律によって、イギリスの財政赤字は

図 6-1　イギリス単年度財政赤字の推移（1970-2017 年）（対 GDP 比：%）

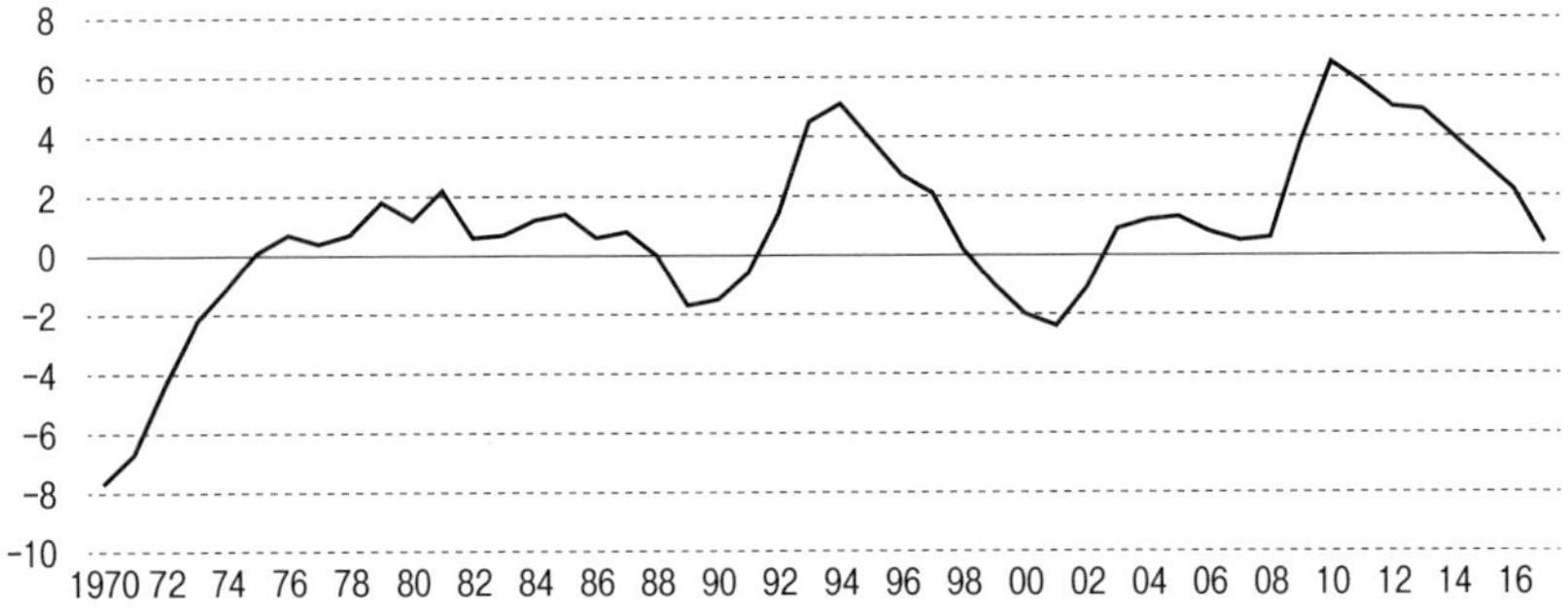

出所）イギリス統計局（https://www.ons.gov.uk/economy/governmentpublicsectorandtaxes/publicsectorfinance/timeseries/jw2v/pusf）最終アクセス日 2017 年 9 月 8 日。

先進七カ国のうちカナダについで二番目に低い対ＧＤＰ比三パーセント以内の水準に収められた。二〇〇一年度までには財政は均衡に達した。これが安定した成長を継続させることに貢献した。ブラウンの経済運営に対する評価は、政権第一期半ばにしてすでに揺るぎないものとなり、七割にのぼる高い支持を集めたブラウンは、一九四五年以降もっとも信望を得た財務相となった。ブラウンの経済運営に対する評価は、疑いもなく、二〇〇一年総選挙で労働党を勝利に導いた重要な要因であった（Wickham-Jones 2002）。

ブラウンは二〇〇七年七月、財務相が経済状況を説明する恒例のマンション・ハウス演説で、自ら主導した経済政策を「この国で史上最長の経済的安定と持続的成長の基礎を築いた」と自賛した（Lee 2010）。もっとも、ブラウン・モデルともいえる経済政策に問題がなかったわけではない。好況を支えていたのは、本質的には底堅い国内消費と生産性ではなく、金融部門の好調、労働力コストの抑制によるサービス部門の成長、住宅や株式の資産バブルであった。たしかに国内消費は伸長したが、それを支えていたのは個人の借入金であって、個人レベルの負債は、金融資産や不動産購入のためのローン等によって好況の下で膨張した。クラウチが指摘するように、この個人による膨大な借入金が米・英国の経済成長を牽引したのである（Crouch 2009; シュトレーク 二〇一六）。その最たる例が、本来は住宅ローンを契約するだけの経済力を持たない低所得層を対象とした米国のサブプライム・ローンであった。一般の人々の借金による消費拡大は、結果として健全財政を掲げ債務を抑制する政府に代わって、国

図 6-2 イギリスの経済成長率（GDP）（1955-2012 年）

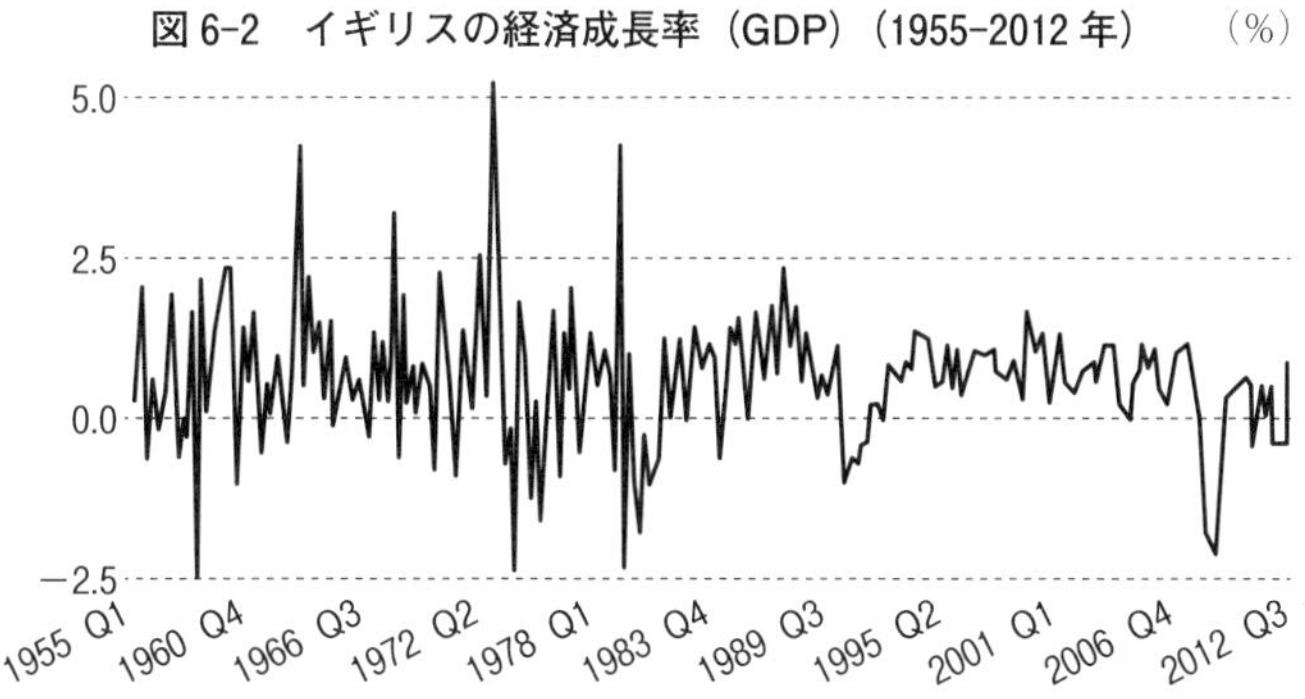

出所）*The Guardian*, 25 October, 2012.

内需要を押し上げたのだった。クラウチはこれを私的ケインズ主義 privatised Keynsian と表現した。人々が積み上げる膨大な借金は「皮肉にも『公共財』のように見なされ、政府には不動産価格の維持や金融規制の（再）緩和が期待される」（小川 二〇一二：一二）。つまり景況を支えた成長モデルではあったが、実態としては安定性を欠いていたことになる。

このようなリスクに加えて、労働党政権は公共投資を支える財源不足に直面するようになる。それは、富裕層等に対する減税措置とともに、税逃れの拡大によって、好況にもかかわらず二〇〇三年以降は税収が伸び悩んだことに拠る。労働党政権下では、個人でも法人でも甚だしい規模の税逃れが多発し、これを規制する有効な政策が講じられることもなかった（Shaw 2007: 56）。それは、ステルス増税をもってしても補いうる規模ではなかった。こうして、労働党政権の基本方針であった財政の均衡とは、ほとんど余裕のない状態で達成されていたのであった（Moran *et al.* 2011: 107–108; Bartle *et al.* 2011; 今井 二〇一四）。

裁量の発揮——公共サービスの「現代化」

財政で確たる実績を示した労働党政権は、「二つの福祉」で裁量を発揮しようとし、公共サービスへの政府支出の拡大、そして、低所得者層を対象とした所得の底上げ策や就労支援策等のサービスを実践した。ブレア労働党政権の公共サービスへの総支出の伸び率は、歴代のどの労働党政権をも上回った（Mullard and Swaray 2006, 2008）。サッチャー政権下の改革を部分的に継承したブレア政権では、従来の労働党政権が重視していた国有企業への補助金や公営住宅への支出が税額控除や子育て支援に振り向けられたのである。これが彼らのいう「現代化」だった[169]。

前章で示した通り、ブレア政権下では、教育、ＮＨＳ、治安、社会保障への政府支出、および貿易・産業への補助金が、総額で対ＧＤＰ比四一パーセントから四四パーセントにまで上昇した（Mullard and Swaray 2008: 45）。なかでも特筆されるべきは、ＮＨＳ（対ＧＤＰ比六・三パーセントから七・二パーセント）と教育（同四・五パーセントから五・六パーセント）である。社会保障支出では、二〇〇五年時点での総支出は対ＧＤＰ比一六パーセントであり、「第一の道」を形成した歴代の労働党政権の支出規模を大きく上回った。ブレア政権には国有企業への補助金や公営住宅関連支出への支出圧力がなかったことを考慮に入れたとしても、依然として公共サービスへの投資に対する積極的な姿勢を読み取ることができる。

もっとも、社会保障支出の増加は、必ずしも当該の福祉国家拡充の意図を映し出すものではない（Esping-Andersen 1990）。サッチャー政権下では、政府目標として福祉削減を目指したものの、失業率の記録的上昇によって社会保障費はむしろ増大した（第１章）。労働党政権の場合、失業は減少したのに政府支出が増大した。ムラードら（Maurice Mullard and Raymond Swaray）によれば、支出の伸びは、失業手当等ではなく、児童手当、各種税額控除、年金でとりわけ顕著であった（Mullard and Swaray 2008: 46）。要するに労働党政権では、政府支出が、子ども、低所得層、高齢者の貧困リスクを低減するためにも振り向けられていたのである。

このように労働党政権下では、社会保障と公共サービス関連という広義の「福祉」について、相当程度の裁量が発揮された。その支出規模は、前保守党政権はもとより従前の労働党政権をも上回っていた。前節で検討した均衡財政という「制約の中の裁量」における労働党政権の特徴を確認することができる。

公共サービス改革の社会的インパクト

次に、公共サービスの構造改革の影響を確認しておきたい。公共サービス改革にかかわるブレアのスローガンは、「投資とともに改革を」、含意されるのは、サッチャー政権の「投資なき改革」で、あるいは歴代の労働党の「改革なき投資」との違いである。

ブレアが野党時代から熱心に取り組んでいた教育政策では、読み書き算数といった基礎的学力の育成に力点が置かれた。初等教育と中等教育で全体的な学習達成度の向上が見られたことは、たしかに政権の実績といえる。なかでも荒廃地域の子どもの習熟度の改善が顕著であった。教育予算の拡大によって、一学級の少人数化、補助教員も含めた教員の増大、施設の拡充等が可能になったことが、こうした成果につながったと考えられる（Shaw 2007: 73）。

ブレアが重視したのは、基礎学力の向上という質的な改革にとどまらなかった。ブレアが政権第二期目以降に本格的に着手した構造改革においては、サッチャー政権の改革を継承し、選択、競争、多様性を指針とした。そしてサッチャー政権の際と同じく、この指針にもとづく教育改革で恩恵を享受したのは、前章で述べた通り上昇志向の強い中間層であった。公立学校を選ぶ権利の保障や学校間の競争の奨励は、学区を超えて子どもを通学させたり、学校の水準を比較検討したりする、意欲と経済的余力のある家庭の要望に応える政策であった。対照的に、資力の不足する荒廃地区の低所得層にとっては選択の余地が狭まり、公教育においても中間層が集中したスペシャリスト学校と荒廃地区の学校との間に、明らかな格差が生じた。ここには、両者間の教育達成度の格差が固定化されるリスクが伏在していた。労働党政権下の教育改革では公教育全体の確かな質の向上が見られたが、その一方で、普遍主義的な公共サービスであるはずの公教育において、選択と多様性を享受する中間層と、養育の質や経済力の弱さゆえ選択肢を持たない低所得層との間の格差が拡大した。メリトクラシーに準拠する教育改革は、社会移動の停滞に帰結することになる。労働党政権下の「二つの福祉」には、対象となる国民を「二つの国民」に分断する契機が内在していたといえよう。

「福祉から就労へ」

労働党政権がもう一つの看板政策としたのが、「福祉から就労へ」でありその主軸がニュー・ディール・プログラム（N

DP）であった。先述の通り、NDPはアメリカのワークファースト型に比べて人的資本の開発に重きをおいたワークフェアである。このタイプのワークフェアは、就労の義務化を強調しつつも、教育・訓練プログラム等を拡充して支援の強化を重視する点が特徴であり、学歴や職歴が不十分な長期受給者に有効であるとされる（小林 二〇一二）。労働党政権は、第一期の終盤までには、若年失業者の二五万人減少という公約を達成し、これを業績としてアピールした。

だが、就業率の高さの反面、じっさいには就労後の定着率の低さが繰り返し問題視された（Finn 2002）。この点を、第2章で取り上げた中間的就労（ＩＬＭ）プログラムの創設者の視点から見ると、NDPが設定する訓練期間は、失業者が安定的な雇用を得るために求められるスキルを習得したり、あるいは失業期間中に損なわれた自信や尊厳を回復するには短かすぎた。[170] プログラム参加者が、就労と失業の回転ドアの中にある状態は、結局のところ解消されていない。そうした結果を受けて二〇〇七年に行われた社会保障政策と積極的労働市場政策のさらなる見直しでは、むしろ公的給付の受給条件が厳格化され就労への強制力が強まった。

そもそも、労働党政権下で積極的労働市場政策が重視されたとはいえ、その予算規模は、スウェーデンの予算の一五パーセント程度に抑制されていた。解雇要件や非正規就労にかかわる労働市場の規制緩和が進む中、サービス経済時代の柔軟な労働市場における不利を克服する「セキュリティ」を提供するには、NDPは不十分であった。なおかつ、学校における基礎学力や働く人々の技能の底上げを目指したものの、生産性の地域間格差を反転させるには至らなかった[171]（Lee 2008: 30）。

業績回避——ステルス再分配の効果

上記で論じた公共サービス改革、「福祉から就労へ」は、労働党政権がその実績を広く有権者にアピールした政策群であった。これらとは対照的に、業績の誇示をむしろ回避する戦略が採られたのが、再分配政策であった。

「革新政権 progressive government」を謳った労働党政権の焦点ともいえる課題は、いかにして機会の平等を実現するかであった。序章で示したグレナースターが指摘したように、とくに子どもと年金受給者の貧困についは明らかな改善が見られた。ダイアモンドとギデンズらが主張するには、ブレア政権は貧困層を利する再分配を効果的かつ持続的に実践した最初の労働党政権であった（Diamond and Giddens 2005: 104）。前章で見たように、この再分配政策は、所得税率や法人税率を据えおきつつ、不可視化された増税措置で実践されたと見られている。ここでは、一連の「ステルス再分配」がどのようなインパクトをイギリス社会にもたらしたのかを検討する。

とりわけ指摘しておきたいのは、労働党政権下では、一〇分位所得階級（世帯の年間所得等を収入の低い順に並べ、それを調整集計世帯数で一〇等分してグループ化（分位）したもの）でもっとも収入が低い第一〇分位グループの所得の上昇率が、中間層以上のそれを上回ったことである。図6‐3は、サッチャー／メイジャー保守党政権期（一九七九～一九九七年・太線）とブレア／ブラウン労働党政権期（一九九七～二〇一〇年・グレーの線）の所得階級別（一〇分位）所得上昇率を示している。対照的に、保守党政権下では所得階級の最上位を除く中位以上の所得上昇率が顕著である。

図6‐3からは、労働党政権下では保守党政権下とは正反対の傾向が見られることがわかる。すなわち、中位以上の上昇率は最上位を除いてほぼ横ばいを示す一方で、もっとも低い所得層を除く底辺から二〇分位の低所得層では、保守党政権期を大きく上回って上昇した。もっとも、労働党政権下で所得上昇率が目立って高かったのは所得最上層一パーセントであり、上昇率は二五パーセントであった（Shaw 2007: 57）。さらに、貧困層のうち所得の多い方の半分のグループと中間層の間の所得格差は縮小したが、最貧困層の所得はむしろ低迷した（Driver 2010: 76‐77）。

ここで明らかになるのは、労働党政権下では、所得の不平等は拡大傾向にあった一方、低所得層の所得水準が押し上げられ続けたことである。では、低所得層の生活の改善は経済成長の効果、つまりトリクル・ダウン効果だったのか、それとも政府の裁量的政策による再分配を通じてのことであったのだろうか。

ジョイスとシビエタ（Robert Joyce and Luke Sibieta）は、低所得層の実質所得の上昇には直接税と税額控除を主とする政策による再分配効果があったことを、実証的に明らかにした。図6‐4は、ジョイスらが示した世帯構成別の再分配に

図 6-3　実質所得の推移——保守党政権と労働党政権の比較

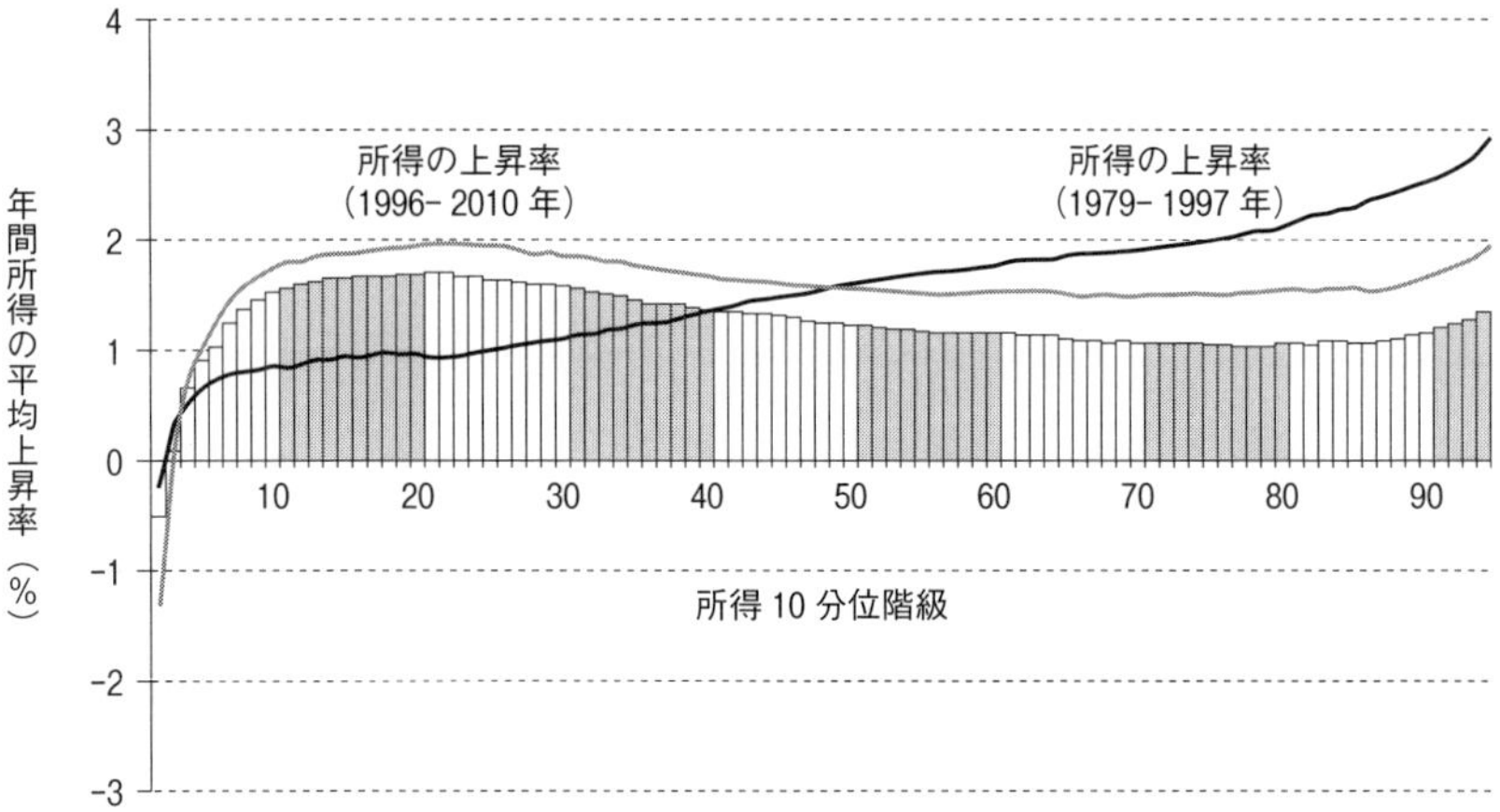

出所）Joyce and Sibieta (2013) p. 185.

注）第1分位と第99分位は表示されていない。家計支出調査と家計資源調査を用い，住宅費を除く前の所得をもとに算出。棒グラフの色の濃淡は10分位階級を示している。

よる貧困減少効果の推計値の推移である。この図から読み取れるのは，第一に，相対的貧困率の低下が見られたのが一九九七年の政権交代後であったこと，第二に，子どもの貧困率と年金受給者の貧困率が大幅に減少したことである。とくに子どもの貧困率の減少はきわだっており，二〇一〇年に子どもの貧困の半減を達成し，二〇二〇年までに撲滅する，というブレアの公約が達成されたとはいえないまでも，二〇〇七年以降に日本はもとよりOECDの平均を下回る水準まで改善した事実は否定できない。ロンドン大学のヒルズが率いる研究グループおよび財政研究所の検証では，推計でおよそ一一〇万人の子どもが貧困状態から脱した。そうした貧困改善には，法定最低賃金の引き上げ，有子世帯を対象にした税額控除などによる所得移転ばかりでなく，社会的投資，つまり就労支援，就学前教育を含んだ保育サービス（シュア・スタート）をはじめとした新たなサービス給付の効果があったとされた（Hills 2017）。

第三に読み取れるのは，二〇〇七年の金融危機後，全体の所得が低下したことを考慮に入れたとしても，低所得層の所得が上昇し，子どもの貧困率もまた低下したことであろう。公共サービス投資を通じた雇用の維持と創出，低所得層への税額控除等の再分配が，危機のダメージをかろうじて吸収したと考えら

図6-4 直接税と公的給付改革の効果

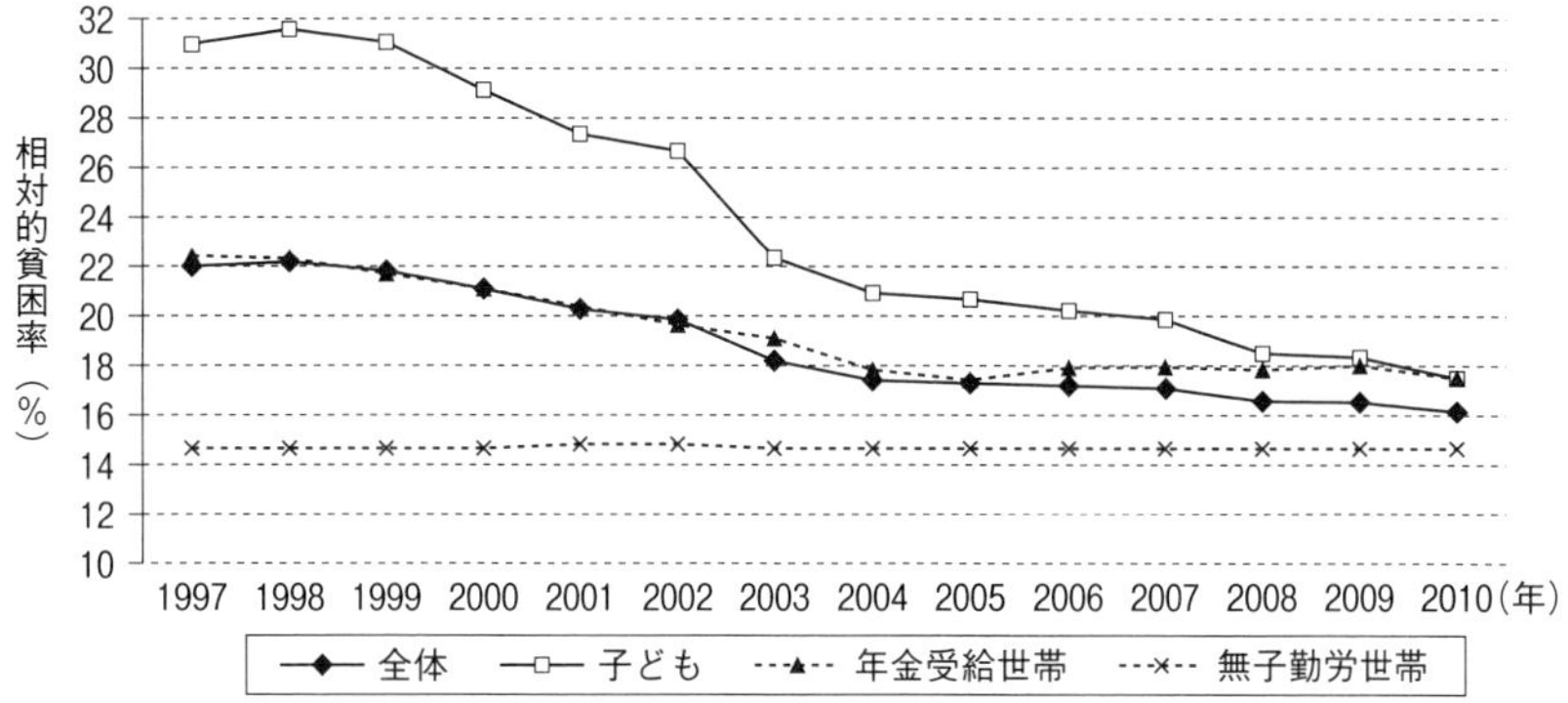

出所）Joyce and Sibieta (2013) p. 185.
注）相対的貧困率は推計結果。家計支出調査と家計資源調査を使用し，住宅費を除く前の所得をもとに算出。相対的貧困率とは，中位所得の60パーセント以下の所得の世帯を指す。

れている。また、一連の子ども政策は、国家と家族の関係をめぐる国民的な意識をも変えた。男性稼ぎ主と専業主婦を前提としたベヴァリッジ計画にもとづいた戦後福祉国家と自由主義にもとづく家庭生活への不干渉の態度とが相まって、イギリスでは家族政策が事実上不在であった。ところが労働党政権によるシュア・スタート実施以降、政府が幼児に対して「何をすべきか」について議論はあるものの、乳幼児を含む子どもへの公的支援策の必要性そのものが否定されることはなくなった。公的な子ども政策の整備について、新たな合意が形成されたといってよい。

ブラウン型成長モデルと社会政策の限界

上記で見たように、労働党政権は、子どもを持つ世帯と高齢者という人生を通じて最も貧困に陥るリスクが高い時期に対して、政府が積極的に介入策を講じることで、そのリスクの波を軽減しようとした（Hills 2017）。アングロ・サクソン型成長モデルを追求する一方で、ベヴァリッジが想定した人生のリスクへの対応策を現代の文脈の中で読み替える試みであった。ブラウンが主導したステルス再分配は、間違いなくたしかな成果をもたらしたといえるが、その限界もまた明らかになっている。

まず、直接税と公的給付改革の効果を表した図6－4は、無子勤労世帯の貧困率は、労働党の政権在位期を通じて横ばいであったことを示す。相対的貧困率の低下が経済成長によるトリクル・ダウン効果であったならば、貧困リスクがより低い無子勤労世帯の貧困率が改善したはずであるが、労働党政権下では、それとは異なる結果がもたらされた。したがって、労働党政権の再分配の対象となった世帯と対象から除外され自助が求められた世帯とでは、貧困状態の改善の度合いに明らかな差が生じたのであった。それが、財政規律を守りつつできるだけ目立たないやり方で実行した再分配の明暗であった。

さらに労働党政権下では、一時的に縮小したものの、所得の最上位と下位との間の格差拡大が進んだ。政権第二期が終わった段階で、イギリスは全ての先進諸国の中でもっとも所得の不平等が甚だしい国の一つとなっていた（Diamond and Giddens 2005: 102）。この間、中間層の所得も伸び悩んだ。図6－3に見るように、所得階級の中位の人々の平均収入は一九九七年以降目立った伸びが見られず、就労率が上昇したにもかかわらず、収入もキャリアも不安定となったことが指摘されている（トッド 二〇一六：二七五）。じっさい、二〇〇〇年までにはフルタイムの仕事に就くのは当たり前のことではなくなり、重大な達成目標となっていた（トッド 二〇一六：三七八）。そうした中で、前章で見たように、住宅ローンや教育ローンを抱え、個人の負債は膨張した。

実質的な再分配の拡充を行っていた政権下で、このような深刻な格差の拡大が生じた背景には、社会保障政策で主導権を握っていたブラウンの不平等に対する基本的な態度があると推察できる。野党時代から表明されていたブラウンの考え方は、ロールズの格差原理に倣ったものだった。そもそも社会的排除という課題設定は、所得の平等化を目指すよりも、「社会の主流《メインストリーム》」への参加の機会を妨げる重層的な問題に着目し、複眼的な解決策を実行していこうとするものである。ブレアもまた、労働党は「メリトクラシーを重視する。それは、結果や所得の平等ではなく、価値の平等 equal worth によって達せられる」と明言している（Fielding 2002: 34）。

ブラウンは、アングロ・サクソン型成長戦略で莫大な富を創出することに積極的に寄与した。他方において、機会の平等を図るための政府介入を肯定した。それゆえ、ライフコースの中でもっともリスクが高いステージに対して、政府支出を集中的に投じる選択をした。それら実質的な再分配政策は対象となった人々にたしかな効果をもたらした。しかし、労働党政権はその成果を政権の業績としてはっきりと打ち出すことはなかった[172]。「労働党の増税爆弾」「バラマキ」というかつてのネガティヴ・キャンペーンの再来によって、四方から攻撃を受ける怖れがあるのであれば、むしろ業績はあえて説明せずともよい、そうした理屈がブレアら首脳部に働いたと考えられる。

他方において、これら再分配は、あくまでも経済効率と有権者や市場の信任を損なわない範囲で、という制約の枠内でのことであった。結果として実践されたのが、対象者の徹底した選別とステルス増税による、荒廃地区の低所得者層、子どもを持つ低所得層、年金受給世帯への大規模な支援策であった。これが、ブラウンのいう公正であったわけだが、効率、ステルス、自助と結合した社会正義を目指す政策デザインには自ずと限界が埋め込まれていた。

かくしてイギリスは、低所得層の所得が確実に上昇した一方で、甚だしい市場所得と資産の格差を抱える中で、社会移動が停滞し、格差が固定化・拡大するようになった。「第三の道」は教育・訓練を通じて上昇の社会移動を実現し、保健医療の改善によって健康格差をも是正するはずだった。たしかに基礎教育の水準は上昇したのだが、教育とＮＨＳにおける選択と多様性という市場原理の導入によって、むしろ所得格差が教育格差や健康格差につながる構造が生み出された。就労支援と低所得対策が積極的に行われたものの、低賃金労働の規制緩和もまた同時に進行した。前章の図５－２に示されたゼロ時間労働者の増大が、その象徴的な例である。就労は必ずしも貧困を脱する道にはならず、上昇の社会移動には結びつかないという構造的問題が露呈した[173]。

一九九七年政権交代後の一三年間の労働党政権を経て、イギリスは、一九九四年にハットンが指摘した「三〇・四〇・四〇」社会から、さらに分断と不安定さを深めた「五・七五・二〇」社会、つまり特権的な五パーセント、リスク意識を高め不安定な七五パーセント、社会的に排除された二〇パーセントによって成り立っている社会へと変貌した（Policy Network 2014）。しかも、それぞれの社会グループ内ではリスク意識が共有されず、それどころか、リスクの多様化ゆえに、連帯意識が生まれにくくなっている（Policy Network 2014; 今井 二〇一六ａ）。そのような中で、グローバル市場における繁栄から「置き去りにされた」人々は、既成の大政党に背を向けて、移民排斥、ＥＵ離脱を掲げる右翼ポピュリスト政党ＵＫＩＰへと向かっていった。イギリス社会に刻まれたこのような構造的な分断が、二〇一六年のＥＵ離脱を問うた国民投票での「まさか」の離脱派勝利の一因であったことを否定するのは難しいだろう。

2　ブラウン政権の発足とグローバル金融危機

危機の影響

このように、労働党政権の政策デザインは功罪併せ持つ帰結に至ったわけだが、労働党政権末期の二〇〇七年に、アングロ・サクソン型成長モデルそのものを瓦解させる事態が生じた。一〇〇年に一度といわれた世界金融危機である。アメリカの低所得者向け住宅ローン（サブプライム・ローン）の信用逼迫に端を発した危機の大波は、グローバル市場を巻き込んだ。二〇〇八年九月には米国最大手の投資銀行グループ、リーマン・ブラザーズの倒産（リーマン・ショック）を契機に金融破綻の連鎖が起こった。イギリスでは、リーマン・ショック以前から危機が顕在化し、二〇〇七年九月一四日、イングランド北部に本拠をおくノーザン・ロック銀行で取り付け騒ぎが起きた。ブラウンは二〇〇八年二月、五五〇億ポンドを投じてノーザン・ロック銀行の事実上国有化を決定した。

ノーザン・ロック銀行の国有化の数カ月後、リーマン・ショック後の金融市場の大混乱によって、イギリスでは銀行システムそのものが壊滅の瀬戸際まで追い込まれた。破綻した複数の大銀行の救済のために、ブラウン政権は、再び膨大な公的資金を投じて救済策を実施したのであった。（Moran *et al.* 2011: 108; Kahler and Lake 2013: 1-5）。二〇一〇年三月までに政府債務残高は対ＧＤＰ比七〇・三パーセントにまで急上昇し、失業率も八パーセントを上回った。一九九〇年代半ばから、史上まれにみる持続的な成長を遂げてきたイギリス経済は、一転して一九三〇年代以来最悪の危機に立たされた。ルールにもとづく健全財政という政権発足以来の公約は破られ、ブラウン政権は二〇〇九年、景気刺激策に戦後最大規模の約一〇六〇億ポンドに上る借入れを景気刺激策に注ぎ込んだため、対GDP比三％以内に収められてきた財政赤字は急激に膨れ上がった。

金融危機は、労働党政権下の成長モデルの脆弱性を露呈した。歴史的好況を牽引した成長モデルが瞬く間に崩れた一因は、好況にもかかわらず一連の減税措置や租税回避によって歳入が伸び悩んでいたことである（Moran *et al.* 2011: 107–108; Bartle *et al.* 2011: 152; 今井 二〇一四）。公共投資を拡大しつつもかろうじて均衡を保ってきたのだが、ブラウン政権は歳出削減策を打ち出さざるをえなかった。ブラウンは「投資のブラウン」という自己イメージを守ることに固執し、「（政府支出）削減」という言葉を口にすることさえ頑に拒んでいたのだが、しかし二〇〇九年度予算では、実質的に大幅な歳出削減に着手することに追い込まれた（Seldon and Lodge 2010: 257; Darling 2011: 235–236）。

二〇〇九年度予算――投資による危機打開

二〇〇八年の事前予算報告書および二〇〇九年四月の予算報告書では、「経済危機対応のための減税措置等」が発表された。税制では、年収一五万ポンド以上の高額所得層に対する所得税率の四〇パーセントから四五パーセントへの引き上げが示された（ブラウン政権による二〇一〇年度予算にしたがって、その後さらに五〇パーセントまで引き上げられた）。逆に、法人税率は三〇パーセントから二八パーセントまで引き下げられたが、課税ベースは拡大（減価償却制度の見直し等）された。さらに国民保険料等も引き上げられ、中間層の負担が増した。他方で付加価値税率は二〇〇八年一二月から一七・五パーセントから一五パーセントまで下げられた。

危機対策のための大規模な財政出動によって「黄金律」が破られた。それでもなおブラウンは、市場の論理を社会正義の論理と接合させて両者の折り合いをつけようとした。緊急財政出動は、景気刺激を目的とする一方で、福祉関連支出、公共サービス、公的部門での雇用プログラムにも充てられた。ブラウン政権はこの予算案で、労働党政権としてはそれまでになく社会民主主義色の強い政策を打ち出したのであった。

図 6-5　相対的貧困率の推移　1997-2021 年（2013 年度以降推計）

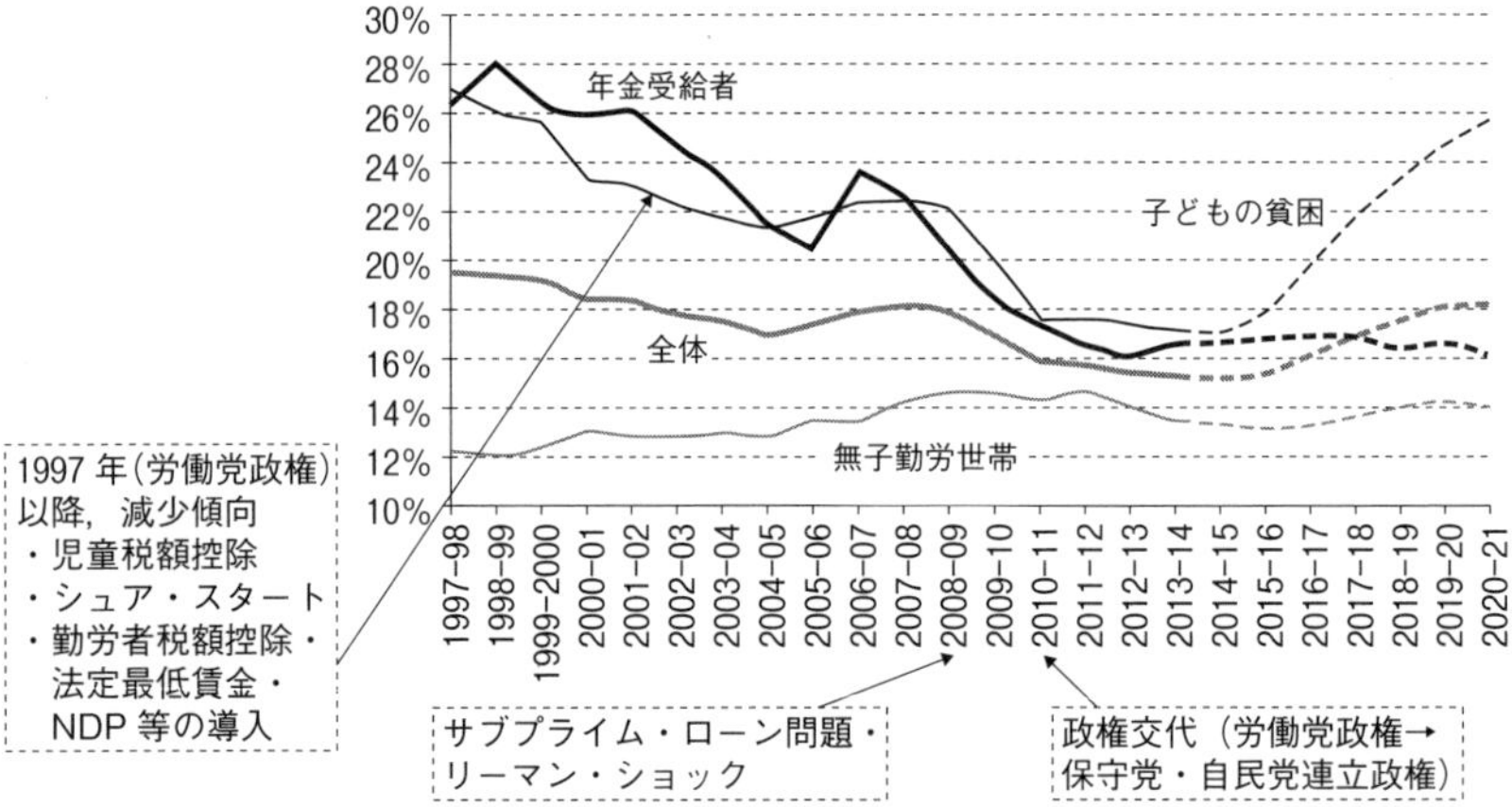

出所）Browne and Hood (2016), p. 28, Figure 3.9 をもとに筆者作成。

その結果、リーマン・ショック後、民間部門の雇用が縮小するなかで（二〇一〇年第一四半期だけで約三九万六〇〇〇減）、公的部門の雇用はむしろ増加した（同約二万八〇〇〇増）。危機以前から続けられていた政府介入にもとづく公的部門での雇用の創出・維持は、危機後のダメージをある程度吸収する機能をはたしたといえる。こうした措置は公的部門の人件費を膨張させ国家財政を逼迫する一因となったが、ブラウン政権は、公的部門の人員を大幅に削減するのではなく、管理職の給与の「適正化」によって政府支出の抑制を図った（Allen 2011: 17）。二〇〇九年下半期には、公的部門の雇用が全労働人口の二〇パーセントにあたる六〇〇万人を占めたのだった（Bartle *et al.* 2011: 152）。

さらに二〇〇八年度から〇九年度にかけて一般の人々の可処分所得の平均は微増し、図6‐5に明らかなように、子どもの貧困率も前年比で約二パーセント減少した。これらにはインフレ率の低下が作用したのだが、先述の通り、各種手当と税額控除といった政策の効果も一役買っていたといってよい（*the Guardian*, 13 May 2011）。

労働党政権の政治資源の減退――政権交代前夜

支持の凋落と政治への絶望

金融危機後の深刻な影響が人々に実感される中で、ブラウンの経済運営能力に対する信頼は大きく傷つき、党首への支持率では、一九九四年以来初めて保守党党首が労働党党首を上回った（Lee 2008: 190）。労働党への支持は、すでに前回選挙で陰りを見せはじめていたのだが、二〇一〇年総選挙を前にして労働党が直面したのは、伝統的支持層の離反のみならず、中間層による保守党やその他の政党への鞍替えであった。

労働党への支持の凋落を引き起こしたのは、金融危機ばかりではない。第一に、ブラウンというリーダーの不人気、第二に、政治家不信の蔓延も考慮に入れる必要がある。

第一について、二〇〇七年五月一〇日のブレアの首相辞任表明を受けて実施された世論調査で、ブレアが党首であるとした場合の各党の支持率は保守党三八パーセント、労働党三四パーセント、自民党一五パーセントであった。これに対して、ブラウンが党首になった場合の各党の支持率は、保守党四二パーセント、労働党三二パーセント、自民党一三パーセントとなった。首相になる以前から、ブラウンのリーダーとしての資質への評価は低調で、支持率の伸びがさほど期待できなかったことがわかる（YouGov 調べ。*the Sunday Times*, 13 May 2007）。ブラウンが首相に就任した六月二七日からしばらくは、ブラウンの支持率は二〇〇五年に保守党党首に選出されたキャメロンを上回っていた。しかし、演説にせよ政策発表にせよ、注目を集めたり、世論を刺激したりする才覚を彼が欠いていたことは否定できない。ブレア派との対立や経済状況ばかりでなく、専断的で懐疑心の強いブラウンの個性の問題も、リーダーシップにとってマイナスに作用したのである（Seldon and Lodge 2010: 43, 83）。

そうした中、労働党は政権維持の要としてきた南東部の中間層の支持が失われていく事態に直面する。グリーンバーグは、労働党はこれらの有権者からの支持率では保守党に五ポイントの差をつけられている、と警鐘を鳴らした（Seldon and Lodge 2010: 43, 83）。ブレア労働党は、浮動票を獲得することに成功したのかもしれない。だが、新しい中間層を固定的な支持層に変えることはできなかった。また、生活が改善したという実感の乏しい低所得層の間では、保守党のような言葉を用いる労働党はもはや自分たちの利益を代弁していないとする見方が強まった（Denver and Fisher 2009: 37）。

第二について、二〇〇九年春にスクープされた国会議員による国庫助成金の不正請求は、有権者の政治家への信頼を決定的に傷つけた。不正請求疑惑の対象議員には、労働党政権の現職閣僚や保守党の影の内閣のメンバーも含まれていた。政府に対する信頼の失墜は著しく、二〇〇九年の世論調査で「政府は信頼できる」と答えた人はわずか一六パーセントだった。人々の政治への絶望は、既成政党離れとなって現れ、二〇一〇年総選挙では、直前まで投票先を決めなかった有権者が急増した（投票日の約三週間前の世論調査で「投票先を変える可能性がある」とした回答者は、一九九二年で一八パーセント、二〇〇五年で三五パーセント、二〇一〇年では四五パーセントだった）（Ipsos Mori, *General Election 2010*）。

有権者がこれほどまで政治にうしろ向きの姿勢を示したのには、投票の有意味感が薄れたことも大きく影響していた。二大政党間の政策距離が接近して、どの政党が政権を担っても大差はないと受け止められたのである。すでに二〇〇五年の調査では四四パーセントの回答者が二大政党間の政策に違いがないとみていた。二大政党が接近しているとみなされた背景は両方の政党からみる必要がある。労働党の場合は、前章まで論じてきたように、一九九七年の政権交代の前から、ブレアら党首脳部はとりわけ経済政策において前保守党政権に接近し、二大政党の収斂が見られた。しかしながら、社会政策では、独自性を発揮し、公共サービス投資の大胆な拡大や多様な貧困対策を実施した。ところが、元党首キノックの見立てによれば、大半の有権者は、労働党政権が何を成し遂げたのかについて十分な知識がなかった[174]。それは一つには、メディアの影響であり、もう一つは「ステルス再分配」によって一部の実績があえて不可視化されたことがあると考えられる。一方保守党は、メイジャーの後継にはサッチャー主義者を自認する党首を選出してきたのだが、二〇〇五年には党の穏健化を目指すキャメロンが党首に就任した。キャメロンは、労働党政権が推進してきた学校教育とＮＨＳへの投資の持続、全国最低賃金制の継続等を掲げ、労働党の政策遺産を継承する姿勢を明らかにし、「小さな政府」「福祉国家削減」の党としてのイメージを払拭しようとした。こうした二大政党が互いに接近し合ったことが、結果として人々の深い諦念につながったと推察できる。とりわけ労働党は、財政面や選挙活動で自らを支える団体や草の根の支持基盤を切り離して、党の中道化を進めたのだが、それによって、市井の声が政策に反映しにくくなっていたことが裏目に出たのである。

組織的資源の揺らぎ――議会党の造反

労働党政権末期には、議会党の規律のいっそうの弱まりも問題となった。すでにブレア政権終盤では、大学授業料の上限引き上げ法案が大量の造反を引き起こす等、議会党の統制は瓦解しつつあった（第5章）。二〇〇五年以降の議会では戦後史上もっとも多くの造反が噴出し、六〇パーセントの審議で造反が確認された（Seldon and Lodge 2010: 257）。長期政権になるほどバックベンチャーの規律を守ることが難しくなるのはよくある現象だが、ブラウンはそうした状況をさらに悪化させた。

規律の揺らぎの要因は、一つにはブラウンのリーダーシップのあり方に対する党内外の不満であり、二つには、ブレア派、ブラウン派、ニュー・レイバー反対派というブレアの党首就任以来の党内の亀裂が発現したことがある。先述の通り、ブラウンのリーダーシップには、すべからくなんでもコントロールしたがる、独断で物事を進める、だが結論を出すことができない、といった辛口の非難が噴出するようなブラウンの人格的な問題も含まれていた。じっさい、所得税の最低税率一〇パーセントの廃止を決定する際も、歳費スキャンダルへの対応でも、議会党に諮ろうとしなかったブラウンのやり方が、激しい反発を招いたことは間違いない。こうしたブラウンに不満を抱く議員は、政府案に対する造反にとどまらず、政府の権威を失墜させる目的で「野党日」に提示された野党案に賛成するという行動に出たりもした（Seldon and Lodge 2010: 257）。

やがてブラウン降ろしの運動を主導したのがブレア派の議員であった。本来は労働党支持の『ガーディアン』紙は二〇〇八年七月末に、現政権はラディカルな政策で新たな段階に踏み込むことを必要としているにもかかわらず、明確なアジェンダを欠いているという異例の批判が掲載された。この記事は事前にパーネルらが目を通し、賛同したと伝えられている（Seldon and Lodge 2010: 257）。ブラウンのリーダーとしての資質の欠如に加えて、労働党の足元は長年抱えてきた内部の分裂によって、大きく揺らぎはじめていたのだった。結果的に、ブラウンがトップダウン型の政策決定を実行しようとしても、それが議会党に跳ね返される事態が頻発した。高齢化社会への対応の目玉としてブラウンが打ち出した「全国ケアサービス」が象徴的な事例である。財源を理由に上下院双方で批判が噴出し、ブラウンは院内幹事長に圧力をかけて介護法案通過を目指した。幹事長ブラウン（Nick Brown）はあえて議員と対峙することをせず、議会承認の道を閉ざした（Seldon and Lodge 2010: 421–422）。

野党保守党に見るアイディアの収斂と分岐

それでは、キャメロンが率いた野党保守党は政権獲得のためにどう対応したのであろうか。先述の通り、野党期の保守党は、キャメロンが党首に就任した二〇〇五年から二〇一〇年総選挙に至るまで、とりわけ社会政策でサッチャリズムとは距離をおこうとした労働党政権に接近し、少なくとも言説の上では、「合意」（あるいは「適合」）していった。野党時代の労働党が市場に親和的な政策を打ち出すことで一九八〇年代以降の保守党に接近したのと同様に、保守党もキャメロン党首の下、二〇一〇年総選挙前には「革新的保守主義 progressive conservatism」を掲げ、従来よりも中道寄りの姿勢を鮮明にした。中間層が支持する公共サービスの充実を約束し、とくに最前線でサービスに従事する人々を保護する政策を打ち出したのは、保守党による「適合」の端的な表現である。さらに、キャメロンは子どもの貧困の撲滅という労働党の公約を継承することを明言しており、こうした問題を看過することはもはや政治的リスク抜きにはできないという判断に至ったのだといえる（Conservative Party 2010; *Fabian Review*, Spring 2010）。

ここでまず、一九九〇年のサッチャー辞任後、二〇年にわたって苦難の時代を迎えたキャメロン以前の野党保守党について手短かに概観する(175)。

メイジャーの後を継いだ三人の党首、ヘイグ（William Hague）、ダンカン＝スミス（Iain Duncan Smith）、ハワードは、程度の差こそあれサッチャリズムの継承者であることを自認し、それを党の政策決定に反映させた。彼らがサッチャライトであることにこだわった理由には、イデオロギー的な信条ばかりでなく、保守党の支持基盤がサッチャリズムを支持していると判断していたからである（Byrne, Foster and Kerr 2012: 22）。しかしながら、サッチャリズムにそくした減税と歳出削減という政策の組み合わせに対する世論の反応を見てみると、一九八三年から二〇〇九年までの全国社会調査センターによる世論調査結果では、全体の一〇パーセントを超えたことは一度としてなかった。保守党首脳部の認識と実際の世論動向との大きな隔たりが表れているといえよう（Park *et al.* 2013）。

二〇〇五年総選挙では、得票率においても、獲得議席数においても、依然として労働党に大差をつけられた。連続三度の敗退を喫した事実は、保守党のスタンスが有権者から乖離していることを、党内に否応なく知らしめた。危機感に支配される中で実施された二〇〇五年一二月の党首選で党首に選出されたキャメロンは、社会を重視する「ビッグ・ソサイエティ」構想を打ち出して、「社会などというものはない」としたサッチャリズムと距離をおくことで、党を中道寄りに変化させようとした（Thatcher 1987）。サッチャライトで占められた議会党右派は、キャメロンの戦略を歓迎こそしなかったものの、選挙を見越して公然とこれに反対することはなかった（Heppell and Seawright 2012: 8）。

二〇〇五年以降、保守党は、キャメロン効果ともいうべき党勢の回復をみた。二〇〇六年には支持率において労働党を上回り、支持率における優勢は、ブラウンの首相就任後の数カ月を除いて継続し、二〇一〇年総選挙に至るまでにその差を広げていった（もっとも、この間保守党の支持率が五〇パーセントを超えたことは一度もない）（Denver 2012: 49）。

二〇〇七年一月、キャメロンは演説で、公共サービスの向上を積極的に進める意向を明らかにし、そうした政治スタンスを「リベラル保守主義」（liberal conservatism）と定義した（Beech 2009: 27）。キャメロンが企図したのは、サッチャリズムを読み直すことで、現代における「保守」を再定位し、その保守党の「現代化」を広く有権者に印象づけることであった（Byrne, Foster and Kerr 2012: 24）。

キャメロンがしばしば引き合いに出したのが、「一つの国民」を最初に謳ったディズレイリ（Benjamin Disraeli）であった。キャメロンは、あえてディズレイリを持ち出すことで、「一つの国民」保守をウェットとして切り捨てたサッチャリズムとの違いを有権者に印象づけようとした。政策面では、公共サービスへの投資と改革、という労働党政権の政策遺産も継承することを公約した。こうしてキャメロンは、労働党長期政権の政策遺産という制約を受け入れることで、党の中道化と野党時代のブレア労働党のような「継承戦略」を採ったのであった。だが、金融危機後の不況の中で二〇一〇年に成立した連立政権は、こうした中道化・継承路線とは大きく異なる、歴史的な緊縮財政を断行することになる。

3　二〇一〇年の政権交代

二〇一〇年五月、リーマン・ショックの国内経済への深刻な影響が顕在化する最中に実施された総選挙は、一三年振りの政権交代に帰結した。総選挙そのものは、どの政党も過半数を制することのない勝者不在の選挙だった。投票率は戦後三番目に低い六五・一パーセントにとどまり（最低は二〇〇一年の五九・四、次いで二〇〇五年の六一・四）、有権者の政治離れは深刻であった。なかでも二大政党の得票率は、戦後最低であった二〇〇五年をさらに下回り、六五・一パーセントにとどまり、二大政党離れは明らかであった（表0－1）。労働党は議席を九一失い（選挙区割変更分除く）、過半数を大きく割り込む二五八議席に終わった（総議席数六五〇、過半数三二六議席）。保守党は、経済危機と金銭スキャンダルで支持率を落としていた労働党に対して有利な選挙戦を展開できたはずであった。しかし保守党の獲得議席数は三〇七議席にとどまり過半数に達することができなかった。勝者なき選挙でキャスティング・ボートを握ったのが五七議席を獲得した第三党の自民党であった。対EU政策や選挙制度改革をはじめ複数の重要政策領域で立場の異なる保守党と自民党は、連立政権に向けて数日間にわたる協議を行い、妥協と譲歩の末、戦後初めての本格的な連立政権へとこぎ着けた。なお、連立交渉に際し、保守党による抜き打ち解散を危惧した自民党の要請を受けて、内閣の解散権行使を制限する五年任期固定制の導入が合意された（二〇一一年任期固定法）。

表6－1は、一党優位制への転換が論じられもした一九九二年総選挙、政権交代の起きた一九九七年と二〇一〇年の三つの総選挙における、職業階層別の投票行動を示したものである。この表からは、二〇一〇年総選挙で労働党を一九九七年の政権交代へとつなげた中間層C1、C2と低所得層D・Eの多くが労働党を見限ったことが読み取れる。一方、保守

表 6-1　職業階層別投票先（1992，1997，2010 年）

	1992年				1997年				2010年			
	保守党	労働党	自民党	その他	保守党	労働党	自民党	その他	保守党	労働党	自民党	その他
AB	56	19	22	3	41	31	22	6	39	26	29	7
C1	52	25	20	3	37	37	18	8	39	28	24	9
C2	39	40	17	4	27	50	16	7	37	29	22	12
DE	31	49	16	4	21	59	13	7	31	40	17	12

出所）Ipsos/MORI のデータをもとに筆者作成。

党は、ABを除く全ての職業階層の支持を伸ばしたものの、一九九二年総選挙の党勢を回復するには至っていない。とくに安定的に支持を得てきた上位中流階級以上の層（人口の約三パーセントを占めるAと、同二〇パーセントを占めるB。本書三五頁参照）の支持の減少傾向に歯止めがかかっていないことがわかる。第三党の自民党は、一九九七年以降議席を増大させてきたが、総選挙前に初めてテレビ放映された党首討論で人気を高めたクレッグ（Nick Clegg）党首の存在にもかかわらず、当初の予想に反して議席を減らした。自民党は、労働党政権初期から中期にかけては低迷する保守党から離れた票を、労働党政権後期には、政権に対する批判票を吸収してきた。しかし二〇一〇年総選挙では、浮動票頼みの脆弱性が露呈してしまったといえる。

人々の既成の大政党離れが明らかになる中で、得票を伸ばしたのがUKIP、イギリス国民党（BNP）といった欧州懐疑派政党や排外的な極右政党であった。小選挙区制に阻まれて議席獲得には至らなかったが、これら二つの政党の総得票数は、今回初めて議席を獲得した緑の党、あるいは地域政党であるスコットランド国民党を大きく上回った。とくにUKIPが掲げた移民排斥の主張が、生活不安を抱えた白人ブルーカラー労働者の支持獲得を引き寄せた（Ford and Goodwin 2014）。その予兆はすでにあった。比例代表制を採用している欧州議会議員選挙をみれば、二〇〇九年六月の選挙で第一党こそ保守党であったものの、第二党には、同数の獲得議席数で労働党とUKIPが並んだのであった。BNPも二議席を獲得した。分断が深刻化するイギリス社会を反映するかのように、ウェストミンスター議会では二・五大政党制、ウェストミンスター議会以外では多党制となったということができる。

4　二〇一〇年の政権交代後のイギリス政治

キャメロン政権下の超緊縮財政

金融危機のダメージが色濃く残る中で発足したキャメロン政権には、経済の立て直し、膨大な財政赤字の解消、深刻な政治不信への対応というきわめて困難な仕事が待ち受けていた。連立政権が最優先課題としたのが、二〇〇九年度に総額約一〇七六億ポンドまで膨れ上がった政府債務の削減であった。政権成立直後の六月には緊急予算が発表され、付加価値税は一七・五パーセントから二〇パーセントに引き上げられた（二〇一一年一月施行）。二〇一一年度予算では、ほぼ全ての公共サービスへの支出が削減され、公的給付の減額あるいは受給要件の厳格化も盛り込まれて、大がかりな財政再建方針が提示された。同予算案で掲げられた目標は、借入れ額を二〇一三年度末までに一四六〇億ポンドから七〇〇億ポンドまで圧縮し、さらに一五年度までに対GDP比で九・九パーセントから一・五パーセントまで引き下げるというものである。予算責任局（Office for Budget Responsiblity: OBR）は、連立政権の財政立て直し案がそのまま遂行されると、政権の任期終了の二〇一五年度までには、対GDP比七・四パーセントに相当する政府支出が削減対象となると試算した。それは、戦後最大規模の歳出削減策であった。

真っ先に削減のターゲットとなったのが、社会支出である。図6-6は、一九〇〇年から二〇一五年に至る社会支出の推移を示しているが、二〇一〇年以降の急勾配の「崖」からは、一九三〇年代の大恐慌以来の支出削減の規模の大きさを読み取ることができる。

具体的には、社会保障関連では、対GDP比で二〇一〇年の四七パーセントから二〇一五年には三九パーセントまでの大幅削減が提示された。その削減は、給付水準の見直し、失業問題の改善、公的給付受給者に対する就労要件の強化などを内容とした。OBRが四～五パーセント（二〇一一年度）と予測したインフレの昂進の影響が加わり、この削減による

図 6-6 社会支出の推移（1900-2015年）　（対 GDP 比：%）

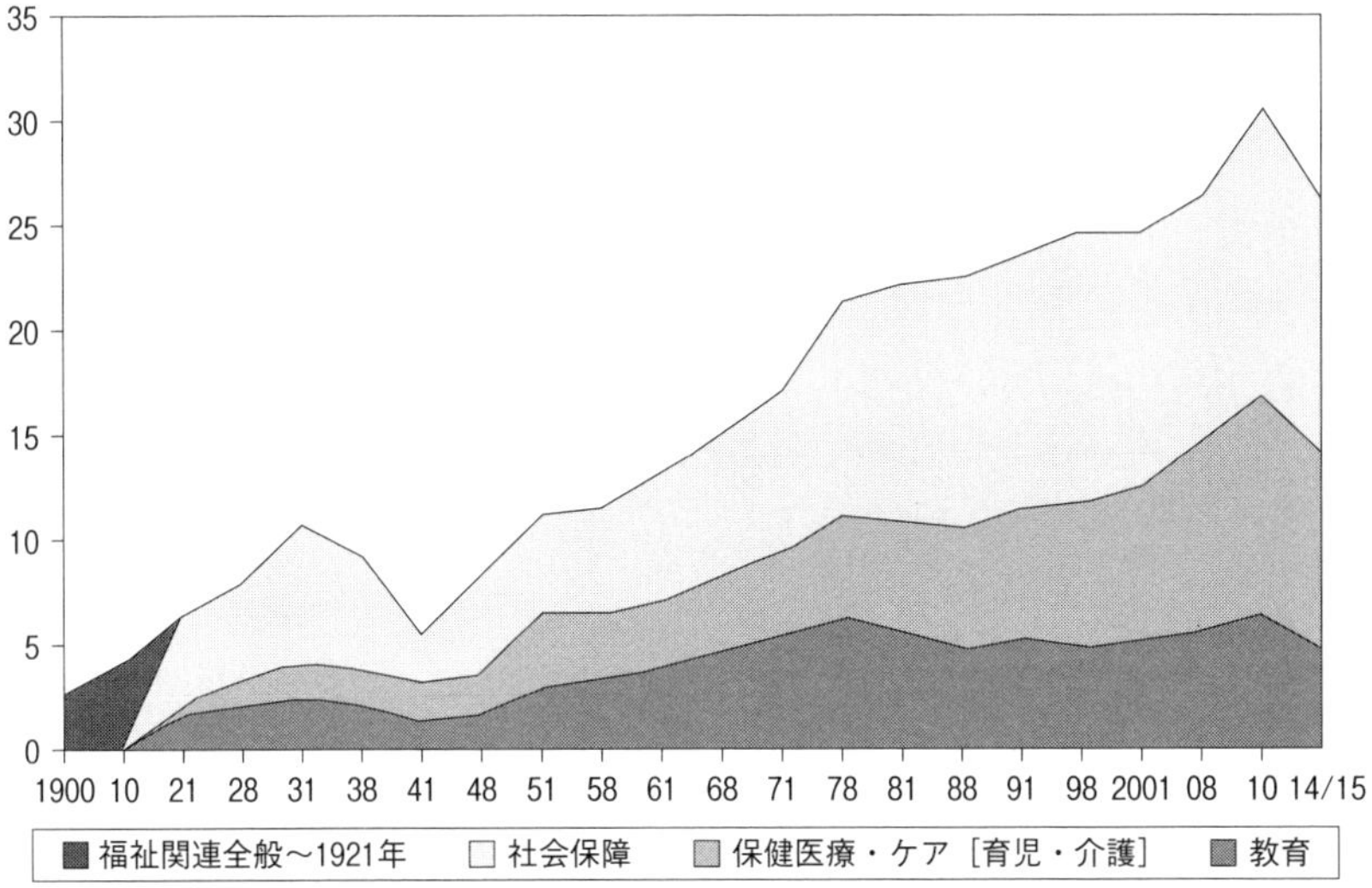

出所）Glennerster（2011）.

実質可処分所得の減少は低所得層の生活に大きな打撃となった。

社会保障制度について実行された改革が、公的給付や税額控除等を一元化する「ユニヴァーサル・クレジット」の創設であった[176]。元党首のダンカン＝スミスが野党時代に自らシンク・タンクを立ち上げて準備したこの制度は、二〇一一年二月に「福祉改革法案」として議会に提出され、緊縮財政の下では例外的な規模の予算措置が採られた。一連の制度改革では就労に対する事後的補償策を補強することで就労意欲を高めることが目指された一方で、公的給付受給に「依存」する道を徹底してふさぐことが目指された[177]。それは、戦後福祉国家の設計図となった『ベヴァリッジ報告』以来最大の社会保障改革とみなされるほどの急進的な制度改革であった[178]。改革の骨子はすでに二〇一〇年六月の緊急予算と一〇月の歳出見直しで示されていたことから、この改革が政権交代前から周到に準備されていたことがわかる。

もう一つ緊縮財政の例外として扱われたのがＮＨＳだった。連立政権はＮＨＳの予算だけは他の領域と同じような支出削減を断行することができなかった。キャメロン首相は、保守党の選挙公約を反故にするリスクは取らず[179]、ＮＨＳを削減対象から外れた数少ない領域に含んだのであった。もっとも、前年並みの水準が守られた保健医療関連支出であるが、社会の高齢化に伴う医療需要の伸びやインフレ率の上昇に鑑みれば、実質的には削減を意味した。そのほか、雇用創出のための政府投資（労働党政権末期に創設された若年失業者を対象にした雇用創出基金）、あるいはシュア・スタート、児童信託基金、困窮家庭の就学児童への教育維持手当などが次々と削減、廃止の対象となった。

他方において、キャメロンは、「ビッグ・ソサイエティ」という標語を用いて、社会に権限を委譲することを謳ったわけだが、キャメロンの構想では、コミュニティ、そして個人は、分権化を通じてエンパワーされるべき存在であった（McAnulla 2012: 167）。さらに連立政権では、既存の就労支援対策を統一して効率化が図られた。それは既述のフロイトの政策構想の具体化である。ワーク・プログラムと呼ばれた新たな就労支援は、サービスの提供は地域社会のアクター、すなわち民間企業、ヴォランタリ団体、社会的企業が実施し、それらの団体に対しては、成果にもとづく報酬制度が導入された[180]。しかし、ヴォランタリ組織の活動を支えるはずの地域社会ネットワークの構築やインフラの整備のための予算が大幅に削減されたことが強く懸念されている。

保守党は、二〇一五年総選挙では辛うじて過半数に達し、一八年ぶりに単独政権を成立させた。ところが、第二期キャメロン政権下で継続された緊縮財政によって、イギリスは今後深刻な貧困問題に当面するとの警告が発せられている。図6-5にあるように、相対的貧困率は、二〇一六年に比べて二〇二〇年度までに二パーセント上昇すると推計されている。その要因には税額控除の削減の影響が指摘されている（Browne and Hood 2016）。なかでも、子どもの貧困率は劇的に悪化すると予測され、二〇一六年の時点ですでに労働党政権下の貧困率を上回る一七・五パーセントとなっているが、それが二〇二〇年度にはさらに二五パーセントにまで上昇するという推計が示されている。

キャメロンや財務相のオズボーン（George Osborne）は二〇一六年に退陣するまで、緊縮財政はイギリスの競争力回復に不可欠だと幾度となく強調した。市場や国際社会への義務と責任をはたすという制約に応えることがあくまでも優先される中、他の選択肢はないという結論づけによって超緊縮財政は正当化されていった。しかしながら、シュトレーク

(Wolfgang Streeck) の言葉を借りるならば、政府がグローバルな市場に足場をおき国境を超えてつながる「市場人」にばかり応答性を示し、国民を迂回していくならば、人々の政治への絶望は深まり、政治参加の機会に背を向けていく(シュトレーク 二〇一六)。上述した二〇一五年総選挙では、NHSをはじめ公共サービス拡充を多くの有権者が求めていたのだが、投票率の深刻な低迷や有権者の既成政党離れが進んだ。「デモクラシーの愁訴」というべき事態は、「制約の中の裁量」という政治の可能性に重い課題をつきつけている。経済のグローバル化をはじめ、様々な制約要因の中で、人々の生活のリスクに対応し社会的な紐帯を備えていくための裁量をいかに見い出すのか、という課題への対応力が政権を担う政党に求められているのだといえよう。

小　括

本章では労働党政権の実績と限界を考察した。経済政策では、たしかな実績を確認することができる。厳格な財政規律の下、イギリスの単年度財政赤字は安定的に低下し、均衡財政と呼べる水準に達した。市場主義に枠づけられた成長戦略は、金融部門が牽引する成長を促進し、記録的な好況の持続を示した。社会正義を目指した政策群では、とりわけ選別的な所得補償や多様な社会グループを対象にした各種自立支援サービスは貧困軽減効果を示した。つまり同政権は、「制約の中の裁量」によって、トリレンマをある程度は解消し、人々の生活水準の向上のもたらしたと見ることができる。

労働党政権の一連の改革は、(1) 財政規律への圧力、(2) 中間層、市場、メディアの信頼獲得、(3) 制度の経路依存、に常に応答せんとして過度なまでに慎重に進められた。結果として、労働党政権下の一連の公共サービス改革は、安上がりに、上昇志向のある中間層がその改革の利得を実感するように、いわば及び腰で進められた。ステルス再分配はこうした政権の姿勢を象徴する。しかし及び腰の改革には、重大な限界がつきまとった。端的にいえば、富裕層、不安を抱える中間層、貧困層といった社会の分断を乗り越えていくことができないのである。結果的に、とりわけ雇用と賃金が不安定な人々の中にはグローバル経済の恩恵から自分たちは「置き去りにされた」との意識が強く根づくようになる。これらの課題を抱えながら、労働党政権は、二〇〇七年に世界史的な金融危機に直面した。もとより薄氷の収支バランスで成り立っていた財政は急速に悪化し、増税と歳出削減を余儀なくされた。中間層の間にも生活不安が広がる中で実施された二〇一〇年総選挙は、勝者を生むことはなかった。政権の座を降りた労働党が積み残した社会の分断は、保守党と自民党の連立政権が実施した歴史的な緊縮財政によって一層悪化し、イギリス社会に深刻な歪みをもたらすことになる。

終　章　政権交代の光と影

1　ポスト・ニュー・レイバー——労働党の分裂、社会の分断

ミリバンドからコービンへ——ニュー・レイバーへの不信任

本書ではブレア労働党による政権交代までの道程とその意義、そして、ブレアとブラウンを首班とする政権が生んだ功罪半ばする遺産について検討してきた。二〇一〇年五月、労働党は総選挙で敗退し、その後二〇一七年一〇月現在に至るまでに、三回の党首選、二回の総選挙、二回の国民投票という激動を経験した。ここではポスト・ニュー・レイバーの時代について、簡潔に様相を提示しておく。

第6章で述べたように、二〇一〇年総選挙では、どの政党も過半数を獲得することができなかった。この結果を受けて、ブラウンは自民党との連立の道を探ったが不成立に終わる。ブラウンに代わる党首の選挙が行われたのは、彼の辞意表明から半年後の二〇一〇年九月であった。新党首にE・ミリバンド（Ed Miliband）を選出したことで、労働党はポスト・ニュー・レイバーの時代へと一歩を踏み出した。党首選で本命視されていたD・ミリバンド（エドの実兄）はニュー・レイバー創成期からブレアの側近として常に政策形成の中心にいた人物であった。外務・英連邦相をはじめ重職を歴任したデイヴィッドは、議員と党員から盤石の支持を確保していたにもかかわらず、決選投票で労働組合票をより多く獲得した実弟に僅差で敗れたのである（以下では、ミリバンドとはE・ミリバンドを指すこととする）。ミリバンドは、ブラウン・チーム

の中核メンバーであったが、兄に比べて、ブレア・ブラウンの下での所得の不平等是正策の不十分さにより批判的であった。つまりミリバンドは、ニュー・レイバーを否定してはいないにせよ、それをより平等主義的な方向に導くことを志向する政治家だった。

第6章で見たように、キャメロン率いる保守党・自民党連立政権は歴史的な緊縮財政による公共サービスへの支出削減を断行し、政権発足初年度から大鉈を振るった（池田 二〇一六：二五一―二五三）。NHSは辛うじて「現状維持」とされたものの、有権者の不興を買うことが容易に想像される公共サービスの削減が実行されたのだが、ミリバンド労働党は連立政権に対して政権奪還に足るほどの優位を確保することはできなかった。二〇一五年総選挙直前には保守党と労働党の支持率は拮抗していた。それというのも、連立政権は、財政危機の責めを前労働党政権に帰することで、超緊縮財政の遂行を正当化しえたからである。人々は、無償の保育所が閉鎖されたり、学校予算が削られたりすることに公正さを見い出しはしなかったが、巨額の財政赤字の解消のためなら一時的に痛みを受け入れる必要があるのだと考えるようになっていた（Cowely and Kavanagh 2016: 74-76）。キャメロン政権が盛んに用いた労働党政権による放漫財政という言説戦略は、労働党が党首の選出まで半年もの時間をかけてしまったこともあって、労働党政権に対する半ば一方的な総括として、効果的に人々にアピールし、その労働党観を成型した。さらに、連立政権は「福祉依存」問題に甘かった労働党政権とは異なる厳格な姿勢を際立たせようと、公的扶助の受給上限額を設置し、中間層の支持を得た。もっとも、大半の公的扶助受給は一時的なものであり、むしろ問題の核心は、低賃金で不安定な就労と失業が繰り返されることにこそあったのだが、その事実が人々の「福祉依存」観を塗り替えることはなかった。キャメロン政権の言説戦略は、かつて一九九二年総選挙敗退のトラウマから、ブレア、ブラウンが躍起になって払拭しようとした「増税と支出増の党」というイメージの再来であった（第2章）。

ミリバンドは、こうしたイメージを覆すことができなかった。そもそもミリバンドのリーダーシップは致命的なまでに弱かった。彼は決断力を示したり、コミュニケーション力をアピールしたりするようなタイプのリーダーではなかった。

世論調査会社 YouGov による二〇一二年と二〇一四年の世論調査ではいずれも回答者の七割以上が党首として評価しないとしていた[181]。また、彼がブラウン政権下の経済運営の非を認めるような発言を拒否したことも、マイナスに作用した。人々はミリバンドの態度を、過去の失敗から教訓を学ぼうとしない労働党の傲慢さを示すものと受け止めたのである。

とはいえ、ミリバンドが打ち出した政策は、じっさいにはブレア・ブラウン時代の教訓に学んだ斬新さを備えており、その眼目は、グローバル経済から「置き去りにされた」人々や、「窮乏する中間層」への対策におかれていた。端的な例になるのが、再分配前の市場所得の平等化を図るための「当初分配 pre-distribution」構想である。その構想は、ブレア・ブラウン時代に実施された税額控除を通じた事後的所得補償等ではカバー仕切れなかった領域に、税制、教育・訓練、労働市場の構造改革から切り込む、より根本的な平等化策の内実を持っている（Policy Network 2014）。ミリバンドが提示した一連の改革案が、現行の支出枠の中で実施することを前提として構想されたのは、労働党＝放漫財政のイメージへの対抗を視野に入れてのことであった。移民についても、新規移民は最低二年間公的扶助を受給できない、といった制限を設けることを公約とした。

それらの政策はいずれも有権者の要請に応じるものであったはずだが、結局のところ労働党の支持回復につながらなかった。ミリバンド労働党は、「政策はよいが、全く人気のない」政党であった（Cowely and Kavanagh 2016: 81）。政策アイディアという資源はあった。しかしそのアイディアをめぐって党内の意見は分裂し、ミリバンドの党内基盤は、ブレア派によるミリバンド降ろしに端的に表れたように、きわめて脆弱であった。なおかつ、支持調達の権力資源では、ときにはキャメロンの支持率を上回りもしたが、経済運営能力に対する信頼度でキャメロンの後塵を拝していた。ミリバンドは、二〇一五年総選挙で惨敗し、政権奪還の機会を逸する。

イギリス政治を襲った激震

二〇一五年総選挙に至る時期、イギリス政治は大きな地殻変動を経験する。まず、二〇一三年九月に実施されたスコットランドの独立を問う国民投票である。結果は僅差で独立反対派が勝利した。労働党が独立反対の立場を示したことで、それまで労働党に投票していた独立支持派が、スコットランド国民党（SNP）への支持に転じ、労働党は重要な票田を失うことになる。

翌二〇一四年五月には、反EU、反移民、反エスタブリッシュメントを掲げたUKIPが、地方選と欧州議会議員選挙で大きく票を伸ばし、後者では第一党に躍り出る。UKIPは、保守党と労働党の支持基盤を切り崩し、支持を集めていた（若松 二〇一三）。ミリバンド労働党は、移民制限、経済のグローバル化の陥穽に対するセーフティネットの整備を掲げたが、「置き去りにされた」人々の離反を止めるだけの説得力は持ちえなかった。UKIP党首ファラージ（Nigel Farage）は、既成の大政党の政治家たちを、人心を汲み取ることのできない「政治階級《ポリティカル・クラス》」と痛罵し、プラグマティックな手法を採るキャメロンに飽き足らずより強硬な移民規制・対EU政策を望む保守層や、生活不安と政治不信を募らせた人々の共感を得たのである（水島 二〇一六：今井 二〇一六b）。ミリバンドもまた、「政治階級」に属するエスタブリッシュメントの一員にほかならなかった。

二〇一五年総選挙では、前回選挙に続いていずれの政党も過半数を取りきれないハング・パーラメント（少数派議会）が予想された。しかし大方の読みに反して、キャメロン保守党が過半数をわずか一二上回る議席を獲得し、保守党による一八年ぶりの単独政権が成立した。連立維持のために公約を次々と反故にしたとみなされた自民党は壊滅的な敗北を喫する。労働党は、スコットランドの議席をSNPに、イングランドの労働者階級票をUKIPと保守党にそれぞれ奪われ惨敗した。大躍進したUKIPの得票率一二・六六ポイントは、保守党、労働党に次ぐ第三位であった。そして、二〇一五年総選挙でUKIPに投票した人々の九五パーセントが、翌二〇一六年六月のEU離脱を問う国民投票で離脱賛成に票を投ずる。イギリス社会の鋭い分断、既成政党離れはすでにこのときから隠しようもなく見て取ることができた。

ミリバンドの党首辞任を受けて実施された党首選では、労働党史上かつてない大番狂わせが起きた。第一回投票で過半数を大きく上回る五九・六パーセントの得票で当選したのは、党内最左派のコービン（Jeremy Corbyn）であった。彼は労働党にとって初の急進的社会主義者の党首であった。系譜的には、第1章で見たように、一九八〇年代に当時のキノック党首が周辺へと追いやった急進左派のリーダー、ベンの支持者（ベン派）に属す。コービンの政治的立場は、一貫している。核廃絶、鉄道の再国有化、富裕層への課税強化、反エスタブリッシュメント、そして何よりも反緊縮財政である（Seymour 2016）。一九九〇年代から政治の舞台を支配してきたニュー・レイバーをはじめとする既存の大政党の政治家は、右のUKIP、左のコービンから挟撃されたのであった。もっとも、EU国民投票後に役割を終えたかのように衰微したUKIPは、二〇一七年総選挙では得票を激減させた。離脱賛同派は保守党へ、反対派および穏健な離脱を支持する人々は労働党へと票を投じたと見られている。

原理主義的なまでの反戦主義者、平等主義者で党内の役職の経験すらない泡沫候補であったコービンの党首就任は、二〇一四年の党首選出手続きの改訂がなければ起こりえなかったであろう。この改訂では、党内の部門ごと（議会党、選挙区党、労働組合を主とする加盟団体）の持ち票配分制（選挙人団制）に代わって、一般党員、加盟団体サポーター、登録サポーター（三ポンドを支払うと投票権を取得できる）による一人一票制が導入された。労働組合員は、団体としてではなく、自らが直接票を投じることになった。コービンは、議会党からの得票では圧倒的に不利だったが、加盟団体票のおよそ六割、そして「コービン狂 Corbyn Mania」と呼ばれる若者を中心とした新規登録サポーターの八割を超える支持を受けたのだった。ブレア派の候補ケンダル（Liz Kendall）の得票がわずか四・五パーセントであった事実は、この党首選が明確なニュー・レイバーへの不信任表明の機会となったことを示す。コービンは、二〇一六年九月に実施された党首選でも六割の支持を得て再選をはたす。こうして、労働党のニュー・レイバー時代は完全に幕を閉じたかのようである。

EU国民投票とイギリス社会の分断

二〇一六年六月二三日に実施されたEU残留・離脱を決する国民投票における離脱派勝利という結果は、世界中を驚愕させた。同時にこの国民投票は、イギリス社会が抱え込んだ幾つもの深い亀裂を白日の下に晒した。学歴を見ると、大卒で離脱を支持したのはおよそ三割だったのに対して、中卒以下では七割、年代で見ると、一八歳から二四歳まででは三割以下に対して、五〇歳以上では六割を超えた。収入で見ると、高所得者のうち離脱派は四割であったのに比べて低所得者層では六割強であった。地域で見ると、残留支持はスコットランド、北アイルランドで多く、ロンドンを除くイングランド、ウェールズでは離脱支持派が過半を占めた。

国民投票の結果には、政策論よりも事実を誇張や歪曲、捏造さえして感情に訴えるキャンペーンを優先する「ポスト・トゥルース」の横行が少なからず影響したと見られている。だが、離脱投票者は必ずしもそれらに「騙されて」いっときの衝動で行動したわけではない。国民投票後の世論調査からは、大半の投票者がキャンペーン開始前に投票先を決め、また離脱派の九割近くは、国民投票が再度実施されても離脱に投票するとしていることが明らかになっている。注視すべきは、政治家や専門家たちが躍起になって示したEU離脱による甚大な損失という「事実」を、離脱支持の人々がリアリティに欠ける説教だと一蹴したことである。離脱票を構成していたのは主に、比較的高齢の保守層と、経済的に安定感を欠き生きづらさを痛感している人々であった。離脱派勝利を決定づけたのは、既成の大政党の多元主義にもとづくリベラルな政策に反発した高齢者の保守層と、経済的な不安定さの中で再分配を求める人々が、総人口の八割を占めるイングランドの大票田を動かしたことにあった。

人々の不安や不満が噴出した際の圧倒的な爆発力は、根深い社会の分断が短期間のうちに形成されたものではないことを伝える。たしかに、分断が深刻な社会問題を惹起することには、これまでに幾度となく警鐘が鳴らされてきた。しかし、サッチャー以後の歴代の首相が、「階級なき社会」（メイジャー）、「包摂社会」「全ての人に機会を」（ブレア、ブラウン）、「一つの国民」（キャメロン、メイ〔Theresa May〕）といった言葉によって社会的連帯の再興を謳おうとも、分断に歯止めがかかることはなかった。二〇一〇年以降の超緊縮財政が分断を一層悪化させたことはいうまでもない。「第三の道」を掲げたニュー・レイバーによる政権交代とその後の長期政権は、こうして分断が亢進してゆく社会においてどのような可能性を拓き、そして教訓を遺したのか。そこでさいごに、本書で明らかにしたことを概括し、その今日的含意を考察する。

2　サービス経済時代の政権担当力

そもそも、本書で取り上げた政権交代には、次の二つの側面においてきわめて重大な意義があることを改めて確認しておきたい。第一に、政権交代が生じることを前提とした政治制度とアクターとしての野党第一党の機能、というデモクラシーにかかわる側面、第二に、脱工業化とグローバル化という新たな経済環境の中で政権交代を通じて政策刷新を実践しうる可能性、という改革にかかわる側面である。

序章で示したように、デモクラシーの文脈から見ると、そもそも単純小選挙区制を採る議院内閣制の下で、「選挙独裁」とさえ表現されるほどの強大な権限を掌握しうる政権与党を牽制し抑制する存在として、野党はイギリス憲政上、不可欠の役割をはたすと考えられてきた。だからこそ、選挙権の拡大が漸進的に進められた一九世紀以降、「国王・女王陛下の反対党」という特別な呼称を与えられた野党第一党に公式の地位が保障され、その機能を十全に発揮できるような制度の整備が行われてきたのである。野党第一党に期待される役割とは、議会において異議申し立てを含めた討論の担い手たること、そして政権与党に代わりうる存在となることである。本書が検討した労働党についていえば、サッチャー保守党に政権の座を譲った一九七九年以降、戦後の政権交代不在の最長期間となる一八年にわたって野党の座に甘んじ、後者の役割、すなわち政権与党の代替勢力たる機能をはたしえなくなっていた。政権を再び担いうる政党たらんとして、キノック、スミス、ブレアという三人の党首は、組織、支持基盤、政策枠組みにまで及ぶ抜本的な党改革を実行した。本書はその軌跡と帰結としての功罪を検討した。

政策刷新という側面から見ると、政権交代によって刷新性をアピールする上で、今日の経済・社会状況から政治アクターは共通の難題に直面することになる。なぜ難題かといえば、均衡財政、雇用の拡大、所得格差の是正をはじめとした社会正義の実現、という三つの目標を同時に達成することは不可能ではなくともきわめて困難であり、少なくともどれか一つの目標は犠牲にせざるをえないとされる状況に、現代世界のほとんどの先進国が逢着しているからである。このようなトリレンマが生じる背景には、減税、規制緩和、政府介入の縮小、財政規律の維持を促すグローバル市場、国内における少子高齢化、そしてサービス経済がもたらす労働市場における賃金や待遇の甚大なる格差による分極化が同時に進展していることがある。

したがって、政権交代を論じるにあたり焦点になるのは、トリレンマにどう対処するかという政治選択によって生ずる経済的社会的帰結である。政権交代によって新たに政権与党となった政党が、どのような変革をもたらすのか（あるいは、もたらさないのか）、が問われなければならない。本書では、政権奪還を目指したブレア労働党の政治選択と実践された政策の意義を解明するために、次の三つの問いに迫った。

（1）労働党はどのようにして自党の「現代化」を実践したのか。「現代化」とは何を目指すことを意味し、その発現たる総選挙マニフェストはいかなる内容を持ち、いかなる過程を経て形成されたのか（野党による自己改革と公約の形成過程）。

（2）公約の実現可能性を予め担保するためにどのような準備が行われたのか（公約の実現可能性を確保する方策）。

（3）政権交代後、公約はどのように実践され、政権与党としての労働党はイギリス政治社会に何をもたらしたのか（公約実行の際の政治戦略とそのインパクト）。

3　「制約の中の裁量」――制約・権力資源・政治選択

これらの問いを考察する際のキーワードとしたのが、「制約の中の裁量」であった。本書でとくに着目したのは、政党の意思決定を拘束する制約、すなわち、経済的制約（均衡財政への圧力）、制度的制約（戦後福祉国家等の従前の制度が中長期的に生み出す経路依存）、政治的制約（政党間競争）の三つである。これらは、各々独立した因子ではなく、相互に密接に連関している。例えば、規律ある財政、減税措置、規制緩和への圧力は、福祉国家を支える財源の調達方法、労働市場と福祉の関係に影響を与える。それらの変動の中で、政党間の対立軸も移動し、グローバル経済の影響や雇用と賃金の安定・改善をめぐる有権者の要求も変化する。

これらの制約要因の中で政治アクターが政策立案を行う際、どのような政策に対して裁量を発揮しようとするのか、また発揮しえるのかは、選択の問題であり、その選択の自律性を支える権力資源の問題となると考える。本書では、政治アクターの権力資源として、意思決定構造、支持調達、政策アイディアという三つの要素について、その多寡と資源を投じる際の戦略的意図とが裁量の発揮のあり方にどのように作用したのかを検討した。以下では、上記の問いにしたがい、本書で明らかになったことを確認する。

〔第一の問い〕野党による自己改革と公約の形成過程

労働党が一八年をかけて政権獲得を遂げた軌跡は、キノック、スミス、そしてブレアという党首三代の足跡と重なる。労働党が有権者の信頼を失い、勝てない野党第一党として政権から遠ざかることを決定づけたのは、フット党首の下で戦った一九八三年総選挙であった。急進左派の影響力が強まる中で議会党の主流派が離党するという党組織の混乱。社会主義の色彩が強い公約を列挙したマニフェスト。一九七〇年代の大規模なストライキによる混乱「不満の冬」の記憶が新しい有権者は、こうした労働党を強く警戒した。一九八三年総選挙で労働党は、第三党への転落を小選挙区制によってかろうじて免れたが、党の迷走ぶりは深刻であった。フット労働党は、一国単位を基本とするケインズ主義的経済運営の遂行を困難にする経済のグローバル化、新興の中間層の増大、そうした中間層の上昇・安定志向に呼応するサッチャー保守党政権の「買う権利」政策等の影響、といった制約要因を大きく看過した。結果として、伝統的に労働党を支持してきた層からさえも大量の離反者を出したのだった（第1章）。

組織、支持、アイディアにわたる権力資源が一気に縮小した労働党の党勢を、総選挙で勝機を見い出しうるくらいまで回復させたのがフットの後を継いだキノック党首だった。キノックは、組織面では、議会党と選挙区党の急進左派を徐々に周辺に追いやる方向で改革を進め、支持調達では、党の中道化によって大票田となった新興の中間層からの支持調達を目指しつつ、メディア対策のプロフェッショナル化を進めた。政策アイディアでは、一国ケインズ主義からの脱却と供給サイド重視という転換を行いつつ、市場の陥穽への手厚い政府介入を意味する「供給サイド社会主義」を掲げ、サッチャリズムへのアンチテーゼを打ち出したのであった。制約要因を見れば、流動化する有権者配置に対して中間層を射程においた支持調達戦略の展開、そして、NHS、教育をはじめとした戦後福祉国家の経路の維持と社会的リスクに対応するための政府介入の重視、といった現実主義的な対応が図られた（第1章）。

トリレンマに照らせば、財政出動には慎重でありながら、積極的な人への投資と最低限の平等化政策を通じて雇用と社会正義の両立を目指す。これがキノック時代の労働党の回答となった。それでもなお、一九九二年総選挙で労働党は、過半数割れもささやかれていたメイジャー保守党に敗退する。キノック自身が析出した敗因は、支持調達の資源の圧倒的な不足であった。人々はキノック労働党を代わるべき政府の担い手として信頼することはできない、と判断したのである。なかでも保守系メディアが一斉にキノックのリーダーシップや、労働党の増税策を攻撃したことが、政権交代を生じさせなかったことに大きく作用したと考えられている（第2章）。

キノックの後継党首スミスは、組織面では、党大会での労働組合の票決力を削減し議会党首脳部へと権限を集中させる一方で、党内の全ての組織を政策審議過程に参加させる全国政策フォーラムを設置し、党大会前の党内民主主義を保障した。第2章で論じた通り、スミスは支持調達の資源について、良質の政策を打ち出していれば、自ずと支持はついてくると考えていたのである。それゆえ、彼は第二のベヴァリッジ構想と銘打った福祉国家の「現代化」を最優先課題とし、党本体から切り離した政策審議委員会である「社会正義に関する委員会（CSJ）」を拠点に、体系的な福祉国家改革構想をまとめあげた。制約要因へのスミスの対応は、キノックのそれをおおむね継承するものだった。CSJの最終報告書は、いわば社会的投資国家を謳い、当時の中道左派の有識者や活動家から提示された政策アイディアを網羅するものである。いわばブレアに先立つ「第三の道」の具体化であった。報告書が幾度となく強調したのは、アメリカ型ワークフェアとの差別化であった。つまり、公的扶助に依拠させず、賃金や待遇の条件が悪くとも就労することを第一義的に要請するような政策デザインとは一線を画するとされたのだった。一九九四年に党首に就任したブレアは、これら前任党首による一連の「現代化」の成果を引き継いで政権奪還を目指すことができた。

第3章で明らかになったのは、ブレアら首脳部は、前任のどの党首よりも三つの制約要因への応答性をことさらに重視していたことである。経済的要因に対しては、グローバル市場が課す「黄金の拘束服」を自ら積極的に受け入れるかのごとく、減税、規制緩和、均衡財政といった施策を打ち出す。制度的制約では、戦後福祉国家を尊重しつつも、NHSや教育といった公共サービスの改善の必要性を訴えた。政党間競争という政治的制約については、ブレア個人の政治信条も手伝ってサッチャリズムを正面から否定するのではなく、むしろ民営化、労働組合規制、減税措置、といった政策を積極的に継承し、自助を重んずるネオ・リベラリズムに親和的でさえあった。しかしながら、だからといってブレア労働党がサッチャリズムの嫡子であったという結論がすぐに引き出されるわけでは決してない。ブレア労働党は権力資源を増大させることで裁量の余地を広げ、やがてその裁量を活用してサッチャリズムとは一線を画す方向性を打ち出してゆくのである。

三つの権力資源のうち、党首就任後にブレアがまず実践したのは党組織の「現代化」のいっそうの推進であった。すなわち、党綱領の改訂によって党の体質の転換を明示すること、党書記長人事や選挙対策本部の設置等を通じて党首脳部への集権化を強めること、個人党員を大量にリクルートして労働組合の党から大衆の党への脱却を図ること、である（第2、3章）。一連の組織改革によって、党首の権限は大幅に増大し、公約の策定においてブレア、ブラウンとその側近が主導権を発揮する条件が整えられた。ただし、排他的なまでの首脳部の優位性は、党内に厳然と存在した政策路線をめぐる亀裂を解消せずに政権を目指すことを意味した。結果的に、ブレア労働党は、常に相当数の造反議員を抱えることになる。間口の広い大政党とはいえ、従来の党首と比較して、党内協議よりもトップダウン型のリーダーシップをはるかに優先したブレアは、大胆な政策転換や選挙キャンペーンを実行できた一方で、党内の批判を吸収しながら自己修正していく余地を自ら除外していくことになる。

権力資源のうちまずもって重視されていたのが支持の極大化であった。ブレアとその側近は、現有政権にとって代わりうる政権担当力が労働党に十分備わっているのだと人々に納得させ、信頼を得ることこそが政権獲得の最大の鍵だと考えたためである。ブレアにとって政策アイディアとは、支持調達戦略に従属すべき要素であった。党内でブレアと権力を分有していたブラウンは、同じように政権獲得を必至の目標とし現実主義的に支持動向を見きわめながらも、低所得者の底上げのための再分配にこだわった。ブラウンの政策追求志向は、政権獲得後、彼特有の「制約の中の裁量」として発揮されることになる。

ブレアは支持調達の面でも、前党首スミスから労働党への追い風という遺産を受け継いでいた。メイジャー保守党政権の支持率は、党内における欧州懐疑派と親欧州派との激しい対立、ポンド危機が引き金となった欧州為替相場メカニズム（ERM）離脱という屈辱的な失政等が相まって、一九九二年後半には急落していた。敵失による風ばかりでなく、ブレアは彼個人への有権者の高い支持、そしてメディアからの支持を引き寄せていた。だが、一九九二年総選挙敗退の轍をなんとしても踏むまいとするブレアとその周辺は、好材料に甘んじることはなかった。彼らが目指したのは次期総選挙の勝利だけではなく、二期以上にわたる政権の維持であった。そのためにも、メディア対策と効果的なプレゼンテーションによって、「労働党の増税爆弾」「増税と支出増の党」といった一九九二年総選挙当時の否定的なイメージを払拭することが死活問題だとされた。

ミドル・イングランド、メディア、そして市場関係者の支持獲得。これがブレアとその側近が採用した選挙マーケティングの射程であった。ブラウンが早期に策定した財政規律を重視する経済政策は有権者に安心感をもたらす上で重要な役割をはたした。野党時代のブレア労働党の公約作成に際して、一つの重大な転機になったのが、「ステーク・ホルダー社会」構想の発表とその撤回であった。第3章で示したように、三つの権力資源が目に見えて増大していた一九九六年一月、ブレアとその側近が公約策定のメルクマールにするべくこの構想を大々的に公表した。それは中道・中道左派の提言であって、「効率と社会正義」の連結を謳い、富裕層から貧困者あるいは社会のメインストリームから除外された人々に至るまで、全ての人々に、財、権力、機会というステーク（持ち分）が配分されるよう、政府と企業がそれぞれの責任を負うことを打ち出した。この構想には、ハットンをはじめ中道左派の有識者等による多くの政策アイディアが反映されていた。しかしながら、この構想は、発表直後から保守党、財界、メディアからの痛烈な批判の対象となり、ブレアはものの一週間でこれを撤回する。この手痛い躓きは、少なくともブレアと側近たちに「ステーク・ホルダー社会」の政策ポジションに在る限り、財界やメディアの支持を獲得できないことを認識させた。要するに、この構想よりも右側に党をポジショニングしなければ政権獲得が危ぶまれるのだと、ブレアらは考えるに至ったのである。

直後に策定が開始された総選挙マニフェストの内容が、このことを裏づける（第4章）。ブレアらは一方では、保守党政権下の基本的政策枠組みを事実上引き継ぐ「何も変えない戦略 a policy of no change」（継承戦略）を採る。それは、とくに財政および治安・犯罪対策での保守党政権との同質化として現れた。他方、中間層が改善を強く要請する公共サービスでは、教育、NHS、若年の就労支援の改革を公約とし、これを保守党政権への明確な対立軸とした。ところが、一九九七年総選挙マニフェストを作成した当事者の証言からも明らかなように、公共サービス改革にかかわるこれらの公約ですら、言説では革新を掲げながらも、その内容はあくまでも慎重で保守的なものにとどまった。かくしてブレア労働党の総選挙マニフェストは、「ニュー・レイバーなのだ。なぜなら、イギリスはより良くあるべきだから」というキャッチフレーズを掲げつつ、継承戦略とトーンダウンした改革案が並存する内容となる。

たしかに政権交代とは、あくまでも体制内改革であって、大方の有権者は政権交代によって生活が一変するような極端よりも、むしろ安定を望む。ブレアらが「より良くなる」と約束したことには、有権者の安定志向と、政権交代によって雇用や生活の見通しが改善することへの期待との双方に応えようという意図が込められていた。そうしてブレア労働党は、大胆な改革を控える自己規制をもって総選挙に臨んだ。一九九七年総選挙を前にした時期、景気はたしかに上向きだったものの、メイジャー政権内の分裂、腐敗、スキャンダルは、有権者に「変化のとき」の到来を感じさせていた。ブレアらはこうしたムードを確実に政権交代に結びつけるために、接戦区で手堅く勝つことに力を注ぎ、地滑り的勝利を実現した。しかし、投票率と得票率に映し出された有権者の動きを見れば、ブレア労働党への積極的な支持はじっさいのところ限定的であったことがわかる（第5章）。

〔第二の問い〕公約の実現可能性を確保する方策

一九九七年総選挙を前に、ブレア労働党が公約の実現可能性をできうるかぎり高めるために実践したのは、まず、控えめな公約に徹することであった。一九九二年総選挙での四度連続の敗北、一九九六年一月の「ステーク・ホルダー社会」構想の挫折の経験は、ブレアとその側近をいっそう慎重にさせ、増税、歳出増、再分配、企業活動への規制、労働者の権利保護、といった手法による社会正義の希求に自己規制をかけた。総選挙の一年前に打ち出した「五つの誓約」にしてみても、内容的には革新性というよりも保守性が際立つ。トリレンマの観点から見ると、財政規律と雇用が優先され、社会正義はあくまでも就労支援、教育やNHSといった公共サービスへの投資拡大を通じて実現されるものとされ、一九八〇年代以降に大幅に拡大した深刻な所得格差の抜本的是正策は公約リストには載らなかった。第4章の総選挙マニフェスト策定の過程を検討する中で明らかになったのは、志向性の異なる政策アイディアをめぐる党内論争であった。どのアイディアを選択するかは、就労と福祉の関係をいかに捉えるのか、何をもって自立とするのか、自己責任と構造的な問題との関係をどう捉えるのか、ひいては戦後福祉国家の根幹たる社会権をどう現代の文脈で位置づけるのか、等の根本的な理念にかかわる見解によって決定される。この選択にあたって強力な主導権を発揮したのが、党首室であり、ブラウンの影の財務相チームであった。

ただし、マニフェスト起草の過程が、政策アイディアの取捨選択の機会であったのと同時に、いったんは排除されたアイディアも含めて、将来の政策的選択肢を蓄積する機会でもあったことには注意しておきたい。もっとも象徴的な事例は、不人気な政策として政権獲得前に政策リストから脱落した増税による再分配機能と社会的投資の強化案（第4章）が、政権獲得後に不可視化された増税による「ステルス再分配」や就労・子育て支援等として実践されたことである（第5章）。

総選挙勝利のためにあらゆるリスクを徹底して除外する党首室の保守的な戦略には、影の内閣のメンバーや党首に近いアドバイザーからさえも批判が噴出した。なぜ、労働党による政権獲得をサッチャリズムからの脱却、市場主義からの変革の契機にしようとしないのか。どれほど鋭い批判を受けても、ブレアらの戦略が変更されることはなかった。均衡財政をルール化することには積極的でありながら、再分配策を温めていたブラウンは、保守党政権の税制の継承を強調するブレアの戦略に最後まで異を唱えていたが、総選挙では安全策を採るというブレアと選挙対策本部の意向に跳ね返された。有権者を安心させるために大幅な改革は公約にしない、という政治選択は、少なくとも公約の実現可能性を高めることに寄与したのである。

革新性において不十分であるとの身内の批判を受けたブレア労働党の総選挙マニフェストであるが、それでもなお、実現可能と判断された政策群には周到な準備がなされた。政策立案に際しては、シンク・タンク、クリントン政権の閣僚やブレーン、イギリス国内の有識者等からの専門知が取り入れられた。また、例えば、ニュー・ディール・プログラムの財源となるウィンドフォール税や、低所得層に対する在職給付である税額控除に関する膨大な試算は、党独自の人脈を通じてコンサルタント会社の支援を受けた。これらに加えて、イギリス特有の政治的慣習も、初当選以来一度も政権を経験したことのないブレアやブラウンをはじめ、統治の経験値がきわめて低かったブレア労働党の総選挙マニフェストの実現可能性を高める上で重要な意味を持った。とくに、政権を獲得した政党のマニフェストの政策を議会が妨げないとした不文律であるソールズベリ・ドクトリン、総選挙前に野党首脳部と高級官僚の接触を認めるダグラス＝ヒューム・ルールズは、円滑に政権を始動させ、政権公約を早期に施行することを可能にした。とりわけ、総選挙の一年以上前から事務次官級の官僚と影の内閣のメンバーおよびその政策顧問とが接触できることを規定する後者の意味は重かった。接触の頻度や内容にはばらつきがあったが、税額控除、ニュー・ディール・プログラム、基礎教育改革といった重要政策が、政権獲得後にスムーズに施行されたのには、この習律を活用した事前準備が大いに寄与していた。政権交代直後から確実に公約を実行に移し、（控えめな設定であったとはいえ）数値目標も達成したことで、新政権への信頼も高まった。

この点が日本にとっていかなる含意を持つか、あえて付言しておくなら、小選挙区制と、大政党（あるいはそれに匹敵する複数の与党や野党の連合）が相争う環境が整備されたからといって政権交代のあるデモクラシーが実現する保障はない。イギリスにおいてそうであるように、野党第一党が多次元にわたる権力資源をバランスよく備えることは、公約を策定し、政権運営のための態勢を整え、公約の実現可能性を確保する上で不可欠である。さらに、野党第一党が将来の政権党として遇され、政権移行を支える制度が備わっていることも、政権交代のあるデモクラシーに内実を与える上できわめて重要な意味を持つ。ブレア労働党による政権交代からすでに二〇年以上の時間が経過しているが、その周到な戦略と準備から引き出しうる教訓は依然として大きいと考える。

〔第三の問い〕公約実行の際の政治戦略とそのインパクト

はたしてブレア労働党政権は、経済政策では保守党政権の政策枠組みをおおむね継承した一方で、社会政策に関しては、中間層と低所得者層をそれぞれ対象に想定した、いわば二つの福祉を実践した。第5章で示したように新政権が優先的に取り組んだのは、増税をせずに支出を抑制するとした財政上の公約を確実に履行し、有権者（とくに中間層）、メディア、市場の信任を得ることであった。政権獲得前から準備されていた包括的歳出見直し等の財政ルールの設定、イングランド銀行の独立、ニュー・ディール・プログラムを通じた若年失業対策が次々と実践され、成果を生んだ。公約実行とブレアへの高い支持によって、政権への支持という権力資源を拡大させたからこそ、政権第二期における事実上の負担増をともなう公共サービスへの政府支出の大幅な拡大を実施する上での裁量の余地が広がったといえよう。

組織面では、政権第一期には、首相府付首席補佐官の任用、特別顧問の大幅増員、首相府と内閣府との連結などを通じて、執政府中枢の権限が急速に拡大した。野党期に進められた党の中央集権化の手法を政権運営に持ち込んだのである。それはリーダーシップの過度の伸張へとつながり、イギリスのデモクラシーを大きく傷つけるリスクを高めた。リーダーへの過度なまでの権限集中と閉鎖的な意思決定回路の陥穽は、二〇〇三年三月に世論と議会党の猛反発に抗して決定したイラクへの軍事介入の顚末で集約的に露呈した。イラク要因だけに還元されるわけではないにせよ、支持獲得のために「大統領（制）型」とさえ呼ばれた、人々に直接訴え、かつ世論動向に即応する体制を整えたはずのブレア労働党が、同じ組織体制によって、政治と人々の間の溝を自ら掘り進めたことは否定できない。

政策アイディアでは、税額控除等政権獲得前に蓄積された専門知とともに、政権期には、特別補佐官が政策形成に影響力を持った。また、総選挙の前にブラウンが提案したものの、選挙戦略上の理由によりマニフェストから除外された再分配を通じた低所得対策に関しては、事実上の増税を薄く広く実施しその影響を不可視化することで財源が確保されたのだった。増税を志向し放漫財政を厭わない党というイメージの払拭を望み、かつ再分配が注目されれば中間層の支持が離れると判断した労働党は、再分配を政権の実績とすることをむしろ回避しようとしたのであった（「業績回避」の政治）。

政権第二期に向けて、二つの福祉改革も本格化した。まず、主に中間層をターゲットとした公共サービス投資の拡大が公約とされた。他方では、子どもの貧困の撲滅が公約として掲げられ、シュア・スタートといった就学前児童を対象とした公的子育て支援がイギリスで初めて全国規模で施行された。当初、シュア・スタートは貧困地域にのみ実施されたが、中間層の支持調達につながることが判明すると、すぐさま普遍的サービスとして実施された。それでも中間層やメディアに警戒心を抱かせないという自主規制を貫こうとしたブレアらの意向によって、社会政策は過度なまでに慎重に進められた。経常支出を賄う目的ではなく、「投資」に使途を限った政府借入れ、あくまでも無過失な「子ども」を対象にした貧困撲滅、といったように、「オールド・レイバー」を想起させない手法や言説が巧みに選ばれたのであった。

慎重でありながらもなお、労働党政権は、リスクの社会化のためにいくつもの施策を連関させ編み目のような制度を構築することを目指した。貧困層のような社会的に排除された状態にある人々に対する一連の政策には、高い再分配効果が認められ、貧困層の底上げという確実な成果を生んだ（第6章）。労働党政権は、おそらく何も対策を講じなければいっそう深刻化していたに違いない社会問題に歯止めをかけた。選別的ではあったが、政策の対象とした深刻な不利を抱えた社会グループ（有子世帯、年金受給者など）の悪循環を反転させた。つまり同政権は、「制約の中の裁量」にもとづく政策刷新によって、トリレンマを少なくともある程度は解消し人々の生活の在り方に違いをもたらしたと見ることができる。これらの実績がたんなる誤差の範囲に過ぎないとみなすのは、困難な時代において政治がもちうる可能性の芽を摘むことにつながるのではないだろうか。

しかしながら、本書の冒頭で述べたような社会的分断の根本原因への取り組みは積み残されたままであり、大きな負の遺産として、その影が今日のイギリス社会を覆っていることも否定できない。所得格差を示すジニ係数は、二〇〇一年にいったんは減少したものの、再び〇・三五ポイントまで上昇し高止まりしたままであった。「いまや我々は皆中流階級だ」と言い切ったブレアの思惑とは裏腹に、社会的出自に起因する技能格差や、貧困の間世代的再生産は依然として深刻な課題として横たわっている（Toynbee and Walker 2010）。

労働党政権が実施した社会的包摂政策の重大な限界の一つは、仕事はあるが不安や不満を抱える中間層（＝ニュー・レイバーの言葉では、勤勉な人々 hard working people）と、低賃金労働と失業との間を頻繁に行き来する経済的に脆弱な層といった社会の異なるグループを結びつけられなかったことであった。その一つの要因として、教育や就労支援を通じた就労可能性《エンプロイアビリティ》の向上が、貧困の解消や機会の不平等の是正につながるという見通しへの過度の楽観である。さらに、常に財政上の厳しい制約を意識し、市場と中間層の要請に敏感であった労働党政権が、就労支援や社会的排除への取り組みをなるべく安上がりに、選別的に実施せざるをえなかったことは指摘されなければならない。所得税等の減税と均衡財政を受け入れつつ雇用政策と社会政策を拡充していくことには、通り一遍ではない念入りな政策デザインが求められる。

ブレア労働党は、たしかに、イギリス型戦後福祉国家の見直しが要請された時代において、均衡財政を維持し、中間層や市場の信頼を損ねずに雇用の最大化と社会正義を両立させようとする取り組みを実行した。刷新性を抑制したとはいえ、公約に挙げた政策領域に関して政権獲得前から入念に準備を繰り返し、だからこそ、いざ政権を掌握すれば、前政権の歳出枠組みを超えない範囲で確実に実行できる若年の失業対策、基礎教育改革、そしてスコットランド等への権限移譲に迅速に着手することができた。政権成立後の早い段階で、有権者、市場、メディアを安心させ、その上で、ブレア政権は公共サービス改革に踏み切ったのである。それが、長期政権につながる原動力であったことに疑いを容れる余地はない。しかし、均衡財政の維持といった制約に過度なまでに応答しようとした労働党政権は、トリレンマの解消を目指そうとしても、その強い制約枠組みを逸脱しないようにするあまり、多くの平等化政策には「ステルス」による再分配といった特殊な技法が用いられねばならなかった。とりわけブレアの場合、社会的包摂を重視していたものの、彼自身が道徳的な自己責任論に通ずる「アンダー・クラス観」に依って立つがゆえに、労働市場に参加することによる自立をもって包摂とするワークフェア的な発想が前面に出ることになる。したがって、労働市場に参入する際の技能によって賃金や待遇に甚だしい格差が生じるサービス経済に直面していても、所得格差是正に必要な措置や財源調達の方法について、有権者との間に新たな合意を結び直すことはなかった。

要するに、ネオ・リベラリズムの性格を色濃くもつアングロ・サクソン型成長モデルを修正することなく、トリレンマを解消しようとしたニュー・レイバーの政策デザインそのものに、自ずと限界が埋め込まれていた。それゆえ、労働党政権が掲げた社会的包摂は、上方への社会移動の不在、「置き去りにされた」人々の固定化、労働者階級の蔑視や敵視の蔓延（「デーモン化」）、中間層のアイデンティティの揺らぎと「労働者階級化」、移民や公的扶助受給者のスケープゴート化、等々、社会の深刻な歪みに帰結した。労働者階級、とくに荒廃地域の若者に対する蔑称として定着しつつある「チャヴ」という言葉がこの分断を象徴する。二〇一一年八月にイングランド各地で同時多発的に発生した若者による暴動が起こると、「チャヴ」は暴徒を表す言葉にさえなった（ジョーンズ 二〇一七）。ニュー・レイバー流の社会的包摂は、第6章で見た「五・七五・二五」社会という、いっそうの分極化と不安定化の発現を止めることができなかった。

4　ニュー・レイバーの遺産

先に述べたように、二〇一六年六月のEU離脱・残留を問う国民投票によって、分断された社会の中で何かを取り戻したいという人々の意思が表出されたとするならば、「取り戻したい何か」の中身が問われなければならない。人々は何を手に入れようとしたのか。「コントロールする力を取り返せ」。ファラージら離脱派のリーダーたちは国民投票を前にこう強調した。コントロールの対象は、経済政策、病院や学校などの公共サービス、そしてなかんずく移民であった。このスローガンは、本来はイギリスに属するはずの主権が移譲されていると感じ、そのことにプライドが傷つけられた保守層、あるいは自分のライフ・コースをコントロールできていないとの思いを抱く労働市場における弱者や漠然たる不安を覚えている中間層、いずれの琴線にも触れた。たしかにイギリスではEUの拡大にともなって、移民の数は急増し年間三〇万人を超えていた。だがイギリス統計局の調査を下に、長期滞在型移民の地域別実数と、国民投票における地域ごとの投票結果を比べると、移民の実数は、残留派が圧倒的多数を占めたロンドンで最多となり、それ以外の地域ではロンドンの半数に満たない。移民が多いから離脱票を投じた、という関係は単純には成り立たない。なおかつ、サービス産業を主軸とする成長モデルを採ってきたイギリスには、移民労働者の需要があったことも否定できない（今井 二〇一六a）。

離脱賛同者が求めたのは、移民の排除や制限よりもむしろ仕事、賃金、生活、そして将来に対する自己決定権であったと考えられる。こうした社会が著しく安定性を欠き、荒廃の色を強めていくことは避けがたいのであるのなら、財政的な逼迫という現実が存在するにせよ、雇用の安定、社会正義の実現に向けた不断の政治的努力がやはり必要であるはずだ。

本書では、均衡財政、雇用拡大、社会正義のトリレンマを中心的に論じ、三つの目標のうち何がどのように優先されるのかは、政権交代のあり方によって強く決定づけられることを論じてきた。我々はまたもう一つのトリレンマにも直面している。ロドリックの整理にしたがうなら、ハイパー・グローバリゼーション、国家主権、デモクラシーというトリレンマである（ロドリック 二〇一四）。グローバル市場にきわめて親和的であると同時に主権を手放そうとしない現在のイギリスは、まさにこのトリレンマの中にいる。デモクラシーはといえば、イギリスの議院内閣制について多くの人々は、「政治階級」・グローバル経済の恩英を受ける人々・専門家に牛耳られ、自らの預かり知らぬところで物事が決められていると感じて久しい。先の国民投票の結果は、デモクラシーを求めるそうした思いを抱いた人々の反逆であったとすらいえよう。たしかに議会制デモクラシーは深刻な機能不全の中にある。とはいえ、国民投票という直接参加型の手法でその機能不全を補うには大きな限界がある。ロドリックは、デモクラシーを確保しようとするならば、再分配やマクロ経済管理等を通じて統治システムに市場を埋め込む必要があるという。そうして社会を回復し防御する必要があるというわけである。EU離脱という歴史的事件は、現在のイギリスには、本書が論じてきたトリレンマと、次元は異なるが地続きのもう一つのトリレンマという重い課題があることを示している。

ブレア、ブラウンによるニュー・レイバー・プロジェクトは、機会の平等、そして社会的包摂を掲げ、貧困層の底上げのために多角的な政治的努力を積み重ねた。その成果は決して看過されてはならない。しかしながら、彼らの政策デザインは、あくまでもグローバリゼーションに親和的なアングロ・サクソン型成長モデルにのっとった上でのものであり、そのモデルが成功の鍵だという楽観があった。モデルの枠内で実施された一連の社会的投資国家戦略は、キャメロン政権による「放漫財政」という批判に反して、むしろあまりにも不十分であったといえよう。構造的に生み出される社会の分断の根源に迫ろうとするのであれば、子育て支援にせよ、教育改革にせよ、就労支援にせよ、所得補償にせよ、人々にある程度の負担増をともなう財源構造と、当初分配を含む新たな分配構造の確立が求められるだろう。ステルス再分配には平等化を目指す志向性こそ読み取れるものの、人々の間に新たな政治的な合意を形成しようとする意思は欠如していた。こうした意味において、少なくとも多くの人々が機会の平等も社会的包摂も実感し難い今日のイギリス社会の分断状況に対して、ニュー・レイバーははっきりと責任を負っている。

強い光と深い影をもたらした労働党による政権交代の経験から、我々は大きな教訓を引き出しうる。すなわち、厳しい制約の中ではあっても、政権党は確実に裁量の余地を見い出すことができる。その裁量をどの程度発揮できるかは、為政者の権力資源によって規定される。その権力資源の在り方や資源を投じる上での志向性や戦略には、政権を獲得する前の野党期の政治過程と野党をめぐる政治制度が大きく作用する。

「制約の中の裁量」をいかなる政策領域で最大化するかは、為政者の目的意識によって決まる。生まれ育った環境によって人々の人生の選択肢が決まったり、あるいはライフ・コースを通じたリスクの大小が決まったりする社会に生きるのか、それとも、いかなるバックグラウンドであろうとも機会の平等が保障されている社会に生きるのか。この分岐において、政治は重大な決定要因となる。分断の克服を優先する社会へと向かうのか、あるいは分断を拡大し固定化してしまうのか。この切実な問いに直面しているのは決してイギリスだけではない。だからこそ、政治の可能性を追求することがますます迫られているのである。

注

（1）エイジンジャーとグガー（Karl Aiginger and Alois Guger）は、保守党政権と労働党政権との間には、改革の細部においては違いが見られるものの、主要政策領域のアプローチでは同質性が確認できると論じる。具体的には、連帯よりも個人主義に重きをおく方針にもとづいて、解雇保護規制を弱めること、厳格な資力調査を設けること、脱商品化（人々が失業、疾病、老齢等によって、就労できなくなったとしても、一定の生活水準が保障される程度）の度合いが弱いこと、等が共通していると論じる（Aiginger and Guger 2006）。またランド（Brian Lund）は、メイジャー政権下ではサッチャー政権の政策に対して一定の見直しが行われ、ブレアはこのメイジャーによる修正サッチャリズムにもとづく政策を継承したと議論した（Lund 2008）。

（2）いささか議論を先走しるようだが、例えば、クリフトとトムリンソン（Ben Clift and Jim Tomlinson）は、労働党政権成立後にブラウンが実施した経済政策について、ブラウンら財務相チームは、インフレ率と政府債務高という二つの経済指標について市場の信頼を確保している限りは、税収や歳出の対ＧＤＰ比、法人税率、最低賃金の水準の設定に裁量を発揮する余地、すなわち「制約の中の裁量」を見い出していると論じた（Clift and Tomlinson 2007: 4-19）。

（3）なお、ヘルムス（Luger Helms）は先進諸国における野党のタイプを次のように整理する。（1）拒否点の不在および／もしくは連合形成可能な少数政党の不在を前提とした議会中心型（イギリス）、（2）強い拒否点および／もしくは連合形成の可能性が高い少数政党を伴う議会中心型（ドイツ）、（3）議会大統領制型（半大統領制型）（フランス）、（4）権力分立型（アメリカ）、（5）直接民主制型（スイス）（Helms 2004: 25; 吉田 二〇一五）。

（4）高橋進は、政治体制が同一であることを前提とした周期的な政権交代と断続的な政権交代とを挙げる。周期的な政権交代の典型は、戦後のイギリスの合意の政治の下での二大政党の間の政権交代である。断続的な政権交代とは、長期政権に代わる政権であり、一八年間続いた保守党政権からの交代を実現した一九九七年の労働党による政権交代がこれにあたる（高橋 二〇〇八）。

（5）ギャレットとミッチェル（Geoffrey Garrett and Deborah Mitchell）によれば、グローバル化とは「包括的な貿易、低賃金経済国からの輸入、外国からの直接投資、金融市場の統合」を指す（Garrett and Mitchel 2001）。

(6) 経路依存論が着目するのは、制度の持つ強い慣性、特定の制度配置の出現に由来する政策的帰結、といった政治発展の多くの側面を特徴づける膠着性と歴史的因果関係である。経路依存を生み出す要因は、収穫逓増や正のフィードバックと呼ばれる自己強化である。収穫逓増とは、特定の行動が繰り返されることで利得が増加することを指す。収穫逓増を生じさせる社会的背景には、①高い設置・固定費用、②学習効果、③調整効果、④適応期待がある。自己強化とは、ある制度の中で特定の効果が蓄積されるにつれ、強い自己強化の循環が生じることであり、相互行為を予測可能な形でパタン化する(Pierson 1994; 田中 二〇一七:一二〇)。

なお、ローズとデイヴィス(Richard Rose and Phillip Davies)は野党の自律的選択に対する政策遺産の優越性を説く。彼らは、一九五一年から一九八三年までの下院における法案の採決結果に照らして、野党第一党が保守党または労働党のいずれの場合であっても、政府案に対して反対票を投じた割合は二〇パーセントを超えないと指摘した。つまり、野党には「反対することが野党の仕事」であるとみなされていたとしても、じっさいには、人気のある政策に反対して政治的孤立をまねくことを避け、政権与党の方針を受け入れる傾向が見られるという(Rose and Davies 1994: 131-132)。

(7) 野党の地位は金銭面でも国庫によって保障されている。一九三七年制定法(the Ministers of the Crown Act 1937)で公的給与と年金の支払いが定められた。もっとも、資金面での政党の国家への依存度を比較すると、イギリスの政党の場合、現在においてもほとんど無視されうる程度である(Webb 2000: 242; Katz and Mair 1995)。

(8) この補助金は、一九七五年に制定された野党の議会党に特化した公的政党助成金で、発議者であったときの下院院内総務(Edward Short)の名前に因んで「ショート資金(Short Money)」と呼ばれる。導入当初は最大議席を有する野党に対して議員歳費とは別に獲得議席数と得票数に応じて支給される特別補助金とされた。その後、一定の要件を満たした全ての野党に支給されるようになった(*Hansard*, HC Deb. Vol. 888 cc 1869070, 20.3.75; Fletcher 2011: 18; 高安 二〇〇九a)。

(9) ダグラス=ヒューム・ルールズによる接触では、官僚側は原則として野党幹部に質問をすることは認められているが、政策の内容について助言することはできない。この制度を支え、発展させてきたのは、政権移行過程の成否は、新政権と官僚が事前に十分な準備をし、新政権発足とともにすぐに権力装置が機能するかどうか、新たな閣僚と官僚の間に相互理解が存在するかどうかにかかっているという認識が、程度の差こそあれ、与野党幹部と高級官僚の間で共有されていることがある。イギリスの官僚は野党議員と接触しないことが原則となっているが、野党の党首がときの首相に申し出た場合、首相は議会期の満了一六カ月前から両者の会合を認めることとなっている。各省の次官級の幹部官僚は、行政機構の変更に関わる事項について、影の内閣のメンバーやその特別顧問といった野党の政策責任者と接触することができる（Cabinet Office 2000; Riddle and Haddon 2009: 19）。

（10） 通説では、政治家は、有権者の評価を得るために政策上の業績を競い、その業績を手柄として積極的に主張するものと捉えられてきた。ウィーヴァー（Kent Weaver）はこれを「業績（手柄）争いの政治 politics of credit claiming」と呼ぶ。「業績争いの政治」と対をなすのが、「非難回避の政治 politics of blame avoidance」である。非難回避の政治とは、選挙戦略上のリスクを背負いながら有権者に不人気な政策を遂行せざるをえない事態に直面した政治家や政党が、政治的リスクの高い政策決定を回避するか、決定への関与を回避するか、あるいは決定に関わらざるをえない場合には、その決定責任をできる限り不可視化し有権者からの非難（blame）をかわそうとする（Weaver 1986; Pierson 1994; 新川 二〇〇四）。一方、「業績回避」とは、少なくとも従来であれば有権者の評価をえられた業績がありながら、むしろそれへの関与を否定したり、あるいは不可視化したりすることでその業績に評価が集まるのを避けようとする戦略的行動を指している。

（11） 労働集約的な民間のサービス部門における低生産性と低賃金問題について、ボーモル（William J. Baumol）はサービス経済の「コスト病」として説明する（Baumol 1967）。コスト病とは、サービス業自体は生産性の大幅な上昇は見込めないにも関わらず、本来的に労働集約的であることに由来する。高い労働投入率は労務費を引き上げるがゆえに、原理的にはコストの低減は難しい。低技能サービスのうち消費者サービスは、家庭でも賄うことができる業務（クリーニング、修繕、娯楽、飲食業等）が多く、消費者の機会費用に依存しているため、市場の拡大は賃金や処遇の引き下げといった労働コストの低減に連動することになる。

（12） 第二次大戦中の保守党では、中道志向の「一つの国民」保守は亜流にすぎなかった。一九四五年総選挙でアトリー労働党に大敗したことが契機となり、バトラーやマクミラン（Harold Macmillan）といった進歩的な「一つの国民」保守が主導権を握った（Gamble 1974: 215）。保守党内の権力配置の転換は、結果的に合意の政治の継続を可能ならしめたといえよう。

（13） ヘメリク（Anton Hemerijck）は、イギリスの福祉国家の政策上の特徴を次のように整理する。（1）ニーズにもとづく選別主義的な受給要件、（2）置換率の低い所得移転プログラム、（3）一般歳入による財源確保、（4）保健医療と教育を除く公的社会サービスの未整備、（5）家族サービスの欠如、（6）公正な契約に限定された雇用保護の水準の低さ、および積極的労働市場政策や職業訓練・職業教育の不在、（7）中程度の強さをもった労働組合、賃金交渉の分権化、集団交渉の成果のカヴァレッジの低さに示された労使関係の調整の不在（Hemerijck 2002; 武川 一九九九）。

（14） 新しい社会的リスクの背景には、（1）金融市場と生産のグローバル化、（2）産業（工業）資本主義経済からサービス（知識基盤型）経済への転換、（3）少子高齢化という人口問題の出現、（4）家族（とくに女性）の役割の変化、によって二〇世紀型福祉国家の前提が抜本的変容したことがある（Taylor-Gooby 2005）。この中で、新しいリスクとされるのは、次の通りである。（1）仕事と家庭生活のバランスの欠如、（2）子どものいる家庭で貧困に陥ること、（3）ひとり親になること、（4）近親者が高齢や障がいにより要介護になること、（5）低い技能しか持たないか、身につけた技能が時代遅れとなること、（6）非典型的なキャリアパターンのために社会保護から部分的に排除されること（Bonoli 2006）。

（15）ところがじっさいには、財政赤字の補塡に必要な公的部門の借入必要額（Public Sector Borrowing Requirement: PSBR）の削減を通じて通貨供給量をコントロールしようとする政府の試みは当初からうまく機能せず、一九八五年、財務相ローソン（Nigel Lawson）は、一九七九年総選挙マニフェストで掲げたマネタリズムの放棄を公表せざるをえなかった（Kavanagh 2002）。

（16）図1-1は、各政党の総選挙マニフェストの中で、特定の政策にどれだけの行数が割かれているかを勘定し、「右」志向の政策の割合から「左」志向の政策の割合を減算することでポジショニングが析出されている。なお、バラらの分析上の「右」「左」を構成する政策や方針は上の表の通りである（上表の並びは、当時割かれた紙幅の少ない順）。

「右」	「左」
親軍	脱植民地化
自由，人権	反軍
立憲主義	平和
影響力のある権威	国際主義
自由な企業活動	民主主義
経済的インセンティヴ	資本主義の規制
反保護主義	経済計画
経済的オーソドキシー	親保護主義
社会サービスの限定化	管理経済
自国特有の生活様式	国有化
伝統的な道徳	社会サービス拡大
法と秩序	教育の拡大
社会的調和	労働者支援

（出所）Bara and Budge 2001: APPENDIX A2.

（17）サッチャーは、「依存文化」に対する考えを、回顧録に次のように記している。「私はビクトリア時代の人たちに多くの理由から親愛の情を抱いてきた。それは当時の自発的団体や博愛団体の増大、偉大な建造物、都市への寄付金等のかたちで示された公共精神に敬意を表するというだけにとどまらない。私は「ビクトリア朝の価値観 Victorian values」、私独自の用語では「ビクトリア朝の美徳 Victorian virtues」を称賛することに不安を感じたことはない。なぜならこれらの美徳は決してビクトリア時代だけのものではないからである。ビクトリア時代の人々はすでに、現在我々が再発見している事柄について語っていたのだ。それは「救済に値する」貧困と「救済に値しない」貧困の区別である。ともに救済してしかるべきである。しかし公費の支出が依存文化を強化しないようにするためには、両者への援助はずいぶん違った類のものでなければならない」(Thatcher 1993: 627)。

(18) 一九八二年四月、アルゼンチン軍が一八三三年からイギリスの植民地であったフォークランド諸島に上陸し、両国間の年来の主権問題が一気に浮上した。超党派的に好戦機運が高まる中、サッチャーは英国軍の派遣を決定し、自らのリーダーシップを顕示した。サッチャーの支持率は一気に二七ポイントも押し上げられ、翌年に控えていた総選挙を前に他党に対して優勢に立った。労働党は、この紛争の賛否を巡って党内がさらに分裂した(Jackson and Saunders 2011: 6-7)。

(19) 例えば、イングランド南東部に居住する職業階層最上層部に位置する企業経営者や専門職従事者は、スコットランドやウェールズに居住するそうした職業階層の有権者よりも保守党に投票する傾向が強く、同様の傾向は非熟練労働者についてもあてはまった(Pattie and Johnston 1996: 48-50)。

(20) サッチャーは、政策方針の転換を有権者にあえて強く印象づけるために、一九八二年一〇月の保守党大会における演説の中で、「一つのことをはっきりさせておきたいと思います。NHSは、われわれ[保守党政権]の下で安泰です」と明言したのだった。

(21) サッチャー政権下の政策遺産のイギリス政治史におけるインパクトの大きさを、ギャンブルは、選挙次元、イデオロギー次元、経済次元、国家統治という多次元にまたがる新たなヘゲモニーの確立に見い出した(Gamble 1994)。

(22) 一九八五年にファウラー社会サービス相が手がけた緑書『社会保障の改革』(通称、『ファウラー報告書』)では、短期間のうちに支出を削減するための主要な施策として住宅手当の削減が提示され、年間五〇億ポンドの支出削減が期待された。低所得者に対する公的扶助では、現金給付を制限するために補足給付が所得給付へ転換された(Kavanagh 2002: 216; 大沢 一九九九)。

(23) 選挙人団の票の配分率は、労働組合四〇、現職議員三〇、選挙区党三〇とされた。

(24) Neil Kinnock とのインタヴュー。二〇一四年七月一六日。

(25) Charles Clarke とのインタヴュー。二〇一二年五月一日。

(26) ラッセル(Meg Russell)によれば、かつて一九七六年党大会で当時の財務相ヒーリーが、労働党政権の経済政策を正当化する演説を行った際、リフレ政策を含む代替的経済戦略を支持する大会出席者から嘲笑を浴せられたことは、キノックや当時を知る者にとって、繰り返してはならない苦い経験として刻まれていた(Russell 2005: 136; 高安 二〇〇九b:一九一)。

(27) キノックは筆者とのインタヴューで、一九八四年から一九八五年にかけて起こった大規模な炭鉱ストがなければ、党内改革はあと二年早まったはずだと述べた。Neil Kinnock とのインタヴュー。二〇〇七年三月一三日。

(28) マンデルソンのようなメディアに関する知識を持つ専門家が伝統的な党官僚よりも重要な役割を担うようになる政党のことを、パーネビアンコ（Angelo Panebianco）は、官僚制的大衆政党と対比される「専門職的選挙政党」と呼んだ（パーネビアンコ 二〇〇五：二六八―二八一：阪野 二〇〇五）。

(29) 一九八一年に共産党を中心とした左派勢力を結集して大統領に就任したミッテランは、ケインズ主義にもとづく財政運営、私企業の国有化、社会保障の拡大といった社会主義的な政策群を実施していた。ところが、「ミッテラン・ショック」と呼ばれるスタグフレーションに見舞われると、一転して社会主義色を払拭し、緊縮財政へと「Uターン」したのだった。

(30) Neil Kinnock とのインタヴュー。前出および二〇一四年七月一六日。評伝ではキノック自身の次のような言葉が紹介されている。「ケインズ主義の議論はまったく説得力を持たなくなったようだ。この議論は労働党があらゆる問題を解決するために紙幣を刷り続ける政党だというイメージを創り出している」（Westlake with St John 2001）。なお、キノックが「ケインズ主義」という言葉で含意していたのは、景気浮揚と失業対策を目的とした公共支出の増大である。

(31) キノックは、一九八九年秋の影の内閣再編でケインズ主義的な総需要管理による景気対策や雇用創出を支持したB・グールド（Bryan Gould）を影の財務相から影の環境相に移動させた。これは事実上の「降格」と考えられている（Westlake with St John 2001: 435）（もっとも、キノックは筆者とのインタヴューで、B・グールドを国民の間で大論争となっていたサッチャー政権による人頭税導入への対応という喫緊の政治課題に専念させることを念頭においていたと証言した［Neil Kinnock とのインタヴュー（前出）］）。B・グールドの後継にはスミスが影の財務相に就いた。スミスはキャラハンを強く信奉し、政府支出の抑制を支持する立場を採っていた。影の財務相と連携する立場の影の通商産業相にはブラウンが就いた。労働党が経済政策上の政策基調を脱ケインズ主義へと移行させたこの時期に、その改革を理論面で支えたのが、アドバイザーの経済学者イートウェル（John Eatwell）であった。この人材配置によって脱ケインズ主義を目指すグループが党首脳部における主導権を握ったのであった（Shaw 1996 : 95）。

(32) Dan Corry とのインタヴュー。二〇一四年九月一五日。

(33) ここでいうマクロ経済の「安定」とは、イートウェルの定義によれば、「為替レートの安定、［国際的な］競合相手よりも低水準での利率の安定、インフレの低位安定」を指した（Hill 2001: 160）。

（34） Neil Kinnockとのインタヴュー。二〇〇七年三月一三日。
（35） サルトーリ（Giovanni Sartori）による一党優位政党制の定義とは、「その主要政党が一貫して投票者の多数派（絶対多数議席）に支持されている政党制」である（サルトーリ 二〇〇〇：三二八）。サルトーリは、最低四連続議会会期間にある一つの政党が優位政党の地位を維持すれば、一党優位政党制の特徴を持つとする（サルトーリ 二〇〇〇：三二九）。なお、この政党制は、「支配政党（制）」とは区別される。
（36） 当時一一あった全国紙のうち投票日前に労働党支持の姿勢を示したのはわずか二紙にとどまった（谷藤 一九九七：七七）。
（37） キノックは敗退直後に起草した演説で次のように記している。「九年前、我々は労働党の主要な存在理由の一つは、持たざる人々（the have-nots）の支援へのコミットメントであるといった。我々がこの義務をまっとうするためには、持てる人々（the haves）と、未だ十分に得ていない人々（the haven't-got-enoughs）を惹きつけなければならない。未だ十分に得ていない人々とは、つまり『新しい労働者階級』である。［中略］我々の悲劇は、国に奉仕するために我々の価値を実行する権限を得る上で、過剰なまでに変化したからではない。投票日に労働党へ投票することにリスクを感じた有権者層の信頼を獲得し、それを維持するのに足る変化を遂げてこなかったことにあるのだ」（Kinnock 1992）。
（38） グールドは一九九七年総選挙で政権奪還をはたした労働党に向けて、回顧録に次のような言葉を記した。「保守党はかつて彼ら［中流階級――引用者注］に対して、個人の自由、減税、国家の役割の縮小、向上心の後押しを約束した。ときを経て中流階級は右派のイデオロギーに不信を抱くようになった。社会の崩壊が個人主義の限界を知らしめる中で、家族とコミュニティの重要性が浮上しているのだ」（Gould 1998: 396）。
（39） なお、ラディッチのいう「南部」とは、イングランド中東部のウォッシュ湾からイングランド南西部のブリストル湾を直線で結んだラインよりも南に位置する地域を指す。エセックス、ハンプシャー、ケント、ベッドフォードシャー、バッキンガムシャー、オクスフォードシャーが含まれる（Radice 1992）。
（40） スミスは、キャラハン政権の貿易相、キノック労働党の影の雇用相、同貿易産業相、同財務相を歴任し、穏健左派として知られていた。ドライヴァーとマーテル（Stephen Driver and Luke Martell）もまた、党内の脱ケインズ主義への転換を主導したスミスが、党首選でB・グールドに圧倒的大差をつけて選出されたことに、労働党の政策転換がいみじくも示されたと結論づけている（Driver and Martell 2002: 9）。B・グールドはまた、経済通貨同盟構想を支持する党内の勢力にはきわめて批判的であった。彼はそれを「ユーロ・マネタリズム」とみなし、完全雇用の実現、公共サービスの拡充のためにはむしろ為替レートの管理を復活させるべきだと主張した（B. Gould 1994: 4-5）。

(41) スミスのメディア観は、キノックのそれとは異なるものだった。スミスは、キノックが力を入れていたメディア戦略に特段の関心を示さず、むしろ政策の内容で総選挙を勝ち抜けると考えていた。そこで彼は、メディア対策を担当していたＰ・グールドやマンデルソンを冷遇した（Macintyre 1999: 214; Stuart 2012: 159-160）。

(42) 報告書では、（1）失業者の女性配偶者（子が一六歳になるまで受給要件としての就労義務はない）とひとり親の就労を重視しているが、就労義務を適用する際には「家庭状況に関する細心の判断が必要」とされた。また、五歳以下の幼児を持つ母親には就労義務は課せられず、離婚あるいは配偶者の死去後、少なくとも一年間は「就労可能 availability-to-work」ルールを適用すべきでないとしている（CSJ 1994: 240）。

(43) 報告書は、政府には「完全雇用を確保する責任がある」からこそ雇用創出策が依然として重要なのだと強調した（CSJ 1994: 155）。さらに、「完全雇用という目標の達成を可能にする高い需要を実現するには、競争力のある部門で得た富をそれ以外の部門の雇用創出に振り分ける必要がある」ことも提案されている（CSJ 1994; Thompson 2006: 258）。

(44) 「アクティヴな市民」には、賃金労働者ばかりでなく、教育・訓練に従事する人や育児や介護などの非賃金労働に従事する人も含まれており、社会貢献を含む広義の「活動」が対象となっていた（CSJ 1994: 264-265）。

(45) ＣＳＪに先立って、全国執行委員会は一九八八年に『ワークフェアに対抗する憲章 *Charter Against Workfare*』を採択し、失業者支援プログラムへの参加を強制ではなく、任意とすることを確認した。そこには社会保障給付の受給は社会権であるという前提が横たわっていた（King and Wickham-Jones 1999: 62）。

(46) Chris Smith とのインタヴュー、二〇〇七年二月二六日。Emma MacLennan とのインタヴュー。二〇〇七年三月一二日。

(47) そもそもドロールは、「社会などというものは存在しない」と主張したサッチャーに対して、社会から隔絶した個人など存在しない、とする世界観を示していた。ドロールの考えは、一九八九年一〇月のブルージュ演説からも読み取ることができる。「私自身エマニュエル・ムーニエの影響を受けた人格主義者として、［中略］こう自問し続ける。つまり、各人が権利だけでなく他者や社会への義務を意識しながら、人格を開花できるかどうか、と。絶えず人間的な共同体を再建するように努めよう」（Thatcher 1993: 626; 遠藤 二〇〇八：七―一三―Ｃ）。

（48）ドロール白書の策定過程について、詳しくは遠藤（一九九四、二〇一三）を参照のこと。ドロールは、一九九二年にデンマークが国民投票でマーストリヒト条約の否決を決定したことに危機感を募らせた。このいわゆる「デンマーク・ショック」を受けて、ドロールは、「[欧州統合は――引用者注]安全と福祉を実現してこそ市民からの支持が得られる」として、この方針の基軸となる白書の採択に執拗にこだわった。委員長の任期が切れる直前の一九九三年一二月、彼は反対を表明していた財務相理事会での審議を迂回する戦術をとり、最終的に欧州理事会での採択にこぎつけた（遠藤 一九九四：一九四―一九六）。

（49）スミスは一九八八年に同様の発作を起こして入院し、影の財務相の職務を一時的にスミスの次席であったブラウンに委ねていたことから、彼の健康状態は党内の懸念材料でもあった。

（50）ギャラップ社の調べによれば、スミスは党首就任三カ月後の一九九二年一〇月にはメイジャーを抜いて最も首相に相応しい党首の第一位に躍り出ていた（平均支持率はスミス三二パーセント、メイジャー二二パーセント、自民党アシュダウン二〇パーセントであった）（Denver 2001: 39）。

（51）ブレアは一九八二年に保守党の安全区ベコンズフィールドでの補欠選挙で敗退した直後、党首フットに宛てて、労働党候補者として選挙区を割り当てるように懇願する長文の私信を送った。私信では、フットの著書を賞賛する一方で、マルクス主義に傾倒した党内の活動家を強い語気で非難した。彼は、党の統率を高め目前の政策課題に対して過去の方針にとらわれない新しい政策を打ち出す必要性を熱心に論じた（Blair 1982）。この私信から推察されるのは、二大政党の一翼を成す労働党に自身のキャリアの展望を見出していたこと、当面する課題に適合的な政策を採用すべきとするプラグマティズムと改革主義を重視するブレアの政治姿勢である。

（52）ブラウンは、一九八〇年から一九八二年にかけてスコットランドテレビの契約プロデューサーとして、政治番組、文芸番組、スポーツ番組などを精力的に手がけ、評価を得ていた。テレビ局勤務の経験は、効果的な政策プレゼンテーションや議論の手法を習得する機会になったとも見られている（Routledge 1998: 92-93）。

（53）ブラウンは、一九九三年にハーマンとの共同で提出した政策文書『投資と職のための予算行動計画 *Budget Action for Investment and Jobs*』において、「手ごろで、利用しやすい質の高い保育」の充実が、女性の就労への障害を取り除くだけでなく、公的扶助で生計を立てているひとり親家庭の就労を促すと主張した（Labour Party 1993: 1-2）。具体策として示されたのは、（1）公共の保育サービスへの民間資本の導入、（2）複数の実践モデルの経済効果を比較検討すること、（3）中央政府が担っている活動を再び地方レヴェルに戻すこと、である。

(54) 一九九二年総選挙の投開票翌日のBBCの特番では、ブレアはコメンテータとして、主要政党の大物議員と肩を並べて、論客ぶりを発揮した。BBC Parliament. BBC General Election results 1992 Tony Blair and Ken Livingstone spar over Labour's failure. https://www.youtube.com/watch?v=MW9YQf6rRE8（アクセス日二〇一五年八月七日）。

(55) なお、この「合意書」は、ブラウンの主席秘書であるナイからマンデルソンに「電話されたし」という走り書きのメッセージとともに送付されている。『ガーディアン』紙が掲載した「合意書」の現物には、「両者はこれまでに築かれたパートナーシップの重要性、党を一つにまとめ党の全ての才能を活用することの重要性を確認した。［中略］GB（ブラウン）が［中略］示した公正に関するアジェンダ、つまり社会正義、雇用、技能は労働党政権の中核に位置すべきであると信じ、トニーはこれに全面的に同意、かつ経済政策と社会政策がこの方針にもとづいて今後展開されることにも合意する」となっている。この原文にはブラウンによって、「トニーは全面的に賛同している Tony is in full agreement」という一文が、「これが今後追求されることを保障した has guaranteed this will be pursued」へと手書きで修正されている（*the Guardian*, 6 June 2003）。

(56) ベンは、自身の日記で伝統的な労働党支持者の目に映るブレア像を次のように述べた。「ある労働組合員の車掌は、『ベンさん、私は右派のキャラハン派の支持者だったが、労働党の新しいリーダー［ブレア――引用者注］には一体感を抱けない』というのだ」（Benn 2002: 288）。

(57) もっともブレアは、一九八〇年代半ばまでは、積極的な財政出動による需要創出への支持、反欧州共同体（EC）、一方的核廃絶キャンペーン（CND）への支持、反民営化政策、といった現在では「急進左派」と位置づけられる立場を採っていた。少なくとも政策面では当時の労働党員としてその典型というべきものであったといえよう（Seldon 2004: 52）。とはいえ彼は当時からマルクス主義を掲げる活動家には批判的であり、ベン派に対してもきわめて懐疑的であった。

(58) とはいえ、ブレアの「現代化」構想は相当大胆なものだった。ブレアの党首就任後、影の開発担当相となったショートは、回顧録で一人一票制導入をめぐる全国執行委員会の審議過程で、労働党は労働組合との関係を断絶し、党員を全て個人党員で構成すべきであるとブレアが強く主張したと記している（Short 2005: 36-37）。

(59) 一九九三年党大会では、以下の重要なルール変更が決議された。（一）一九九二年党大会で決められた労働組合票の配分率を七〇パーセントへ引き下げる新しい議決ルールの適用、（二）個人党員が三〇万人を超えた時点で労働組合と選挙区党への配分率をそれぞれ五〇対五〇にすること、（三）選挙区党枠では一人一票制、労働組合枠ではブロック投票を止め一代理人一票制にすることを強く推奨すること、（四）党首選での労働組合への配分率を、四〇パーセントから三〇パーセントに引き下げ、選挙区党、議会党への配分率と等しくすること、（五）立候補者選出では完全一人一票制を導入すること（Quinn 2004: 131-133; Butler and Butler 2000: 148; 近藤 二〇一六a：二四―三〇：力久 一九九〇）。（三）と（五）の変更の結果、各労働組合の首脳部の影響力は大幅に削がれた。しかし、その実質的効力は過小評価されていた（Quinn 2004: 133-134）。労働組合擁護派は組合の影響力が維持されたとみなして歓迎し、党改革を求める現代化論者はスミスが組合に譲歩したと受け止めた（Foley 2002: 101; McSmith 1993: 204）。

（60）一九九四年には、世論調査やヨーロッパ議会議員選挙などで労働党が保守党に対して圧倒的優位に立ち、次期総選挙での政権獲得が現実味を帯び始めていた。メイジャー保守党は、一九九二年九月一六日の「暗黒の水曜日」から立ち直る手がかりすら見い出せずにいた。さらに、マーストリヒト条約の批准をめぐって議会保守党の党内規律は破綻し、党内分裂による混乱が国民に曝された。将来の欧州統合におけるイギリスの立場を決するマーストリヒト条約の批准をめぐる決議では、一一月四日の決議で政府はわずか三票差（賛成票三一九、反対票三一六）でかろうじて批准にこぎつけた。

（61）一九九六年までには、党首室は政策顧問以外は全て次のような広報担当者で占められた。キャンベル、グールド、マンデルソン、ヒル（主席広報担当秘書）、コフマン（Hilary Coffman: 党首室付き報道担当秘書）、ハイマン（Peter Hyman: ブレアのスピーチライター、およびミリバンドの下で主に福祉担当の政策顧問を務めた）、アラン（Tim Allan: 党首室付き広報担当秘書）、エルダー（Murray Elder: 労働組合担当広報顧問）、ハンター（Anji Hunter: 党首室付き主席秘書）らである。

（62）ブレアは回顧録でキャンベルを次のように絶賛している。「私は、メディア対策の担当には最適な人材を充てることを殊更に重視していた。ピーター（マンデルソン）と私は、『インディペンデント』紙のグリス（Andy Grice）、『スコッツマン』紙のマクマホン（Peter McMahon）、『ガーディアン』紙のウィンター（Patrick Wintour）等を候補者に挙げていた。どの候補者も良かった、実に良かったのだが、私は大衆紙を経験した人を探したいと考え、その中でキャンベルが最適であった。彼にとってこの選択が良かったのかは定かではないが、私にとっては間違いなく素晴らしい人事だった。私が手にしたのは天才だった。実に幸運な出会いだった」（Blair 2010: 74-75）。

（63）パウエルは、彼の二人の兄の存在によって、アメリカクリントン政権とのつながりとは別の二つのネットワークを結ぶ役割を担った。彼の長兄は外務省の外交官でサッチャーの外交問題担当秘書官を務めたチャールズ・パウエル（Charles Powell）である。ブレアはパウエルの長兄との関係を通じて、官僚と党首室とをつなぐインフォーマルな接点を得ることを期待した。長期にわたって野党にあった労働党にとって、この関係構築は重要な意味をもった（Seldon 2004: 335-339; *New Statesman* 1996）。パウエルの次兄のクリス・パウエルは広告代理店ＢＭＰ（Boase Massimi Pollitt）の最高経営責任者であり、ＢＭＰは後にブレア労働党の選挙運動を担当した（*New Statesman* 1996）。

（64）ブレアの念頭にあったのはウィルソン政権の二の舞とならないことであった。一九六四年に政権を奪回したウィルソンが、自ら掲げた現代化改革によって党内左派から「裏切り者」とみなされ激しい攻勢にあい政権の足元が揺らいだことは、教訓としてブレアら新執行部に刻まれていた（Blair 1996: 10; Radice 1996: 303-304; Hennessy 1996: 287）。

（65）Peter Kellner とのインタヴュー、二〇〇七年三月三日。ソーヤは、キノック、スミス、ブレア各党首の相談役であった。ケルナーはソーヤの登用がブレアの望むような党組織改革の進展に重要な意味をもったと話した。

（66）Tom Sawyer とのインタヴュー。二〇一四年九月一七日。

（67）ソーヤとともに院外組織との調整を担ったのが副党首プレスコットだった。彼に期待されたのは特定の政策領域を担当するというよりも、もっぱら党内運営に注力し、特に個人党員の増強、党員の教育、党の士気を高めることであった（Campbell and Stott 2007: 43）。

（68）Tom Sawyer とのインタヴュー（前出）。

（69）同年一二月には、党本部の政策部門長であったウェルズ（Ronald Wales）が影の内閣の全メンバーに対して、「あらゆる重要な声明は、その草案作成に先立って合同政策委員会の同意を得なければならない」と通達した（Wales 1994）。ブレアとその周辺は党首室の方針が迅速に実行に移されることを何よりも優先し、党内規律が保たれることを目指したのである。

（70）歴史家ジャットによれば、ＳＰＤは「七〇年にわたるこの党のマルクス主義信奉を公式に放棄し、西ドイツが置かれた現実［東西ドイツ分裂、西側諸国の一員としての穏健的資本主義］といさぎよく妥協した」のだった（ジャット 二〇〇八：三四三）。

（71）一九九四年党大会の党首演説を執筆したのはマンデルソンとキャンベルである。事前協議に参加していたのは、影の内閣のメンバーではプレスコット、クック、ブラウンに限られ、スタッフの中で内容について知らされていたのは六名の広報担当者のみであった（Campbell and Stott 2007: 10-21）。ソーヤは筆者とのインタヴューで、党大会前に第四条改訂の意思を知らされたと述べた（Tom Sawyer とのインタヴュー（前出）。Minkin 2014: 177）。党大会の運営を担っていた党本部の主力スタッフ、クラダス（Jon Cruddas）とマクファデン（Pat McFadden）は蚊帳の外に置かれた（Minkin 2014: 177）。

(72) 党綱領改訂に関しては、一九九二年総選挙敗退の結果を受けて、一九九三年五月にストロウが、翌九四年二月にはキノックが、第四条の全面改訂をスミスに提案していた(Stuart 2005: 342-343)(Neil Kinnock とのインタヴュー(前出))。これに対してスミスは、少なくとも一人一票制(OMOV)の導入と第四条改訂を同時に行うことは、党の結束を大きく傷つけるとしてこれを退けた。スミスにしてみれば、OMOVの導入は総選挙での勝利という目的に照らしても、十分な前進であると考えていた。スミスにはクックをはじめとして議会党内に多くの同調者がいたのだが、スミスらの慎重姿勢とは対照的に、ストロウを支持する現代化論者グループは、むしろOMOV導入で弾みをつけて改革を前進すべきだと考えていた(Stuart 2005: 344)。なお、副党首プレスコットは改訂に難色を示していた。彼は、第四条改訂は、「一部の人間にとっては、教会に向かって十字架を降ろせというようなものだ」と忠告した(Campbell and Stott 2007: 16)。

(73) 同会議開催にあたり、在ロンドンのフリードリヒ・エーベルト財団が費用の約五〇パーセントを提供し、欧州議会の社会主義者グループ(the Social Group)とリップマン信託(the Lipman Trust)も資金協力をした(Miliband 1994: Acknowledgement)。

(74) ブレアが抱いたクリントンの政策志向や政治手法に対する個人的な親近感は、クリントンにも共有されていた。クリントンは、総選挙で労働党を地滑り的勝利に導いたブレアのリーダーシップを高く評価し、「私たちは多くの政治観を共有し」、ブレアとは「旧知の仲のように感じ」たと記している。クリントンは、イギリスのメディアが二人の共通点を取りざたすることには、「ニュー・デモクラッツのアプローチが、レトリック以上のものであると彼ら[メディア――引用者注]が信じ始め」たことが見てとれ、ブレアがこれを採り入れたことでそのアプローチに正当性が与えられたとした(Clinton 2005: 756)。

(75) イングランド銀行の独立構想は、保守党政権の歴代の財務相によっても支持されていた。ローソンは、一九八九年一一月の辞任演説でその考えを明らかにしていた。ハウ(Geoffrey Howe: 財務相任期一九七九―一九八三年)、ラモント(Norman Lamont: 同一九九〇―一九九三年)、クラーク(Kenneth Clarke: 同一九九三―一九九七年)も同様の主張をしていたが実現には至らなかった(Keegan 2005: 136)。

(76) セルドン(Anthony Seldon)は、同報告書を「労働党の政策に最も大きな影響を与えた」としている(Seldon 2004: 242)。

(77) ブラウンはライト(Tony Wright)と一九九五年に刊行した共編書『価値、展望、ヴォイス――社会主義のアンソロジー』で彼自身の平等主義へのコミットメントを明らかにした(Brown 1994a; Brown *et al.* 1995)。

(78) 一九九五年半ばにかけて発表されたブラウンの経済政策案にはこれらの要素が随所に含まれている。ブラウンが『左派の再興』

で示した政策構想は、一過性の試案ではなかったことがわかる。

(79) マルガンは一九九七年政権成立と同時に首相府の政策ディレクター（Director of Policy）に就任した。

(80) Tom Sawyer とのインタヴュー（前出）。

(81) ブレアらが特別党大会での勝機を見い出したのは、スコットランド労働党大会で新条項への支持が表明されたときであった。スコットランドの労働党員の多くが、第四条に象徴される労働党の伝統的体質を重んじていた。ブレアが回顧録で明らかにしたように、彼とその側近は、彼らの「中流階級」的な発想を拒否すると予想されたスコットランドで支持を得られれば、その他の地域や組合からの支持を取りつける流れが生まれると考えたのだった（Blair 2010: 86）。

(82) それらは、合同機械工組合（Amalgamated Engineering and Electrical Union: AEEU）、商店・流通労働組合（Union of Shop, Distributive and Allied Workers: USDAW）、全国都市一般労働組合（Britain's General Union: GMB. 前身は GMWU: General Municipal Workers Union）である。

(83) ソーヤは、UNISONを構成する出身組合である全国公務員組合（National Union of Public Employees: NUPE）の票の取りまとめに失敗したことで、党首室からの信頼を失墜させた。

(84) ただし、イングランド銀行の独立に関してブラウンは、最終決断を留保していたとの見方もある。野党期からブレアの経済顧問であったスコットは、ブラウンの側近のロビンソンの証言として、ブラウンが総選挙の数日前まで決心がつかなかったとする（Scott 2004: 13, note 13）。第4章で見るように、ブラウンは、ダグラス－ヒューム・ルールズ適用後も、イングランド銀行独立に関して財務省の次官らに通知することはなかったのだが、その動機はブラウンの逡巡にあったとも推察される。

(85) メイジャー首相は、一九九二年継続・高等教育法で高等教育の二元システムを廃止し、ポリテクニクスと呼ばれた技術系高等教育機関を大学に統合した（1992 Further and Higher Education Act）（Rubinstein 2003: 339）。この改編によってイギリスの大学は約二倍に増加した。

(86) ボンフェルドら（Werner Bonefeld, Alice Brown, and Peter Burnham）によれば、労働者階級にとってメイジャー時代のイギリスとは、「仕事の不安定、個人負債の増大、窮乏化」の代名詞になった（Bonefeld *et al.* 1995: 109–110）。

(87) ブレアは会場となったハイマン島への途上、オーストラリアのキーティング（Paul Keating）首相と会談した。キーティングはブレアに対して、政権を獲得しようとするならば所得税を上げるべきではないと助言した（Blair 2010: 97）。マンデルソンが自身の回顧録で言及したように、キーティングの進言は、所得税の最高税率を五〇パーセントにまで引き上げることを検討していたブラウンとボールズに対して、ブレアが翻意を促す判断材料の一つになった（Mandelson 2010: 200-201）。

（88） Minutes of 12th Meeting, the National Executive Committee, Boardroom at John Smith House, 26 July 1995. Labour History Archive and Study Centre.

（89） 同書の巻頭には、ＣＳＪの『社会正義』とジョセフ・ラウントリー財団の『所得と富に関する調査』（一九九五年二月刊）で示された提案に依拠したと明記されている。

（90）『新しい未来』は、スミス党首の下で一九九三年の党大会で示された『経済再建のために』に続く労働党の新しい経済政策の「第二ステージ」と位置づけられた（Labour Party 1995b: PD 3825: 前文）。

（91） それでもなお、ＧＭＢ書記長エドモンズ、ＴＧＷＵ書記長パーキス（Bob Purkiss）、選挙区党のライアン（Joan Ryan）らはそろって、あくまでも完全雇用を党の公約とすることを要請した（Labour Party 1995e: 13-15）。

（92） このいわば「棚ぼた税」の導入は、労働組合側からの進言にもとづいているのだが、それは労働組合が少なくとも一九八〇年代に民営化された公益産業の再国有化という選択肢を放棄したことを意味した。

（93） 民営化による経営合理化、あるいは衰退製造業から放出された失業者の大半は、非熟練、半熟練労働者、もしくは若者であった。やがて、産業構造の変動や家族構造の変化が進展する中で、失業者の質的多様化が進み、サービス産業からの失業者、さらにはひとり親の失業者が急増した。

（94） イギリスで初めて整備された強制的な就労支援策「再出発」プログラムにはじまり、一九九三年には職場での実習生制度（Employment Training）と職場外研修（Employment Action）を統合した訓練プログラム（Training for Work）が整備された。一九九四年には、拠出制の失業手当と資力調査制のそれを単一に統合した求職者手当の導入に向けた準備がされた。

（95） ＣＢＩは、たんに経済的効率のみを求めるのではなかった。彼らはもっぱら経済的な観点からではあったが、社会の不平等がもたらす帰結にも憂慮を示していた。ＣＳＪのボリ委員長によれば、ＣＢＩの元事務総長で後にイングランド銀行の副総裁になったデイヴィス（Howard Davies）は、経済から切り離された人々の増大は膨大な資源の浪費であり、保健医療や犯罪取り締りあるいは社会保障関連支出といった社会・経済的なコストを拡大すると考えていた（*Hansard*, 21 Feb 1996, Col. 1066）。

（96）『ガーディアン』紙の論説委員エリオット（Larry Elliott）が伝えたところでは、ブレアの演説終了後、会場からは拍手が五五秒ほど続いた。それは労働党支持者から受ける一〇分間のスタンディング・オベーションに匹敵する賛意の表明であり、保守党政権の副首相へゼルタイン（Michael Heseltine）に向けられたそれを確実に上回るものであった。

(97) Peter Kellner とのインタヴュー（前出）。ブラウンはスミスを好ましく思っていなかった。こうした個人的な感情も手伝って、ブラウンはしばしばスミスの頭越しに独自の政策案を発表して、この領域における主導権を主張したと推察される（Bower 2004: 160; Naughtie 2001: 87）。

(98) Chris Smith とのインタヴュー（前出）。

(99) Emma MacLennan, Chris Smith とのインタヴュー（前出）。

(100) Chris Smith とのインタヴュー（前出）。

(101) 他方において、労働党の就労支援策に失業者を雇用した企業への補助金が含まれていたことを受けて、保守党政権の財務担当閣外相ナイト（Angela Knight）は、「仕事を生み出すのは企業であって、政府ではない」とこれを一蹴した（*the Guardian*, 10 November 1995）。一方、懲罰条項を含んだニュー・ディール・プログラムの全容が明らかになると、大型労働組合の多くが態度を保留した（*the Guardian*, 10 November 1995）。

(102) 一九九六年一〇月に施行された求職者手当は、（1）従来の拠出型給付の支払い期間を一二カ月から六カ月に短縮し、受給期間が一三週に達した場合と二六週に達した際に、労働可能な求職者に対して求職活動のための面接を受けることが義務化された。上記の条件に合致した受給者は、（2）「就労合意書 Job Agreement」に署名する。その後アドバイザーが割り当てられ、求職活動と技能向上のための活動を報告する義務を負う。「合意書」の内容に従わない者には給付額削減のペナルティが科せられる。

(103) スミスは、翌一九九六年七月のフェビアン協会の演説でもワークフェア批判を繰り返し、労働党は、失業者が雇用可能性を高める上で「自発的な選択」を奨励するべきだと主張した（*Fabian Review*, Aug/Sept 1996: 19）。

(104) ブランケットへのブレアの手書きの書簡。一九九五年六月二六日付。ブランケットからブレアへの礼状。一九九五年六月二七日付（書簡には曜日のみの記載。ブランケットからブレアへの翌日の返信書簡から日付を特定）。Blunkette Papers, File Name: Correspondence with Tony Blair, Sheffiel Archive Centre.

(105) ブレアとその側近が難色を示していた高所得者層を対象とする増税案に賛成していた影の内閣のメンバーの一人がショートであった。一九九六年四月、ショートはブレアの訪米時にイギリス国内のテレビ番組に出演し、「私のような者［高額所得者——引用者注」は、より多くの税金を払うべきである」と発言した。ブレアに同行していたキャンベルは、ショートのこの発言に対して、「彼女が有能なプロフェッショナルのように振る舞ってくれるものと信頼することはできない」と怒りを露にした（Campbell and Stott 2007: 117）。

（106）キャンベルは日記でこうも述べている。「このステーク・ホルダー経済［原文のママ——引用者注］はもっとも重要な演説の一つだった。［中略］［シンガポールに向かう——引用者注］機上で私はステーク・ホルダー演説の原稿を書き、トニー［ブレア——引用者注］も私もこの演説が間違いなくインパクトを持つと確信していた。［演説を行う——引用者注］前夜、私は『テレグラフ』紙と『ガーディアン』紙に連絡し、これがまさに『一大アイディア』だと触れ回った」（Campbell and Stott 2007: 98-99）。

（107）Will Hutton とのインタヴュー。二〇一二年四月五日。

（108）もっとも、ハットンの「ステーク・ホルダー資本主義」の根幹の一つには、上述のクラウチと同様に、インフレ抑制と高い金利という金融セクター主導のイギリス経済のあり方への批判があるが、ブレアのシンガポール演説からは、そうした批判的な視点が「剝ぎとられて」いるという指摘がある（小堀 二〇〇四）。

（109）モンクスは一九九六年のＴＵＣ年次大会で『ステーク・ホルダー経済に関するＴＵＣの提言 *Your Stake at Work: TUC Proposals for a Stake-Holding Economy*』を公表した。

（110）Will Hutton とのインタヴュー（前出）。

（111）ミルバンクタワーは、「イギリスの政党がかつて経験した中でもっとも現代的、好戦的で、運営には最良の資源がつぎ込まれた」システムであった（Seldon 2004: 300）。

（112）例えば、政治雑誌『ニュー・ステイトマン』のコラムニストであるリチャーズ（Steve Richards）は、一九九六年八月に掲載したコラムで、ブレアのリーダーシップに懐疑心を抱いている議員は少なくないものの、総選挙への勝利に執着する彼らがあえてブレアへの批判を公然と口にすることはないだろうと述べている（Cowley *et al.* 1996: 2）。

（113）カウリィらの議会内投票行動分析からは、議会党の結束を強調するメディアとは対照的な姿が浮かび上がる。分析結果を見ると、（1）造反議員数の多さ、（2）頻度、（3）造反議員間の凝集性、等に分裂の程度を読み取ることができる。造反議員の数と頻度では、一九九二年以降の期間を通じて一回のみの議員数は両党でほぼ同数（保守党四二名、労働党四〇名）であるものの、二回以上一〇回以内のケースは、保守党五一名、労働党八〇名である。さらに、造反回数が一〇回以上二〇回以内の労働党議員について見ると、造反がみられた政策の約半数（四八パーセント）はマーストリヒト条約関連法案であった。つまり、ヨーロッパ問題によって党内が対立していたのは保守党ばかりではなかったのである。次に造反が多かったのは、治安・テロリズム関連（二七二票、一三パーセント）、外交・防衛関連（一六〇票、八パーセント）、経済政策（一〇五票、五パーセント）、公的扶助・年金（一〇一票、五パーセント）であった（Cowley *et al.* 1996: 21）。

（114）労働者階級の潜在的な権威主義的傾向については、リプセット（Seymour M. Lipset）がかねてより強調してきたが、この視角はキッチェルト（Herbert Kitchelt）の新しい右翼研究にも継承されている（Lipset 1960; Kitchelt 1994）。キッチェルトは、労働者階級が文化的政治的な多元主義に対抗する立場を採る傾向に着目して、排外主義的なポピュリスト政党支持の背景を説明した。ただし、宮本太郎は、政治的な態度とはあくまでも政治的な対応や社会関係の中で形成されるものであって、ある特定の態度が、階層や階級の帰属に直接的な結びつきがあるとする見方に留保を促す（宮本 二〇一三：一五一―一五二）。

（115）Tom Sawyer とのインタヴュー（前出）。Margaret McDonagh から Conference Group に宛てられた一九九六年四月二五日付文書。Labour History Archive Study Centre.

（116）Margaret McDonagh から Conference Group に宛てられた一九九六年四月二五日付文書。Labour History Archive Study Centre.

（117）Tom Sawyer から選挙区党責任者に宛てられた一九九六年六月一一日付書簡。Tom Sawyer から全選挙区党責任者、およびヴォランタリ団体に宛てられた書簡（文中の表記から七月四日以前であることが推察されるが、日付は不明）。いずれも Labour History Archive Study Centre. 通達の内容は以下の通りである。

・ブレアが『マニフェストへの道』をメディアに発表する七月四日以降、最初の週末に選挙区内の繁華街で党本部が作成したパンフレットと党員募集用紙を配布し、宣伝とリクルートメントを行うこと（一日につき五名の新規党員獲得を目標とする）。

・『マニフェストへの道』をもとに党本部が作成した政策リストを活用して、党員の教育、討論会、個別訪問を行うこと。

・党本部が支給する広報キャンペーン・キットを用いて、街頭活動ばかりでなく、地元のメディアにも働きかけること。

・重点選挙区では、政策案を要約したパンフレットを一〇〇万部以上配布すること。

（118）勤労家族税額控除は、低所得の勤労家族に対する負の所得税の一形態である。給与に加算されて直接家計に振り込まれるため、資力調査付きの給付を受ける際の受給者のスティグマを回避することができる制度である。詳細は後述する。

（119）ブレアに同行したキャンベルによると、一九九六年四月の訪米でブレアらがその他に会談したのは、クリストファー（Warren

Christopher: 国務長官）、ルービン（Robert Rubin: 財務長官）、レイク（Tony Lake: 国家安全保障担当大統領補佐官）、パネッタ（Leon Panetta: 主席補佐官）、ソダバーグ（Nancy Soderberg: アイルランド問題政策顧問）、マクカレー（Mike McCurry: 報道官）、ゴア（Al Gore: 副大統領）である（順不同）（Campbell and Stott 2007: 116）。

(120) ヨーロッパで社会民主主義勢力が優勢となったのとは対照的に、アメリカでは、クリントンが主導した公的医療保険の導入の試みは、共和党ばかりでなく民主党からの強い反発によって挫かれた。一九九四年一一月の中間選挙では共和党が両院の多数を握り、自由主義経済と政府の役割の縮小、軍拡、保守主義的な家族観といったいわゆるレーガン主義を信奉する共和党議員が議会での発言力を強め、クリントンは議会に譲歩を強いられる事態に陥っていた（Reich 1998: 316; 砂田 二〇〇三）。

(121) Mathew Taylor とのインタヴュー。二〇一四年九月一四日。

(122) Dan Corry とのインタヴュー（前出）。なお、ホールとソスキスによる資本主義の多様性論とは、企業や労働市場が機能する現実の制度的枠組みを比較する視角である。企業統治、労働市場規制、教育訓練制度、企業間関係など諸制度の体系的な結びつきの在り方によって、自由主義型市場経済（ＬＭＥｓ）と調整型市場経済（ＣＭＥｓ）に分類する。ＬＭＥｓは、制度枠組みが規制緩和された市場主導型の資本主義で、典型例は、アングロサクソン諸国（アメリカ、イギリス、アイルランド）である。ＣＭＥｓは、制度枠組み企業間および企業・従業員間のコーディネーションの多くを市場の外で可能にする市場経済で、典型例は、北部ヨーロッパ諸国（ドイツ、スイス、スウェーデン）および（欧州の産業ベースとは異なる企業集団ベースの例として）日本、韓国がある（Hall and Soskice 2001）。

(123) Dan Corry とのインタヴュー（前出）。Mathew Taylor とのインタヴュー（前出）。Nick Pearce とのインタヴュー。二〇一四年六月二四日。

(124) アンダーセンは、ヒューイットがＩＰＰＲで事務局を務めていたＣＳＪにも資金援助をしている。

(125) 総選挙前年に発表された世論調査では、普遍的なサービスの供給を低所得者層に限定し、それ以外の人々に対しては、拠出金と税金を軽減する代わりに有料の医療サービスを提供するという制度転換の是非について問うたところ、七七パーセントの回答者がこれに反対であるとした（Judge *et al.* 1997）。

(126) 世論調査は、年間家計所得一万八〇〇〇ポンド以上の所得層を対象に実施された。累進課税、一律課税のいずれかの増税を支持するか否かへの回答、増税の際に優先されるべき支出先の選択、という二段階方式で回答が求められた。調査の結果、累進課税、一律課税のいずれの増税であっても、ＮＨＳ、教育、治安への公共支出の増大に対する高い支持が確認された。課税方法では、累進課税を財源として公共支出を拡大すべきとする項目により多くの賛成の回答が見られた（Brook, Hall and Preston 1996: 193）。

(127) 前出のグレナースターによれば、一九七〇年代半ばから二〇〇〇年までの約二五年の間、国民負担率は三三から三七ポイントの間を推移し、大きな変化を見い出すことはできない。したがって、たとえ多少の負担増を受け入れる素地が国民にあるとしても、イギリスの人々は、本質的には低負担（低い税率）を好むのだと結論づける（Glennerster 2001: 383）。

(128) Mathew Taylor とのインタヴュー（前出）。テイラーは、選挙対策本部の政策担当者として、ブレアの演説の執筆も担当した（Gould 1998: 268-269）。一九九七年総選挙での公約が控えめかつ保守的であったという認識は、コリーからも示された。Dan Corry とのインタヴュー（前出）。

(129) Mathew Taylor とのインタヴュー（前出）。テイラーは筆者に対して、党首室がマニフェストのほぼ全ての内容を決めていたと証言した。

(130) Chris Smith とのインタヴュー（前出）。

(131) じっさい、ブランケットの私信から確認できるのは、スミスとブランケットとの間には協力関係が築かれていたが、ブラウンはほとんど関与していなかったことである。ブラウンは、公表前の草案を読了してから内容の是否を党首室のミリバンドに自身の考えを伝えている。ブランケットからミリバンド（「ブレア気付」）への一九九六年六月一九日付書簡。File: Correspondence with Tony Blair, David Blunkette Papers, Sheffield City Archives Centre, Sheffield.

(132) 社会的排除への強い関心は、党の政策パンフレット『福祉から就労へ』（ＧＷＷ）に付帯された児童支援策の梗概にも明示された。

(133) スミスが高い関心を寄せていたのが、オーストラリアのＪＥＴであった。ＪＥＴは、ＧＷＷの第二節の標題「給付の個人化と雇用サービス――イギリスのＪＥＴスキーム」として登場する。ＪＥＴは、ひとり親を対象とした受給者の自発的参加にもとづくプログラムで、希望者には、訓練、保育、就労機会について個人アドバイザーの助言と仲介を経て、三つの異なる関連省庁が提供している支援を受けることができる。この点に鑑みれば、ＪＥＴはサービス強化（人的資本開発）型の積極的労働市場政策であると位置づけることができる。ＧＷＷでは、ＪＥＴの直接的な効果としてひとり親の公的扶助受給者が継続して減少していることが強調され、ＪＥＴのアイディアが、ＧＷＷにおける「給付の個人化と雇用サービス」という方針を支えることになる。

(134) ブランケットからミリバンドに宛てられた一九九六年六月一九日付書簡（前出）。

(135) Labour Party, Policy Directorate, Minues of a Meeting of the Joint Policy Committee held in the House of Commons on Wednesday 19 June, 1996, PD 3945, NEC 26 June 1996, Labour History Archive Centre. この合同政策委員会では、ブランケットが提出した労働市場に関する政策案 'Building Prosperity: Flexibility, Efficiency and Fairness at Work' も合意されている。

(136) とはいえ二者間の違いはそう大きくはない。ハーマンは、スミスが強く推していたオーストラリアのＪＥＴプログラムに類似したひとり親家庭の支援策を支持していた。ハーマンの政策案は、五歳以上の子どもに対する就学時間前後のケア・プログラムとひとり親への就労支援策であった。ハーマンの発表によれば失業者として登録されていない無業のシングルマザーのうち約九〇パーセントが就労を希望していた。ハーマンはこの支援策のための財源案については、ウィンドフォール税と公営宝くじの収益の一部を充当する以外は現行の予算枠内で遂行できると主張した（*the Independent*, 25 October 1996）。

(137) ソーヤから各労働組合の代表への書簡の草稿（一九九六年七月一八日付）。Sawyer Papers, Labour History Archive Study Centre.

(138) 党大会での決議では、一九九五年四月の国有化条項の改訂の際に導入された方式が採用された。投票者に問われたのは『マニフェストへの道』への賛否のみで、政策案の細目について判断を下すことは求められなかった。なお、一九九六年の総選挙マニフェスト草案をめぐる党内での採決で要した膨大なコストに鑑みて、議会党首脳部は、以後、こうした採決方法を取り止め、従来の方法に戻すことを決定した。

(139) 一九九六年五月の全国政策フォーラムに提出された政策文書においても、「我々の第一の目的は［福祉への——引用者注］依存を減らすことである」とされ、その上で、「人々を福祉から就労へと移動することを支援する」と明記された（Labour Party 1996b）。なお、ブレア労働党の福祉改革案における「福祉」とは、一貫して公的給付に限定されているということができる。

(140) 財源確保のための増税の是非をめぐる総選挙直前のやりとりについて、キノックは筆者とのインタヴューに応えて次のような評言を示した。「ブラウンは正しかった。しかし、トニー（・ブレア）の判断は理解できる。一九九二年総選挙の際の『労働党の増税爆弾』といったメディアのネガティブ・キャンペーンを避けねばならなかった」。Neil Kinnock とのインタヴュー。二〇一四年七月一六日。

(141) 選挙分析の専門家であるクルーは、一九九七年総選挙での大規模な鞍替えは、有権者の「党派性にもとづく配置の弱まり partisan dealignment」であったとする（Crewe 2001: 69）。有権者の政党一体感の弱まりは一九七四年総選挙ですでに顕在化していたが

（Butler and Kavanagh 1999a: 2）、その傾向に歯止めがかかることはなく、一九九七年には、有権者のうち「強い政党一体感」があるとしたのは一六パーセントにすぎなかった。じつに四二パーセントの回答者が、政党一体感は弱い、あるいは全く持っていないとした（Crewe 2001: 71）。

(142) Mathew Taylor とのインタヴュー（前出）。Dan Corry とのインタヴュー（前出）。コリーは筆者に、「ブラウンもブレアも、ニュー・レイバーであることに変わりはない」と語った。

(143) 二人の対立は、一九九七年の総選挙キャンペーン中に現れた。じつは当時労働党のキャンペーンの責任者はブラウンであった。だが、キャンペーン期間中、ブラウンとブレア、マンデルソンとの対立が先鋭化した。二〇〇一年総選挙ではブレアの腹心であるキャンベルが選挙キャンペーンの中枢となり、ブラウンの影響力を抑え込みブレアの意向がキャンペーンに反映されるよう腐心した（Fielding 2002: 29）。

(144) 一律に設定されていた大学授業料に上限を決めて追加学費を自由に設定することを認める法案。造反の主たる理由は、家庭の経済力が教育格差へと結びつくことへの強い反発であった。

(145) イラクへの軍事介入を決定した一連の政治判断について、二〇一七年一一月現在までに下院の二つの委員会と三つの独立調査委員会による計五つの調査報告が公表されている。その中でもっとも包括的な調査を行ったのが、二〇〇九年に設置された通称チルコット委員会であった。二〇一六年七月に公表された同会の最終報告書は、イラク侵攻は武装解除等の平和的な選択肢が尽きる前に決断されたこと、その決断はイラクにおける大量破壊兵器の存在をはじめ、裏づけに欠く誤った諜報情報と不十分な分析からなされたこと、当時の政府には不十分なフセイン政権倒壊後の計画と準備しかなく、明確な警告が示されたにもかかわらず侵攻によって生じるリスクを過小評価していたこと、政府が当初掲げた目標は達成されなかったこと等が指摘された（The Iraq Inquiry 2016）。ブレアによる一連の決断から委員会が引き出した教訓とは、「十分な情報に基づく自由な討論、および異論の表明が促される閣僚間の集合的な議論の重要性」であった。

(146) Patrick Diamond とのインタヴュー。二〇一七年三月八日。

(147) 『格差を架橋する *Bridging the Gap*』では、放校、失業、薬物使用、犯罪といった若年をめぐる問題の重層性が指摘され、家庭問題への対策案等の勧告が行われた（Social Exclusion Unit 1999）。報告書に貫かれていたのは、失業とは「社会的コスト」だとする認識であった。報告書では、あまりに多くの若者が労働市場で要請される技術や資格を習得していないという現状に対する強い危機意識が示された。ここで示された方針とは、失業に陥る可能性のある若者に対して、学校では、学術そのものよりも職業教育・訓練を受けさせること、地域レヴェルでは、一九歳までの若者を対象に近隣地域の多様なアクター（地方自治体、企業、ヴォランティア団体等）が、学習から日常生活、就業に至るまでサポートするコネクション・サービスを導入すること、であった。

(148) Dan Corry とのインタヴュー（前出）。コリーは、ブレアが、納税者のバックラッシュ、すなわち民間サービスを利用する中間層が自分たちの納めた税金が公共サービスに投じられることに反発するようになる事態を危惧していたとも語った。

(149) 若手のホープとして政権獲得前から注目され、ブラウン内閣で雇用年金相などを歴任したクーパー（Yvette Cooper）は、「ニュー・レイバーの教訓は何か」という筆者の問いに対して、「ミドル・イングランドからの支持獲得に固執しすぎたこと」と語った。Yvette Cooper へのインタヴュー。二〇一五年八月二五日。

(150) 若森の示すフレキシキュリティの四つのアプローチとは次の通りである。①労働市場が厳格な雇用保護（職保障）と保障なき柔軟な雇用解雇に分断されている南欧諸国型。規制緩和によって急増した非正規雇用を正規雇用化することが目指される。②高い職保障が維持される一方で、労働市場が硬直的で長期失業者の多い大陸欧州諸国型。企業の内的機能の柔軟性を発展させることで就労可能性を高め、労働市場の柔軟性を高めることが目指される。③低技能労働者が多く、貧困率の高いアングロ・サクソン諸国型。人的資源への投資拡大によって技能格差の解消に取り組むことが目指される。④多数の失業手当受給者とインフォーマル経済の労働者を抱える東欧諸国型。積極的労働市場政策による雇用機会拡大と福祉依存体質からの脱却が目指される（若森 二〇一〇）。

(151) 好況にもかかわらず、イギリスは労働年齢人口のうち五〇〇万人が何らかの手当を受給し、そのうちの二七〇万人が就労不能給付の受給者であった。それらに支払われた公的支出は年間約一九〇億ポンドであった（Taylor 2005: 198）。就労不能給付の受給者数を含むいわゆる経済的非活動者は、一〇年間でわずかに減少したにすぎなかった。労働党政権はこの問題を優先的政策課題に位置づけた（*the Financial Times*, 6 March 2007）。

(152) その趣旨は、フロイト（David Freud）が二〇〇七年二月に提出した通称フロイト報告書に見ることができる（DWP 2007）。ワークフェアの強化と民営化の推進を勧告したこの報告書を受けたブレアは、それが「個人と国家の責任の境界線を引き直し」、社会と市民の新しい関係を適切に指し示していると高く評価した（Blair 2010: 588-589）。一連の改革に対して、下院の特別委員会は、アメリカのワークフェアを引き合いに出し「労働市場への参入に障害を持つ者の支援策としてはもっとも非効率的」と結論づけ、改革はワークフェアとは異なるアプローチも視野に入れて慎重に検討されるべきだと勧告した（House of Commons 2009, para 24）。しかし、特別委員会からの指摘は政策形成に反映されることはなく、最終的に施行されたプログラムはフロイト報告書に沿ったものとなった。

(153) フロイト報告書を受けた福祉改革法では、就労不能給付が雇用支援手当（ＥＳＡ）に改編されたのにともない、その受給要件として能力テストを受けることが追加された。ジョブ・センター・プラスの担当官に「就労可能」と判断された場合には、公的就労支援プログラムへの参加が義務化された。所得補助を受給している一二歳以上の子どもを持つひとり親に対しても、ＥＳＡと同じように「就労可能」と判断されると、個別相談員との面談と求職活動への従事が義務づけられた（DWP 2008: 5–9）。

(154) 個人的な信条に加えて、ブラウンは公的給付削減案に反対し造反を繰り返していた労働党議員にも配慮せざるをえない状況にあった。彼は造反を新政権の躓きの材料にすることは絶対に避けたかったのである（Haddon 2012b）。

(155) 二〇〇五年一二月に党首に選出されたキャメロンや元党首ダンカン＝スミスら保守党の影の内閣のメンバーは、かねてからアメリカのクリントン政権下で実施されていたワークフェア改革を福祉依存の撲滅や制度の効率化のためのモデルとしていた。受給期間の上限設定、受給者の就労義務の強調、就労の見返りを高めるための所得補償水準の引き上げ、民間企業の参入の推奨等の諸政策を参照した。フロイト報告書は、そうした彼らの意に適ったものと捉えられた（Haddon 2012b）。

(156) 同法にもとづき所得補助が廃止され、受給者は求職者手当または就労不能給付を改編した雇用支援手当のいずれかに移行することになった。前述の通り雇用支援手当の受給要件として就労規範が強まった。

(157) しかし、フロイトにしてみれば、ワークフェアの強化を支持していたブレア主義者パーネルをもってしてもなお、あくまでも現行制度の部分的調整にとどまっているにすぎないものだった（Haddon 2012a）。保守党が「福祉から就労へ」の改革でブラウン政権と明確な対照をなしたのが、二〇〇八年八月に同党が発表した緑書である。緑書は、フロイト報告書を反映させた抜本的な福祉改革を提示した。

　保守党がブラウン政権の改革過程に呼応するかのようにいち早く体系的な政策案を準備できたのは、二〇〇五年にキャメロンが党首に就任した直後から、重点政策領域の一つとして福祉改革が俎上に載り、ダンカン＝スミスを議長とした委員会によって綿密な調査と検討がなされていたからにほかならない（Haddon 2012a: 6–11; 2012b）。

(158) 児童税額控除は、一六歳以下の子どもまたは就学中の一九歳以下の子どものいる家庭を対象にしている。基礎的要素（basic element）は、五四五ポンドで、子どもの数とは無関係に控除される。子どもに関する要素（child element）は、子ども一人につき二三〇〇ポンド、障害児童には二七一五ポンドの税額控除がある。重度障害児にはさらに加算される。ともに所得制限が有る。

(159) 税額控除は、所得の低い給与所得者および自営業者を対象にした税還付制度で、中間層から低所得層への減税措置であるともいえる。加算対象となるのは、就労しているひとり親、週三〇時間以上就労している人、五〇歳以上の人、託児・保育サービスの利用者である。

(160) この点について財政研究所の分析は次の通りである。ブラウンが公共サービスへの支出を年間三・八ポイント増加させた場合、最初の三年間は増税なしで財源を確保できる。しかし、同水準の支出拡大を維持していくならば、政権第二期後半には所得税の基本税率で二パーセント増に相当する年間五〇億ポンドの増税が必要である（*the Daily Telegraph*, 11 May 2001）。

(161) ブラウンが政権成立前から重視していた「10 p」税は二〇〇七年予算案で廃止された。ただし、基礎控除で補償措置が講じられた。他方で、基本税率は二〇パーセントまで引き下げられた（Adam, Browne, Heady 2009 : 12-13）。ブラウン自身による軽減税率の見直しによって所得税の逆進性が強まり、所得格差の拡大に拍車がかかったとの批判が噴出した（*the Economist*, 1 February 2007）。

(162) 夫婦手当に代わって導入されたのが勤労家族税額控除である。

(163) 労働党による「ステレス増税」は、保守党による誇張だとはいえない。二〇一〇年までの労働党政権の増税分を分析した専門家は、二〇一〇年時点の平均で、一世帯あたり年間二七〇ポンドにのぼったことを明らかにした（Browne and Phillips 2010: 1）。

(164) 二〇〇三年に導入された児童信託基金（Child Trust Fund）は、児童手当の対象となる全ての子どもを対象とした現金給付である。新生児の親に子ども名義の特別口座を開設させ、開設時および子どもが七歳になる時点で、政府がその口座に二五〇ポンド（低所得者層には五〇〇ポンド）を振り込む。親や友人はこの口座に振り込むことができ、年間一二〇〇ポンドまでは非課税扱いとなる。口座の資金は持ち主であるその子どもが一八歳に達した時点で初めて引き出すことができ、使途の制約はないが、主に高等教育進学、職業訓練、コンピュータの購入費などの社会的自立に充てることが期待されている。資産形成支援ともいう。

(165) ブレアのブレーンであるギデンズらは、高額所得者への増税案に強く疑義を唱えている。ブラウンを名指しすることは避けられたものの、年収一〇万ポンド以上の高額所得者を対象にした増税案は、経済的政治的理由からも受け入れられないと断じた。経済的理由とは、累進性を強化したとしても見込まれる税収は三五億ポンドにとどまり歳入増に、さしたるインパクトを与えないことであり、政治的理由とは、成功者に対する懲罰的な政策は有権者の反感を買うというのが彼らの主張であった（Diamond and Giddens

2005: 112）。

（166） グラスの行動は、従来は社会政策の立案に深く関与することのなかった財務官僚として異例であった。それを可能としたのは、財務省を社会政策改革の中心に据えるとするブラウンの強い政治的意思とともに、イングランド銀行を事実上独立させ金利決定権を財務省から移したことで財務官僚に余力が生じていたためと考えられている（Eisenstads 2011: 7; Melhuish and Hall 2007: 3）。

（167） アイゼンシュタットによれば、ブレアが全幅の信頼をおいた担当相ブランケットのみならず、子ども政策に関しては、ブレアとブラウン間の権力闘争が改革競争へと転化したことが、政策の拡充を促したという。Naomi Eisenstadt とのインタヴュー。二〇一四年五月二七日。

（168） 一連の政策は、選別主義から普遍主義へ、子どもを主体とした政府投資から親の就労支援のための保育へ、住民参加型から政府主導型へと変容した。プログラムの大幅な見直しについて政府はその恩恵が全国に拡大されたとしたが、導入当初に設定された目標が形骸化したとする批判もある（Glass 2005; Stewart 2007: 426）。普遍化にともなってサービスの拠点も倍増したが（二〇一〇年までの設置目標は三五〇〇地区）、個々のセンターに配分される予算は縮小した。

（169） 一九七〇年代にウィルソン／キャラハン政権下での主要な支出先となっていたのは、国有化された基幹企業への補助金と公共住宅関連であった。すでに論じたように、サッチャー政権下では、基幹産業の民営化、公共住宅政策の縮減が実施され、歳出構造が大きく変容した。労働党は、政権交代後、この構造転換を継承し、再国有化や公共住宅の復活などは実施しなかった。むしろ政府支出は、上記で見た特定の分野へ集中的に振り向けられた（Mullard and Swaray 2006）。

（170） Alistair Grimes とのインタヴュー、二〇〇七年一一月一六日。Bob Marshall とのインタヴュー、二〇〇四年一一月二〇日。

（171） Patrick Diamond とのインタヴュー。二〇一七年三月八日。

（172） Dan Corry とのインタヴュー（前出）。

（173） キノックは筆者とのインタヴューにおいて、労働党政権の実績について触れ「ブレアがギデンズの『第三の道』をその通りに実践していたのなら、もっと違った結果になっていただろう。ブレアはギデンズの言葉を取り上げたけれども、哲学を理解していなかった」と述べた。Neil Kinnock とのインタヴュー。二〇一四年七月一六日。

（174） Neil Kinnock とのインタヴュー（前出）。

（175） 保守党の低迷について、ギャンブルは次のように分析した。まず、サッチャーは容易には克服しがたい幾つもの負の遺産を保守党にもたらした。第一に、ヨーロッパ問題で党を二分したことである。サッチャーは、イギリスの主権擁護を主張し反欧州統合の立場を鮮明に示した。メイジャーは、サッチャーとは対照的に、一九九二年九月の通貨危機による欧州為替相場メカニズム離脱までは、通貨統合への参加に積極姿勢を示し、さらにはマーストリヒト条約締結を通じてイギリスがヨーロッパで再び主導的役割をはたすのだという姿勢を示していた（Gamble 1994: 34）。ヨーロッパをめぐる保守党の分裂と混乱、それにともなう凋落は、サッチャーによるヨーロッパ政策の負の遺産であるといえる。第二に、経済、社会政策を基礎づけるイデオロギー転換である。サッチャーとその支持者たちは、党の伝統を断ち切り、労働運動への融和、市場がもたらす帰結に関して政府が何らかの責任を持つこと、普遍主義的福祉給付に対する政府責任といった戦後合意を全て反故にした（本書第1章参照）。社会経済政策において政府の役割を縮小していくとするサッチャーの主張は、もはや不可逆的なものと捉えられ、野党労働党の政策をも転換させていった（Gamble 1994: 33）。

なお、対EU政策をめぐっては、ブレアとブラウンの間にも野党期からはっきりとした見解の違いがあった。もとよりブレアはEUの政策決定に積極的に関与することで影響力を行使することを目指し、ユーロ参加にも積極的であった。ブラウンは、かねてからイギリスの財政状況についてユーロへの参加条件を満たしておくことが、市場からの信頼獲得に利するとみなしていた。しかし彼は、ユーロに参加することで自国経済にマイナスの影響が及ぶことを懸念し、参加への慎重姿勢を崩すことはなかった。ブラウンは、ユーロ参加への「五つの経済テスト」を設けて厳格な基準に沿って参加の是非を判断すべきだと主張した。ブレア政権第二期発足直後の二〇〇一年九月一一日、アメリカでの同時多発テロ勃発等によって外交・安全保障状況は一変したこと、そしてブラウンが「五つの経済テスト」を盾にユーロ参加を保留するとの判断を下したことによって、ブレアはユーロ参加を断念せざるをえなくなる。

(176) その主な内容は、公的給付や税額控除などの一元化、受給要件の縮小、受給額や期間の上限の設定（世帯あたり週五〇〇ポンド・支給期間を一年間に限定など）、濫給の取締まり体制の強化、懲罰の強化（最長三年の支給停止）、就労への見返り策の拡充（収入増加に対する給付の減額率の抑制）である（DWP 2011: 労働政策研究・研修機構 二〇一一）。

(177) ユニヴァーサル・クレジットは家族政策と連結している。労働党政権下では、勤労者税額控除の申請はカップルであっても個人単位で行うこととしていた。ユニヴァーサル・クレジットでの税額控除の申請は、個人ではなくカップル単位で行うように改められ、支給はカップルのうちのいずれか一方にまとめられることになった。したがって、支給対象は多くの場合は主たる稼ぎ手、つまり夫となる可能性が高くなる。また、就労インセンティヴを高めるための在職給付を重視しているが、それは、カップルのうち、主たる稼ぎ手にのみあてはまることであって、第二の稼ぎ手（多くの場合は所得がより少ない妻）に対しては就労することで得られる経済的利点は減じられた。そのため、ユニヴァーサル・クレジットの導入によって、多くの場合家計において二番手の稼ぎ主である女性の労働市場からの退出を招くことが政府の試算でも予想されている。

(178) じっさい統合の対象として、所得連動型の雇用・生活補助手当、所得補助、資力調査付き求職者手当、就労者税額控除、児童税額控除、住宅給付という六つの資力調査付き公的給付が網羅されている。

(179) 保守党の影の財務相（連立政権の財務相）オズボーンは、二〇〇九年九月に、向こう三年間は労働党政権の公共支出総額を維持し、支出は年率で二パーセントずつ増大させると公言していた。また自民党の有力議員ケーブル（Vince Cable）も、二〇〇九年にケインズ主義的な見地から不況期の歳出削減は経済に悪影響を及ぼすという立場を文書で表明していた（Darling 2011: 40-41）。

(180) 政府が受託団体への報酬は、複数年就労不能手当を受給していたプログラム参加者が就労した後、二年間その職にとどまった場合のみ満額が支払われる。

(181) YouGovUK, *Ed Miliband's Leadership Rating Hits 33-Month Low*, https://yougov.co.uk/news/2014/10/26/ed-milibands-leadership-rating-hits-33-month-low/（最終アクセス日二〇一七年一一月六日）。

あとがき

本書は、東京大学大学院総合文化研究科国際社会科学専攻に提出した博士論文を大幅に加筆修正したものである。浅学菲才な筆者がなんとか単著の刊行にまでこぎ着けることができたのは、多くの方々の導きと支えがあったからこそのことである。ここに全ての方のお名前を記すことはかなわないが、皆様に深く感謝申し上げたい。

東京大学大学院総合文化研究科では、研究者人生の礎となる貴重な時間をすごした。指導教員・高橋直樹先生の多大なる学恩に、たとえわずかでも報いることができるよう努めてまいらねばと思う。修士・博士論文の審査にあたられた内山融先生、遠藤貢先生、加藤淳子先生、平島健司先生、若松邦弘先生からのご指導は現在でも研究上の指針となっている。演習を履修させていただいた大沢真理先生には、その後も様々なプロジェクトで大変にお世話になった。故高橋進先生が主催された「戦後西欧における政権交代」研究会の末席に連なる機会に恵まれたことは、政権交代と政策刷新というテーマを見いだす大切なきっかけとなった。

関西学院大学法学部在学中には、演習を担当された故岡俊孝先生、北山俊哉先生のご指導をあおいだ。関学時代に、あるテーマを探究することの面白さや難しさに触れることがなければ、その後（無謀にも）研究者の道を進もうとは思わなかったかもしれない。

博士課程在学中の北海道大学大学院法学研究科の研究プロジェクトへの参加は、研究代表・山口二郎先生、比較福祉政治という研究領域を切り拓かれた宮本太郎先生をはじめ、北大法学部の先生方の研究を目の当たりにするまたとない機会であった。プロジェクトではまた、田中みどり氏、スタッフの方々に多くのご教示をいただいた。

現在の職場である成蹊大学法学部では素晴らしい同僚に恵まれている。今年後半から思わぬ療養生活を送ることになり、遠藤誠治法学部長をはじめ皆様には大変なご迷惑をおかけしたにもかかわらず、温かい励ましをいただいた。通り一遍の御礼の言葉では足りぬと思う。

二〇一三年から二〇一五年の長期在外研修中に滞在したケンブリッジ大学では、アンドリュー・ギャンブル（Andrew Gamble）先生、クリス・ビカトン（Chris Bickerton）先生、アラスタ・リード（Alastair Reid）先生、フィレンツェの欧州大学院では、ルチアーノ・バルディ（Luciano Bardi）先生より、研究会の席上ばかりでなくお茶の時間などの何気ない会話からも得難い勉強をさせていただいた。

一九九五年のオクスフォード大学留学時にお世話になった皆様、そしてそのとき以来の友人、カテリーナ・ワトキンス（Caterina R. L. Watkins）、エマ・ロギン（Emma G. Loghin）、タイムール・ハイアット（Taimur Hyat）とその家族の友情にも幾度となく力づけられた。彼らから、ユーモアと優しくあることの大切さを教えられた。また、尊敬する先輩や同期生たちとともに大学院時代をすごせたことはとても幸いであった。高橋門下の先輩、松尾秀哉氏、吉田徹氏には今日に至るまでお世話になっている。川島章平氏、木寺元氏、小舘尚文氏、砂原庸介氏、武藤祥氏をはじめ、院生時代にめぐりあった方々にはじつにたくさんの刺激を受けており、今も変わらず怠惰な私を鼓舞する人生の糧である。

本書の執筆過程では、多くの方々のお力添えをいただいた。改めて感謝申し上げたい。杉田敦先生には本書のタイトルのアイディアを頂戴した。本書について発表の機会を与えてくださった科研プロジェクト「ヨーロッパ保守政治の構造変容」（代表者・水島治郎先生）、中央大学法学部政治学研究会、世界政治研究会、イギリス政治研究会、日本政治学会年報委員会（「成熟社会の民主政治」委員長・宇野重規先生）では数々の重要な質問・指摘をいただいた。宮城大蔵氏からも示唆に富む助言を得た。それらになんとか応えようと微力を尽くしたが、はたしてそれがどこまで適っているのか、読者のご判断に委ねるしかない。

高安健将氏、野口雅弘氏、和多田雅子氏は、過密スケジュールの合間を縫って拙い草稿の一部あるいは全てに目を通し貴重なコメントをくださった。表の作成や文献データのチェック等では、東京外国語大学博士課程の池田和希氏の助力を得た。資料の整理にあたってくれた鮎川洋子氏、武藤祥子氏にも併せてお礼申し上げたい。いうまでもなく、本書の全ての誤りと不十分さの責めは筆者にある。

編集を担当してくださった東京大学出版会編集部の山田秀樹氏には深く感謝申し上げたい。氏のご尽力がなければ、本書が日の目を見ることはなかっただろう。なお、本書は日本学術振興会・平成二九年度科学研究費助成事業（科学研究費補助金・研究成果公開促進費〔学術図書〕）の研究成果である。

筆者が研究者の端くれとしてどうにかやってこられたのには、家族の支えもまた不可欠であった。丈夫なだけが取り柄だったはずの筆者が迂闊にも体調を崩してからは、両親と兄の丈英、妹ひなたに励まされ、助けてもらうことばかりであった。配偶者の小関隆にもこの場をお借りして感謝の意を記したい。また、家族のように慕っていた田邊道子氏が今夏にご逝去されたことには寂しさを禁じえない。留学後に勤めていた有信堂高文社編集部時代の上司として、世に問う本を創ることの意義を懇切に指導していただいた田邊さんのご恩に報いられぬままとなったことが悔やまれる。心からご冥福をお祈り申し上げたい。

さいごに、筆者のオクスフォード留学中に急逝した最愛の弟・鉄造と、その悲しみの中でも不肖の娘を信じ深い愛情を注いでくれる母・和子とに、敬意と感謝を込めて本書を捧げることをお許しいただければ幸いである。

二〇一七年一二月　吉祥寺にて

今井貴子

人名索引

事項索引

サ　行

タ　行

ナ　行

ハ　行

マ　行

インタヴュイー・参考文献一覧

インタヴュイー一覧（アルファベット順・敬称略）（　）内の日付はインタヴュー実施日。

Birch, Keith	UNISON，議会担当（2006年2月23日）
Burkitt, Nick	内閣府・社会的排除室スタッフ（2006年2月21日）
Burston, Chris	労働年金省，家族・労働課主任（2006年2月22日）
Clarke, Charles	キノック党首付筆頭顧問，内務相，教育・技能相，無任所相，労働党議員（2012年5月1日）
Cooper, Yvette	元労働年金相，元財務相主席担当官，元住宅担当相。労働党議員（2015年8月25日）
Corry, Dan	首相府政策室長，首相付経済担当上級顧問（2014年9月16日）
Diamond, Patrick	北アイルランド相付特別顧問。ポリシー・ネットワーク副代表。ロンドン大学（Queen Mary）講師（2017年3月8日）
Eisenstadt, Naomi	労働年金省・シュア・スタート政策室長（2014年5月27日）
Field, Frank	下院社会保障特別委員会議長，福祉担当閣外相，労働党議員（2007年3月6日）
Grimes, Alistair	起業支援＆エンプロイアビリティ・ソリューション代表。（2007年11月16日）
Hills, John	ロンドン大学（LSE）教授（2017年3月5日）
Hutton, Will	『オブザーバー』紙論説主幹。ブレアの政策アドバイザー（2012年4月5日）
Kellner, Peter John	YouGov（世論調査会社）代表，政治評論家（2007年3月8日）
Kinnock, Neil	元労働党党首，上院議員（2007年3月13日，2014年7月16日）
MacLennan, Emma	ジョン・デュワー影の社会保障担当相付政策顧問，クリス・スミス影の社会保障担当相付政策秘書，ジョン・スミス記念信託代表（2007年3月12日）
Marshall, Bob	グラスゴー・ワークスの創設者および代表（2004年11月20日）
McSmith, Andy	ジョン・スミス元労働党党首のバイオグラファー（2007年3月12日）
Pearce, Nick	首相府政策室長，IPPR代表（2014年8月26日）
Sawyer, Tom	労働党書記長，上院議員（2014年9月17日）
Smith, Chris	影の社会保障担当相，影の保健相，文化・メディア・スポーツ担当相，上院議員（2007年2月26日）
Taylor, Mathew	1997年総選挙キャンペーンのコーディネータ，政策責任者。首相府政策室長，首相付戦略担当筆頭顧問（2014年9月16日）
Yates, John	ケンブリッジ地区労働党ニューナム支部代表（2015年7月3日）

新聞，雑誌

BBC News/The Daily Mail/The Daily Telegraph/The Economist/Fabian Review/The Financial Times/The Guardian/Hansard, House of Commons Debates/Hansard, House of Lords Debates/The New Statesman/The Observer/The Renewal/The Sun/The Sunday Telegraph/The Times

【未公刊史料】

私文書

Neil Kinnock Papers, Churchill Archives Centre, Churchill College, the University of Cambridge.

Michael Foot Papers, Labour History Archive and Study Centre, Manchester.

Tom Sawyer Papers, Labour History Archive and Study Centre, Manchester.

David Blunkett Papers, Sheffield Archives, Sheffield City Council, Sheffield.

労働党各種議事録

The Parliamentary Labour Party Papers, Parliamentary Committee Minutes of Meetings, Labour History Archive and Study Centre, Manchester.

The National Executive Committee Minutes of Meetings, Labour History Archive and Study Centre, Manchester.

The National Policy Forum Minutes of Meetings, Labour History Archive and Study Centre, Manchester.

労働党政策パンフレット

＊ とくに明記がない場合は，Box 329 Lab A1, 362.1, 362.6, Labour History Archive and Study Centre, Manchester 所収。

Clwyd, Ann（1994）*Caught in the Poverty Trap: The Poverty Trap and the Need for National Minimum Wage*,（Ann Clwyd MP, Shadow Employment Minister）.

CSJ→Commission on Social Justice（1993）*Social Justice in a Changing World*.

Hill, David（1992）'General Election Campaign – Some Observations', CCD 1/92/93, NEC 24 June 1992, Kinnock Papers.

Labour Party（1989）*Meet the Challenge, Make the Change: A New Agenda for Britain*, Policy Review Group, London: The Labour Party.

Labour Party（1990）*Looking to the Future: A Dynamic Economy, A Decent Society, Strong in Europe*, London: The Labour Party.

Labour Party（1993）*Budget Action for Investment and Job*, London: The Labour Party.

Labour Party（1994a）*Jobs and Social Justice, Labour's Response to the Green Paper on European Social Policy: Options for the Union*, London: The Labour Party.

Labour Party（1994b）'European Election Candidates' Briefing, Social Chapter'（Euro-Elections）, London: The Labour Party.

Labour Party（1994c）'Competing with the Best, Why Britain Needs Social Chapter', May 1994（Euro-Elections）, London: The Labour Party.
Labour Party（1994d）*Rebuilding the Economy*, London: The Labour Party.
Labour Party（1995a）*The Commission on Social Justice*, January 1995, London: The Labour Party.
Labour Party（1995b）*A New Economic Future for Britain: Economic and Employment Opportunities for All*, July 1995, London: The Labour Party.
Labour Party（1995c）*Labour's Aims and Values*, the Consultation Report, London: The Labour Party.
Labour Party（1996a）*Early Excellence: A Head Start for Every Child*, London: The Labour Party.
Labour Party（1996b）'Building to the General Election and Beyond', *Labour Party News*, CE: 82/2/96, NEC, 28 February 1996, London: The Labour Party.
Labour Party（1996c）*Getting Welfare to Work*, London: The Labour Party.
Labour Party（1996d）Policy Directorate, the Joint Policy Committee, Wednesday 19 June, 1996, London: The Labour Party.
Labour Party（1996e）*Children First: Reforming Child Support*, London: The Labour Party.
McLeish, Henry（1996）*Who Benefits? The Growth of Poverty under the Tories*（Henry McLeish MP, Shadow Social Security Minister）, December 1996.
Meacher, Michael（1991a）*Poverty amid Plenty*, September 1991.
Meacher, Michael（1991b）'Press Release from Michael Meacher MP, Shadow Secretary of State for Social Security', Thursday, 19 September, 1991.
SCA→Shadow Campaign Agency（1992）'Election and Post-Election Polling', SCA 8th June 1992, Kinnock Papers.
Smith, Chris and Nick Raynsford（1996）*Recovering the Missing Millions: Labour's Plans to Combat the Benefit Fraud Crisis*, June 1996.
Road to the Manifesto（選挙マニフェスト草稿）
・Labour Party（1996f）*New Labour New Britain, Road to the Manifesto*, London: The Labour Party.
・Labour Party（1996g）*New Labour New Life for Britain*, NEC Report 1996, London: The Labour Party.
・Labour Party（1996h）*Labour's New Deal for a Lost Generation*, London: The Labour Party.
・Labour Party（1996i）*Lifelong Learning*, The London Labour Party.

記者発表，スピーチ原稿ほか（＊印は公刊史料）

Blair, Tony（1982）Private Letter to Michael Foot, 28 July 1982, Michael Foot Papers, History Archive and Study Centre, Manchester.
*Blair, Tony（1994a）'Principle, Purpose and Power, Election', leaflet for party leadership

contest, May 1994, reprinted in Paul Richards (ed.) (2004) *Tony Blair in His Own Words*, London: Politico's.

*Blair, Tony (1994b) 'No Favours', New Statesman', 18 November 1994, reprinted in Paul Richards (ed.) (2004) *Tony Blair in His Own Words*, London: Politico's.

*Blair, Tony (1994c) Conference Speech, Blackpool, 4 October 1994.

*Blair, Tony (1995a) 'Let Us Face the Future: The 1945 Anniversary Lecture', Fabian Society Pamphlet.

*Blair, Tony (1995b) 'The British Experiment: An Analysis and an Alternative', the Mais Lecture, City University, London, 22 May 1995, reprinted in Tony Blair (2004) *New Britain: My Vision of a Young Country*, Colorado: Westview Press.

*Blair, Tony (1995c) 'The Power of the Message', *New Statesman*, 29 September 1995.

*Blair, Tony (1995d) 'Power with a Purpose', *Renewal*, October 1995.

*Blair, Tony (1995e) Conference Speech, 3 October, 1994.

*Blair, Tony (1996a) 'A Stakeholder Society', *Fabian Review*, Vol. 108, No. 1, the article based on a speech delivered in Singapore on the 8th January 1996.

Blair, Tony (1996b) 'Press Release, Rt. Hon. Tony Blair MP, Leader of the Labour Party at a Press Conference, to Launch "Road to the Manifesto"', Wednesday 27 March, 1996.

Blair, Tony (1996c) 'Statement by Rt. Hon. Tony Blair MP, Leader of the Labour Party at a Press Conference, "The Lost Generation", London, 15 May 1996.

*Brown, Gordon (1995) Conference Speech, 3 October 1995.

Brown, Gordon (1996a) 'Statement by Gordon Brown MP, Shadow Chancellor', Wednesday 27 March, 1996.

Brown, Gordon (1996b) 'Gordon Brown MP, Shadow Chancellor, Speaking at a Press Conference to Launch Labour's New Deal for the under 25s', 15 May 1996, the Labour Party Media Office.

Brown, Gordon (1997) 'Statement from the Chancellor on the Central Economic Objectives of the New Government', 6 May 1997.

Cook, Robin (1996) 'Statement by Robin Cook MP, Chair of Labour's National Policy Forum, at a Press Cconference on "Partnership with the People"'.

Kinnock, Neil (1992) draft speech, Kinnock Papers, Churchill Archives Centre, Churchill College, Cambridge.

Prescott, John (1996) 'Statement by John Prescott MP', 27 March 1996.

Robert Sheldon (1993) minutes of a special meeting of the Parliamentary Labour Party held on Tuesday 23 November 1993.

Smith, Chris (1996) 'Social Justice in a Modern World', Lecture at the IPPR, 1996.

Wales, Ronald (1994) Correspondence.

【公刊史料】

労働党大会議事録，TUC 年次大会議事録

Labour Party (1976) *Report of the Seventy-Fifth Annual Conference of the Labour Party*, September 27–October 1, London: The Labour Party.

Labour Party (1994e), *Report of the Ninety-Third Annual Conference*, 3–7 October, London: The Labour Party.

Labour Party (1995d) *Report of the Special Conference*, 29 April, London: The Labour Party.

Labour Party (1995e) *Report of the Ninety-Fourth Annual Conference of the Labour Party*, 2–6 October, London: The Labour Party.

Labour Party (1996j) *The Labour Party Conference Verbatim Report*, 30 September–4 October, London: The Labour Party.

Labour Party (1997a) *The Labour Party Conference Verbatim Report*, 29 September–3 October, London: The Labour Party.

TUC→Trade Union Congress (1995) *Congress Report 1995*, the 127th Annual Trade Union Congress, 11–15 September, London: The TUC.

TUC (1996) *Congress Report 1996*, the 128th Annual Trade Union Congress, 9–13 September, London: The TUC.

総選挙マニフェスト

Conservative Party (1979) *Conservative General Election Manifesto 1979*, London: The Conservative Party.

Conservative Party (1983) *Conservative General Election Manifesto 1983*, London: The Conservative Party.

Conservative Party (1987) *The Next Moves Forward, The Conservative Manifesto 1987*, London: The Conservative Party.

Conservative Party (1992) *The Best Future for Britain, The Conservative Manifesto 1992*, London: The Conservative Party.

Conservative Party (1997) *You Can Only be Sure with the Conservatives, The Conservative Manifesto 1997*, London: The Conservative Party.

Conservative Party (2010) *Invitation to Join the Government of Britain, The Conservative Manifesto 2010*, London: The Conservative Party.

Labour Party (1979) *The Labour Way is the Better Way, The Labour Party Manifesto 1979*, London: The Labour Party.

Labour Party (1983) *The New Hope for Britain, The Labour Party Manifesto 1983*, London: The Labour Party.

Labour Party (1987) *Britain will Win with Labour, The Labour Party Manifesto 1987*, London: The Labour Party.

Labour Party (1992) *It's Time to Get Britain Working Again, The Labour Party Manifesto 1992*, London: The Labour Party.
Labour Party (1997b) *New Labour, Because Britain Deserves Better, The Labour Party Manifesto 1997*, London: The Labour Party.
Labour Party (2001) *Ambitions for Britain, The Labour Party Manifesto 2001*, London: The Labour Party.
Labour Party (2005) *Britain Forward Not Back, The Labour Party Manifesto 2005*, London: The Labour Party.
Labour Party (2010) *A Future Fair for All, The Labour Party Manifesto 2010*, London: The Labour Party.
Labour Party (2015) *The Britain can be Better, The Labour Party Manifesto 2015*, London: The Labour Party.

日本語文献

池本大輔（2016）「『ブレアの後継者』から『サッチャーの息子』へ――キャメロン政権2010年～」梅川正美・阪野智一・力久昌幸編著『イギリス現代政治史』第2版，ミネルヴァ書房。

今井貴子（2005）「雇用と労働のポリティクス――イギリス労働党の挑戦」山口二郎・宮本太郎・小川有美編『市民社会民主主義への挑戦――ポスト「第三の道」のヨーロッパ政治』日本経済評論社。

今井貴子（2008）「イギリス・ブレア政権の成立――再編期の党内改革と『ゆるやかな革新』」高橋進・安井宏樹編『政権交代と民主主義』東京大学出版会。

今井貴子（2011）「イギリスの公共サービス改革と社会的企業」大沢真理編著『社会的経済が拓く未来――危機の時代に「包摂する社会」を求めて』ミネルヴァ書房。

今井貴子（2012）「転換期の政策デザイン――アングロ・サクソン型社会的包摂の政治過程」武川正吾・宮本太郎編著『グローバリゼーションと福祉国家』講座現代の社会政策6，明石書店。

今井貴子（2014）「金融危機後のイギリス政治」日本政治学会編『危機と政治変動』年報政治学2013-I，木鐸社。

今井貴子（2015）「イギリスにおける反対党の党改革と応答政治」吉田徹編著『野党とは何か』ミネルヴァ書房。

今井貴子（2016a）「分断された社会は乗り越えられるのか」『世界』9月号。

今井貴子（2016b）「イギリスの保守の変容」水島治郎編『保守の比較政治学――欧州・日本の保守政治とポピュリズム』岩波書店。

今井貴子（2016c）「イギリスにおける政権交代と福祉ガバナンスの変容」大沢真理・佐藤岩夫編著『ガバナンスを問い直すII』東京大学出版会。

今井貴子（2016d）「ニュー・レイバー・プロジェクトの光と陰―vol. 1　社会的包摂戦略の功罪」『生活経済政策』No. 237，生活経済政策研究所。

今井貴子（2016e）「ニュー・レイバー・プロジェクトの光と陰―vol. 2　支持獲得戦略の

功罪」『生活経済政策』No. 238。

今井貴子（2017）「ニュー・レイバー・プロジェクトの光と陰—vol. 3 『決められる』政治の功罪」『生活経済政策』No. 240。

岩間大和子（2006）「英国ブレア政権の保育政策の展開——統合化，普遍化，質の確保へ」『レファレンス』56 巻 4 号，国立国会図書館。

埋橋孝文（2007）「ワークフェアの全体像把握を目指して」埋橋孝文編著『ワークフェア——排除から包摂へ？』シリーズ・新しい社会政策の課題と挑戦　第 2 巻，法律文化社。

内山融（1998）『現代日本の国家と市場——石油危機以降の市場の脱〈公的領域〉化』東京大学出版会。

遠藤乾（1994）「ヨーロッパ統合のリーダーシップ——ジャック・ドロールの権力と行動」佐々木隆生，中村研一編著『ヨーロッパ統合の脱神話化——ポスト・マーストリヒトの政治経済学』ミネルヴァ書房。

遠藤乾（2013）『統合の終焉——EU の実像と論理』岩波書店。

遠藤乾編（2008）『原典　ヨーロッパ統合史——資料と解説』名古屋大学出版会。

大沢真理（1999）「社会保障政策——ジェンダー分析の試み」毛利建三編著『現代イギリス社会政策史 1945～1990』ミネルヴァ書房。

大沢真理（2011）「社会的経済の戦略的意義」大沢真理編著『社会的経済が拓く未来——危機の時代に「包摂」社会を求めて』ミネルヴァ書房。

大沢真理（2013）『生活保障のガバナンス——ジェンダーとお金の流れで読み解く』有斐閣。

小笠原浩一（1999）「イギリス労働組合会議（TUC）のパートナーシップ」『大原社会問題研究所雑誌』No. 490。

小川有美（2012）「デモクラシーは新自由主義から抜け出せないのか」『生活経済政策』No. 180。

奥村牧人（2011）「英国下院の議事日程改革——バックベンチ議事委員会の設置を中心に」『レファレンス』731 号，国立国会図書館。

小野塚知二（1999）「労使関係政策——ヴォランタリズムとその変容」毛利建三編著『現代イギリス社会政策史 1945～1990』ミネルヴァ書房。

梶間みどり・堀有喜衣（2006）「イギリスのキャリア教育と就業支援」小杉礼子・堀有喜衣編『キャリア教育と就業支援——フリーター・ニート対策の国際比較』勁草書房。

北山俊哉（2011）『福祉国家の制度発展と地方政府——国民健康保険の政治学』有斐閣。

吉瀬征輔（1997）『英国労働党——社会民主主義を越えて』窓社。

木寺元（2012）『地方分権改革の政治学——制度・アイディア・官僚制』有斐閣。

クラーク，ピーター（西沢保・市橋秀夫・椿建也・長谷川淳一・姫野順一・米山優子訳）（2004）『イギリス現代史 1900-2000』名古屋大学出版会。

クラウチ，コリン（山口二郎監修・近藤隆文訳）（2007）『ポスト・デモクラシー——格差拡大の政策を生む政治構造』青灯社。

小林勇人（2012）「ワークフェアと福祉政治——カルフォルニア州の福祉改革の分析」宮

本太郎編著『福祉政治』福祉＋α，ミネルヴァ書房。

小堀眞裕（2004）「第三の道か，サッチャリズム Mark2 か，それともステイクホルダー資本主義か？——ブレア政治をめぐる議論の整理のために」『政策科学』立命館大学政策学会，11 巻 3 号。

小堀眞裕（2005）『サッチャリズムとブレア政治——コンセンサスの変容，規制国家の強まり，そして新しい左右軸』晃洋書房。

小堀眞裕（2016）「『戦後コンセンサス』の破壊——サッチャー政権　1979〜90 年」梅川正美・阪野智一・力久昌幸編著『イギリス現代政治史』第 2 版，ミネルヴァ書房。

小宮文人（2006）『現代イギリス雇用法——その歴史的展開と政策的特徴』信山社。

近藤康史（2014）「イギリス——政権交代と福祉国家」西村周三・京極髙宣・金子能宏編著『社会保障の国際比較研究——制度再考にむけた学際的・政策科学的アプローチ』ミネルヴァ書房。

近藤康史（2016a）『社会民主主義は生き残れるか——政党組織の条件』勁草書房。

近藤康史（2016b）「ひび割れていく『大統領型』首相——ブレア・ブラウン政権　1997 年〜2010 年」梅川正美・阪野智一・力久昌幸編著『イギリス現代政治史』第 2 版，ミネルヴァ書房。

近藤康史（2017）『分解するイギリス——民主主義モデルの漂流』ちくま新書。

阪野智一（2001）「イギリスにおける政党組織の変容——党組織改革と人民投票的政党化への動き」『国際文化学研究』神戸大学国際文化学部紀要，第 16 号。

阪野智一（2005）「ブレア政権のメディア政治——メディア・キャンペーンと政党政治の変容」『国際文化学研究』神戸大学国際文化学部紀要，第 24 号。

阪野智一（2006）「ブレアは大統領型首相か」梅川正美・阪野智一・力久昌幸編著『現代イギリス政治』成文堂。

阪野智一（2011）「ニュー・レイバーとイギリス自由主義レジームの再編」新川敏光編著『福祉レジームの収斂と分岐——脱商品化と脱家族化の多様性』ミネルヴァ書房。

サルトーリ，ジョヴァンニ（岡沢憲芙・川野秀之訳）（2000）『現代政党学——政党システム論の分析枠組み』［普及版］早稲田大学出版部。

篠原一（1986）『ヨーロッパの政治——歴史政治学試論』東京大学出版会。

ジャット，トニー（浅沼澄訳）（2008）『ヨーロッパ戦後史（下）1971-2005』みすず書房。

シュトレーク，ヴォルフガング（鈴木直訳）（2016）『時間かせぎの資本主義——いつまで危機を先送りできるか』みすず書房。

ジョーンズ，オーウェン（依田卓巳訳）（2017）『チャヴ——弱者を敵視する社会』海と月社。

新川敏光（2004）「日本の年金改革政治——非難回避の成功と限界」新川敏光，ジュリアーノ・ボノーリ編著（新川敏光監訳）『年金改革の比較政治学——経路依存性と非難回避』ミネルヴァ書房。

砂田一郎（2004）『アメリカ大統領の権力——変質するリーダーシップ』中公新書。

高木郁朗・住沢博樹・トマス・マイヤー編著（2003）『グローバル化と政治のイノベーション——「公正」の再構築をめざしての対話』ミネルヴァ書房。

高橋進（2008）「政権交代の政治学―― 一つの試論」高橋進・安井宏樹編『政権交代と民主主義』東京大学出版会。

高橋直樹他（1999）「座談会『中道左派』政権を選択した欧州」『世界』2月号。

高橋直樹（2012）「ブレア・スタイルとデモクラシーのゆくえ――強大な首相権力にみるトップダウンの影響」内山融・伊藤武・岡山裕編著『専門性の政治学――デモクラシーとの相克と和解』ミネルヴァ書房。

高安健将（2009a）「空洞化する英国の議院内閣制」『アステイオン』71号。

高安健将（2009b）『首相の権力――日英比較からみる政権党とのダイナミズム』創文社。

田口典男（2012）「イギリスの最低賃金制度の変遷と特徴」『生活経済政策』No. 189。

武川正吾（1999）「総論――イギリスの社会保障体系」武川正吾・塩野谷祐一編『先進諸国の社会保障①　イギリス』東京大学出版会
武田宏子（2016）「『エスタブリッシュメント』から疎外された人々」『生活経済政策』No. 228。

田中聡一郎（2007）「ワークフェアと所得保障――ブレア政権下の負の所得税型の税額控除の変遷」埋橋孝文編著『ワークフェア――排除から包摂へ？』（シリーズ・新しい社会政策の課題と挑戦），法律文化社。

田中拓道（2016）「承認論の射程――社会政策の新たなパラダイム」田中拓道編『承認――社会哲学と社会政策の対話』法政大学出版局。

田中拓道（2017）『福祉政治史――格差に抗するデモクラシー』勁草書房。

谷藤悦史（1997）「イギリスにおける政治コミュニケーションの変化――戦後イギリスの政治キャンペーンの変化と現状」『早稲田政治経済学雑誌』第331号。

デンヴァー，デイヴィッド（1998）「イギリス――『大文字を冠した野党』から断片化した野党へ」エヴァ・コリンスキー編（清水望監訳）『西ヨーロッパの野党』行人社。

トッド，セリーナ（近藤康裕訳）（2016）『ザ・ピープル――イギリス労働者階級の盛衰』みすず書房。

豊永郁子（1998）『サッチャリズムの世紀――作用の政治学へ』創文社。

ドラッカー，ヘンリー M.（望月昌吾訳）（1982）『イギリス労働党論――その教義とエトス』中央大学出版部。

成廣孝（2016）「『U ターン』――ヒース政権　1970～74年」梅川正美・阪野智一・力久昌幸編著『イギリス現代政治史』第2版，ミネルヴァ書房。

パーネビアンコ，アンジェロ（村上信一郎訳）（2005）『政党――組織と権力』ミネルヴァ書房。

馬場康雄・平島健司編（2010）『ヨーロッパ政治ハンドブック』第2版，東京大学出版会。

ピータース，B. ガイ（土屋光芳訳）（2007）『新制度論』芦書房。

樋口英夫（2013）「イギリスの失業支援政策」『海外社会保障研究』No. 183。

フィンレイ，モーゼス I.（柴田平三郎訳）（1991）『民主主義――古代と現代』刀水書房。

ホブスボウム，エリック（河合秀和訳）（1996）『20世紀の歴史――極端な時代』下巻，三省堂。

マーシャル，トーマス H.（1993）「シティズンシップと社会的階級」T. H. マーシャル・ト

ム・ボットモア（岩崎信彦・中村建吾訳）『シティズンシップと社会的階級――近現代を総括するマニフェスト』法律文化社。

牧原出（2013）『権力移行――何が政治を安定させるのか』NHK ブックス。

水島治郎（2016）『ポピュリズムとは何か――民主主義の敵か，改革の希望か』中公新書。

宮本太郎（2006a）「福祉国家の再編と言説政治」宮本太郎編『比較福祉政治――制度転換のアクターと戦略』早稲田大学出版部。

宮本太郎（2006b）「ポスト福祉国家のガバナンス――新しい政治対抗」『思想』（「福祉社会の未来」）第 983 号。

宮本太郎（2008）『福祉政治――日本の生活保障とデモクラシー』有斐閣。

宮本太郎（2009）「対抗軸は見えたか？　埋橋孝文編著『ワークフェア――排除から包摂へ？』をめぐって」書評と紹介『大原社会問題研究所雑誌』No. 603。

宮本太郎（2013）『社会的包摂の政治学――自立と承認をめぐる政治対抗』ミネルヴァ書房。

毛利健三編著（1999）『現代イギリス社会政策史　1945～1990』ミネルヴァ書房。

モラン，マイクル（犬童一男監訳・吉瀬征輔・十川宏二・村田邦夫訳）（1988）『イギリスの政治と社会』晃洋書房。

ヤーギン，ダニエル＆ジョゼフ・スタニスロー（山岡洋一訳）（2001）『市場対国家――世界を作り変える歴史的攻防・上』日経ビジネス人文庫。

山口二郎（2005）『ブレア時代のイギリス』岩波新書。

山口二郎（2009）『政権交代論』岩波新書。

湯沢威（1996）『イギリス経済史――盛衰のプロセス』有斐閣ブックス，有斐閣。

吉田徹（2008）『ミッテラン社会党の転換――社会主義から欧州統合へ』法政大学出版局。

吉田徹（2015）「野党とは何か――『もう一つの政府／権力』の再定義に向けて」吉田徹編著『野党とは何か』ミネルヴァ書房。

力久昌幸（1990）「イギリス労働党の組織改革（一），（二）」『法学論叢』第 127 巻第 2 号，第 6 号。

労働政策研究・研修機構（2011）「給付制度統合と給付条件引き締めで就労促進――福祉改革法案」『海外労働情報』2011 年 3 月。

ロドリック，ダニ（柴山桂太・大川良文訳）（2014）『グローバリゼーション・パラドクス――世界経済の未来を決める三つの道』白水社。

若松邦弘（2013）「自由主義右派の政党組織化――連合王国独立党（UKIP）の展開と政党政治上の意味」『国際関係論叢』第 2 巻第 2 号。

若森章孝（2010）「フレキシキュリティとデンマーク・モデル」安孫子誠男・水島治郎編著『労働――公共性と労働―福祉ネクサス』勁草書房。

英語文献

Adam, Stuart, James Browne, and Christopher Heady（2009）*Taxation in the UK*, London: Institute for Fiscal Studies.
Aiginger, Karl and Guger, Alois（2006）“The European Socio-Economic Model” in Patrick

Diamond, Roger Liddle and Anthony Giddens (eds.) *Global Europe, Social Europe*, Cambridge: Polity Press.

Allen, Nicholas (2011) 'Labour's Third Term: A Tale of Two Prime Ministers', in Nicholas Allen and John Bartle (eds.) *Britain at the Polls 2010*, London: Sage.

Annesley, Claire and Andrew Gamble (2003) 'Economic and Welfare Policy', in Steve Ludlam and Martin J. Smith (eds.) *Governing as New Labour: Policy and Politics under Blair*, Houndmills, Basingstoke: Palgrave.

Ashdown, Paddy (2001) *The Ashdown Diaries*, Vol. 1, 1988-1997, London: Penguin.

Bagehot, Walter (1867) *The English Constitution*, London: Chapman and Hall.〔ウォルター・バジョット〕「イギリス憲政論」辻清明責任編集『バジョット／ラスキ／マッキーバー』中央公論新社，1980年。

Bale, Tim (2011) *The Conservative Party: From Thatcher to Cameron*, Cambridge: Polity Press.

Bara, Judith (2006) 'The 2005 Manifestos: A Sense of *Déjà Vu? Journal of Election, Public Opinion and Parties*, Vol. 16, Issue 3.

Bara, Judith and Ian Budge (2001) 'Party Policy and Ideology: Still New Labour?', *Parliamentary Affairs*, Vol. 54, Issue 4.

Bartle, John, Sebastian Dellepiane Avellaneda and James A. Stimson (2011) 'The Policy Mood and the Moving Centre', in Nicholas Allen and John Bartle (eds.) *Britain at the Palls 2010*, London: Sage.

Baumol, William J. (1967) 'Macroeconomics of Unbalanced Growth: The Anatomy of Urban Crisis', *American Economic Review*, Vol. 57, No. 3.

Beech, Matt (2008) 'New Labour and the Politics of Dominance', in Matt Beech and Simon Lee (eds.) *Ten Years of New Labour*, Houndmills, Basingstoke: Palgrave.

Beech, Matt (2009) 'Cameron and Conservative Ideology', in Simon Lee and Matt Beech (eds.) *The Conservatives under David Cameron: Built to Last?* Houndmills, Basingstoke: Palgrave.

Benn, Tony (2002) *Tony Benn, Free at Last! Diaries 1991-2001*, selected and ed. by Ruth Winstone, London: Hutchinson.

Beveridge, William (1942) *Social Insurance and Allied Services: Report*, London: HM Stationary Office.〔ウィリアム・ベヴァリッジ〕『ベヴァリッジ報告——社会保険および関連サービス』（一圓三彌監訳）法律文化社、2014年。

Blair, Tony (1998) *The Third Way: New Politics for the New Century*, London: Fabian Society.

Blair, Tony (1999) 'Beveridge Revisited: A Welfare State for the 21st Century', in Robert Walker (ed.) *Ending Child Poverty: Popular Welfare for the 21st Century?* Bristol: The Policy Press.

Blair, Tony (2004) *New Britain: My Vision of a Young Country*, Boulder and Oxford: Westview Press.

Blair, Tony (2010) *A Journey*, London: Hutchinson.〔トニー・ブレア〕『ブレア回顧録』上・下(石塚雅彦訳)日本経済新聞出版社, 2011 年。

Blunkett, David with Alex MacCormick (2002) *On a Clear Day*, revised edn., London: Michael O'Mara Books.

Blyth, Mark (2002) *Great Transformations: Economic Ideas and Institutional Change in the Twentieth Century*, Cambridge: Cambridge University Press.

Bochel, Hugh and Andrew Defty (2007) *Welfare Policy Under New Labour: Views from Inside Westminster*, Bristol: Policy Press.

Bonefeld, Werner, Alice Brown, Peter Burnham (1995) *A Major Crisis?: The Politics of Economic Policy in Britain in the 1990s*, Aldershot: Dartmouth.

Bonoli, Giuliano (2006) 'New Social Risks and the Politics of Post-Industrial Social Policies', in Klaus Armingeon and Giuliano Bonoli (eds.) *The Politics of Post-Industrial Welfare States: Adapting Post-War Social Policies to New Social Risks*, London: Routledge.

Bosanquet, Nick (2007) 'The Health and Welfare Legacy', in Anthony Seldon (ed.) *Blair's Britain 1997–2007*, Cambridge: Cambridge University Press.

Bower, Tom (2005) *Gordon Brown*, London: HarperPernnial.

Briscoe, Simon (2005) *Britain in Numbers: The Essential Statistics*, London: Politico's.

British Future (2013) *State of the Nation: Where is bittersweet Britain Heading?*, London: British Future.

Brook, Lindsay, John Hall and Ian Preston (1996) 'Public Spending and Taxation', in Jowell, Roger, *et al. British Social Attitudes, the 13th Report*, Social and Community Planning Research, Aldershot: Dartmouth.

Brown, Colin (2005) *Prescott: The Biography*, London: Politico's.

Brown, Gordon (1994a) 'The Politics of Potential: A New Agenda for Labour', in David Miliband (ed.) (1994) *Reinventing the Left*, Cambridge: Polity Press.

Brown, Gordon (1994b) 'John Smith's Socialism', in Gordon Brown and James Naughtie (eds.) *John Smith: Life and Soul of the Party*, Edinburgh: Mainstream.

Brown, Gordon, Tony Wright and Caroline Daniel (eds.) (1995) *Values, Visions and Voices: An Anthology of Socialism*, Edinburgh: Mainstream.

Brown, Gordon (1999) 'Equality: Then and Now', in Leonard, Dick (ed.) *Crosland and New Labour*, London: Macmillan.

Browne, James and David Phillips (2010) *Tax and Benefit Reforms Under Labour*, 2010 Election Briefing Note No. 1 (IFS BN88), London: Institute for Fiscal Studies.

Browne, James and Andrew Hood (2016) *Living Standards, Poverty and Inequality: 2015–16 to 2020–21*, IFS Report R114, London: Institute for Fiscal Studies.

Bryson, Caroline (1997) 'Benefit Claimants: Villains or Vctims?', in Jowell, Roger, *et al. British Social Attitudes, the 14th Report*, Aldershot: Ashgate.

Buckler, Steve and David P. Dolowitz (2004) 'Can Fair be Efficient? : New Labour, Social Liberalism and British economic policy', *New Political Economy*, Vol. 9, No. 1.

Burnham, Peter (2001) 'New Labour and the Politics of Depoliticisation', *British Journal of Politics and International Relations*, Vol. 3, Issue 2.

Butler, David and Gareth Butler (2000) *Twentieth-Century British Political Facts 1900–2000*, London: Palgrave.

Butler, David and Dennis Kavanagh (1992) *The British General Election of 1992*, Houndmills, Basingstoke: Palgrave.

Butler, David and Dennis Kavanagh (1997) *The British General Election of 1997*, London: Macmillan.

Butler, David and Dennis Kavanagh (1999a) *The British General Election of 1979*, London: Macmillan.

Butler, David and Dennis Kavanagh (1999b) *The British General Election of 1983*, London: Macmillan.

Byrne, Christopher, Emma Foster and Peter Kerr (2012) 'Understanding Conservative Modernisation', in Timothy Heppell and David Seawright (eds.) *Cameron and the Conservatives: The Transition to Coalition Government*, Houndmills, Basingstoke: Palgrave.

Cabinet Office (1999) *Modernising Government*, White Paper, Cm 4310, London: The Stationery Office.

Cabinet Office (2000) *Directory of Civil Service Guidance*, Vol. II Collected Guidance, London: Cabinet Office.

Campbell, Alastair and Richard Stott (eds.) (2007) *The Blair Years: Extracts from the Alastair Campbell Diaries*, London: Hutchinson. ＊著作権者は Alastair Campbell

Carpenter, Mick with Stuart Speeden (2007) 'Origins and Effects of New Labour's Workfare State: Modernisation or Variations on Old Themes?' in Mick Carpenter, Belinda Ferda and Stuart Speeden (eds.) *Beyond the Workfare State: Labour Markets, Equalities and Human Rights*, Bristol: Policy Press.

Casey, Terrence and Alistair Q. Howard (2009) 'New Labour and the British Model of Capitalism', in Terrence Casey (ed.) *The Blair Legacy: Politics, Policy, Governance, and Foreign Affairs*, Houndmills, Basingstoke: Palgrave.

Cebulla, Andreas, David Greenberg, Karl Ashworth, and Robert Walker (2005) *Welfare to Work: New Labour and the US Experience*, Aldershot: Ashgate.

Clarke, Harold D., David Sanders, Marianne C. Stewart, and Paul Whiteley (2004) *Political Choice in Britain*, Oxford: Oxford University Press.

Clift, Ben and Jim Tomlinson (2007) 'Credible Keynesianism? New Labour Macroeconomic Policy and the Political Economy of Coarse Tuning', *British Journal of Political Science*, Vol. 37, Issue 1.

Clinton, Bill (2004) *My Life*, New York: Vintage.

Coates, David (2005) *Prolonged Labour: The Slow Birth of New Labour Britain*, Houndmills, Basingstoke: Palgrave.

CSJ→Commission on Social Justice (1994) *Social Justice: Strategies for National Renewal*, London: Vintage.

Corry, Dan (2010) 'Labour and the Economy, 1997–2010: More Than a Faustian Pact', *The Political Quarterly*, Vol. 81, Supp. 1.

Cowley, Philip, Philp Norton, and Mark Stuart (1996) *Blair's Bastards: Discontent within the Parliamentary Labour Party*, Centre for Legislative Studies, University of Hull, Research Paper 1/96.

Cowley, Philip (2002) *Revolts and Rebellions: Parliamentary Voting Under Blair*, London: Politico's.

Cowley, Philip (2005) *Rebels: How Blair Mislaid His Majority*, London: Politico's.

Cowley, Philip and Dennis Kavanagh (2016) *The British General Election of 2015*, London: Palgrave.

Crawford, Rowena, Carl Emmerson and Gemma Tetlow (2009) *A Survey of Public Spending in the UK*, IFS Brief Note BN43, London: Institute for Fiscal Studies.

Crewe, Ivor and Brian Gosschalk (eds.) (1995) *Political Communications: The General Election Campaign of 1992*, Cambridge: Cambridge University Press.

Crewe, Ivor (1994) 'Electoral Behaviour', in Dennis Kavanagh and Anthony Seldon (eds.) *The Major Effect*, London: Macmillan.

Crewe, Ivor (2001) 'Elections and Public Opinion', in Anthony Seldon (ed.) *The Blair Effect: The Blair Government 1997–2001*, London: Little and Brown.

Crouch, Colin (1997) 'The Terms of the Neo-Liberal Consensus', *Political Quarterly*, Vol. 68, No. 4.

Crouch, Colin (1999) 'The Parabola of Working Class Politics', in Andrew Gamble and Tony Wright (eds.) *The New Social Democracy* (Political Quarterly Monograph Series), London: John Wiley.

Crouch, Colin (2009) 'Privatised Keynesianism: An Unacknowledged Policy Regime', *British Journal of Politics and International Relations*, Vol. 11, Issue. 3.

Crouch, Colin (2011) *Strange non-Death of Neo-Liberalism*, Cambridge: Polity Press.

Dahl, Robert (1966) 'Epilogue', in Robert Dahl (ed.) *Political Oppositions in Western Democracies*, New Haven: Yale University Press.

Dahl, Robert (ed.) (1966) *Political Oppositions in Western Democracies*, New Haven: Yale University Press.

Darling, Alistair (2011) *Back from the Brink: 1000 Days at Number 11*, London: Atlantic.

Demos (1994) 'An Open Letter to Tony Blair', *the Guardian*, 27 September, 1994.

Denver, David (2002) 'The Results: How Britain Voted (or didn't)', in Andrew P. Geddes and Jonathan Tonge (eds.) *Labour's Second Landslide: The British General Election 2001*, Manchester: Manchester University Press.

Denver, David (2006) *Elections and Voters in Britain*, 2nd edn., London: Palgrave.

Denver, David (2012) 'The Conservatives and the Electorate', in Timothy Heppell and

David Seawright (eds.) *Cameron and the Conservatives: The Transition to Coalition Government*, Houndmills, Basingstoke: Palgrave.

Denver, David and Justin Fisher (2009) 'Blair's Electoral Record', in Terrence Casey (ed.) *The Blair Legacy: Politics, Policy, Governance, and Foreign Affairs*, Houndmills, Basingstoke: Palgrave.

Diamond, Patrick and Anthony Giddens (2005) 'The New Egalitarianism', in Anthony Giddens and Patrick Diamond, *The New Egalitarianism*, London: Policy Network.

Dixson, Mike and Nick Pearce (2005) 'Social Justice in a Changing World: The Emerging Anglo-Social Model', in Nick Pearce and Will Paxton (eds.) *Social Justice: Building a Fairer Britain*, London: Politico's.

Dobrowolsky, Alexandra and Jane Jenson (2005) 'Social Investment Perspectives and Practices: A Decade in British Politics', *Social Policy Review*, Issue 17.

Dolowitz, David P. (1998) *Learning from America: Policy Transfer and the Development of the British Workfare State*, Brighton: Sussex Academic Press.

Dolowitz, David P. (2004) 'Prosperity and Fairness? Can New Labour Bring Fairness to the 21st Century by Following the Dictates of Endogenous Growth?', *British Journal of Politics and International Relations*, Vol. 6, Issue. 2.

Donoughue, Bernard (1987) *Prime Minister: The Conduct of Policy under Harold Wilson and James Callaghan*, London: Jonathan Cape.

Donoughue, Bernard (2008) *Downing Street Diary Volume Two: With James Callaghan in No.10*, Volume Two, London: Jonathan Cape.

Draper, Derek (1997) *Blair's Hundred Days*, London: Faber and Faber.

Driver, Stephen and Luke Martell (2002) *Blair's Britain*, Oxford: Polity Press.

Driver, Stephen (2008) 'New Labour and Social Policy', in Matt Beech and Simon Lee (eds.) *Ten Years of New Labour*, Houndmills, Basingstoke: Palgrave.

Driver, Stephen (2010) 'What to Be Done? Welfare Reform from Blair to Brown', in Matt Beech and Simon Lee (eds.) *The Brown Government: A Policy Evaluation*, Abington: Routledge.

Duffy, Bobby and Rea Robey (2006) *A New British Model?* London: Ipsos/ MORI.

DWP→Department for Work and Pensions (2007) *Reducing Dependency, Increasing Opportunity: Options for the Future of Welfare to Work*, an independent report to the Department for work and Pensions ('Freud Report'), London: DWP.

DWP (2008) *Transforming Britain's Labour Market: Ten years of the New Deal*, London: DWP.

DWP (2011) *Welfare Reform 2011: Assessment of Impacts*, London: DWP.

Eisenstadt, Naomi (2011) *Providing a Sure Start: How Government Discovered Early Childhood*, Bristol: Policy Press.

Esping-Andersen, Gøsta (1990) *The Three Worlds of Welfare Capitalism*, Oxford: Basil Blackwell. 〔イエスタ・エスピン＝アンデルセン〕『福祉資本主義の三つの世界――比

較福祉国家の理論と動態』（岡沢憲芙・宮本太郎監訳）ミネルヴァ書房，2001 年。

Esping-Andersen, Gøsta (1996) *Welfare States in Transition: National Adaptations in Global Economies*, London: Sage.〔イエスタ・エスピン＝アンデルセン〕『転換期の福祉国家――グローバル経済下の適応戦略』（埋橋孝文監訳）早稲田大学出版部，2003 年。

Esping-Andersen, Gøsta (1999) *Social Foundations of Postindustrial Economies*, Oxford: Oxford University Press.〔イエスタ・エスピン＝アンデルセン〕『ポスト工業経済の社会的基礎――市場・福祉国家・家族の政治経済学』（渡辺雅男・渡辺景子訳）桜井書店，2000 年。

Esping-Andersen, Gøsta, with Duncan Gallie, Anton Hemerijck, and John Myles (2002) *Why We Need a New Welfare State*, Oxford: Oxford University Press.

Esping-Andersen, Gøsta (2009) *Incomplete Revolution: Adapting to Women's New Roles*, Cambridge: Polity Press.〔イエスタ・エスピン＝アンデルセン〕『平等と効率の福祉革命――新しい女性の役割』（大沢真理監訳）岩波書店，2011 年。

European Commission (1993) 'White Paper on Growth, Competitiveness, and Employment: The challenges and Ways forward into the 21st Century', COM (93) 700 final, Brussels, 5 December 1993.

Fielding, Steven (2002) *The Labour Party: Continuity and Change in the Making of 'New' Labour*, Houndmills, Basingstoke: Palgrave.

Finley, Moses I. (1985) *Democracy: Ancient and Modern*, London: Hogarth Press.〔モーゼス・I・フィンレイ〕『民主主義――古代と現代』（柴田平三郎訳）刀水書房，1991 年。

Finn, Dan (2002) 'Joining Up Welfare and Work: The Role of 'Private Public Partnerships' in British and Australian Welfare Reform' (2002), in Knowledge, Networks and Joined-Up Government, June 3rd – 5th, University of Melbourne.

Fletcher, Nigel (2011) 'The Corridors of (no) Power: Office Politics in the Heart of Shadow Government', in Nigel Fletcher (ed.) *How to Be in Opposition: Life in the Political Shadows*, London: Biteback.

Foley, Michael (2002) *John Major, Tony Blair and a Conflict of Leadership: Collision Course*, Manchester: Manchester University Press.

Foord, Archibald S. (1964) *His Majesty's Opposition 1714–1830*, Oxford: Clarendon Press.

Ford, Robert and Matthew J. Goodwin (2014) *Revolt on the Right: Explaining Support for the Radical Right in Britain (Extremism and Democracy)*, Abington: Routledge.

Gamble, Andrew (1974) *The Conservative Nation*, London: Routledge & Kegan Paul.

Gamble, Andrew (1992), 'Labour Party and Economic Management', in Martin J. Smith, and Joanna Spear (eds.) *The Changing Labour Party*, London: Routledge.

Gamble, Andrew (1994) *The Free Economy and the Strong State: The Politics of Thatcherism*, 2nd edn., London: Palgrave.〔アンドリュー・ギャンブル〕『自由経済と強い国家――サッチャリズムの政治学』（小笠原欣幸訳）みすず書房，1990 年（第 1 版の翻訳）。

Garrett, Geoffrey (1998) *Partisan Politics in the Global Economy*, Cambridge: Cambridge University Press.

Garrett, Geoffrey and Deborah Mitchell (2001) 'Globalization, Government Spending and Taxation in the OECD', *European Journal of Political Research*, Vol. 39, Issue 2.

Geddes, P. Andrew and Jonathan Tonge (2002) 'Introduction', in Andrew P. Geddes and Jonathan Tonge (eds.) *Labour's Second Landslide: The British General Election 2001*, Manchester: Manchester University Press.

Giddens, Anthony (1998) *The Third Way: The Renewal of Social Democracy*, Cambridge: Polity Press.〔アンソニー・ギデンズ〕『第三の道——効率と公正の新たな同盟』(佐和隆光訳) 日本経済新聞社, 1999年。

Giddens, Anthony (ed.) (2001) *The Global Third Way Debate*, Cambridge: Polity Press.

Glass, Norman (1999) 'Sure Start: The Development of an Early Intervention Programme for Young Children in the United Kingdom', *Children & Society*, Vol. 13, Issue 4.

Glass, Norman (2005) 'Surely Some Mistake?', *the Guardian*, 5 January 2005.

Glennerster, Howard (2001) 'Social Policy', in Anthony Seldon (ed.) *The Blair Effect: The Blair Government 1997-2001*, London: Little, Brown and Company.

Glennerster, Howard (2007) *British Social Policy: 1945 to the Present*, 3rd edn., Oxford: Blackwell.

Glennerster, Howard (2011) 'The Government's Reduction in Spending on the Welfare State is Greater Than Any in 90 Years and Private Insurance Will Struggle to Fill the Gap', *LSE Research Magazine*, Spring.

Gould, Bryan (1994) 'Ending Cosy Consensus', *Fabian Review*, Vol. 106, No.4.

Gould, Philip (1998) *The Unfinished Revolution: How the Modernisers Saved the Labour Party*, London: Abacus.

Grant, Wyn (2003) 'Economic Policy', in Patrick Dunleavy, Andrew Gamble, Richard Heffernan, and Gillian Peele (eds.) *Developments in British Politics 7*, London: Palgrave.

Gregg, Paul and Jonathan Wadsworth (2011) 'The Labour Market in Winter the 2008-2009 Recession', in Paul Gregg and Jonathan Wadsworth (eds.) *The Labour Market in Winter: The State of Working Britain*, Oxford: Oxford University Press.

Hacker, Jacob S. (2005) 'Policy Drift: The Hidden Politics of US Welfare State Retrenchment', in Wolfgang Streeck and Katheleen Thelen (eds.) *Beyond Continuity: Institutional Change in Advanced Political Economies*, Oxford: Oxford University Press.

Haddon, Catherine (2012a) *Making Policy in Opposition: The Development of Universal Credit, 2005-2010*, London: Institute for Government.

Haddon, Catherine (2012b) *Making Policy in Opposition: The Work Programme, 2007-2010*, London: Institute for Government.

Haddon, Catherine (2012c) *Making Policy in Opposition: The Commission on Social Justice, 1992-1994*, London: Institute for Government.

Hall, Peter (1986) *Governing the Economy: The Politics of State Intervention in Britain and France*, New York: Oxford University Press.

Hall, Peter (ed.) (1989) *The Political Power of Economic Ideas: Keynesianism Across Nations*, Princeton: Princeton University Press.

Hall, Peter (1993) 'Policy Paradigms, Social Learning, and the State: The Case of Economic Policymaking in Britain', *Comparative Politics*, Vol. 25, No. 3.

Hall, Peter and David Soskice (2001) *Varieties of Capitalism: The Institutional Foundations of Comparative Advantage*, Oxford: Oxford University Press.〔ピーター・ホール，デイヴィッド・ソスキス〕『資本主義の多様性――比較優位の制度的基礎』（遠山弘徳・安孫子誠男・山田鋭夫・宇仁宏幸・藤田菜々子訳）ナカニシヤ出版，2007 年。

Hall, Stuart (2003) 'New Labour's Double-shuffle', *Soundings*, No. 24, Autumn.

Hattersley, Roy (1995) *Who Goes Home?: Scenes from a Political Life*, Updated with a New Introduction, London: Abacus.

Hay, Colin (1999) *The Political Economy of New Labour: Labouring Under False Pretences?* Manchester: Manchester University Press.

Hay, Colin (2004) 'Credibility, Competitiveness and the Business Cycle in "Third Way" Political Economy', *New Political Economy*, Vol. 9, No. 1.

Hay, Colin (2006) 'Managing Economic Interdependence: The Political Economy of New Labour', in Patrick Dunleavy, Richard Heffernan, Philip Cowley and Colin Hay (eds.), *Developments in British Politics 8*, London: Palgrave.

Hay, Colin (2007) *Why We Hate Politics*, Cambridge: Polity Press.〔コリン・ヘイ〕『政治はなぜ嫌われるのか――民主主義の取り戻し方』（吉田徹訳）岩波書店，2012 年。

Heath, Anthony, John Curtice, Roger Jowell, Geoff Evans, Julia Field and Sharon Witherspoon (1991) *Understanding Political Change: The British Voter 1964–1987*, Oxford: Pergamon Press.

Heath, Anthony F., Roger M. Jowell, and John K. Curtice (2001) *The Rise of New Labour: Party Policies and Voter Choices*, Oxford: Oxford University Press.

Heffernan, Richard (2000) *New Labour and Thatcherism: Political Change in Britain*, London: Macmillan.〔リチャード・ヘファーナン〕『現代イギリスの政治変動――新労働党とサッチャリズム』（望月昌吾訳）東海大学出版会，2005 年。

Heffernan, Richard (2005) 'Exploring (and Explaining) the British Prime Minister', *British Journal of Politics and International Relations*, Vol. 7, Issue 4.

Helms, Luger (2004) 'Five Ways of Institutionalizing Political Opposition: Lessons from the Advanced Democracy', in *Government and Opposition*, Vol. 39, Issue 1.

Hemerijck, Anton (2002) 'Self-Transformation of European Social Model(s)', in Gøsta Esping-Andersen, *Why We Need a New Welfare State*, Oxford: Oxford University Press.

Hemerijck, Anton (2013) *Changing Welfare States*, Oxford: Oxford University Press.

Hennessy, Peter (1996) 'The Prospects for a Labour Government', in Giles Radice (ed.)

What Needs to Change: New Visions for Britain, London: Harper Collins.

Heppell, Timothy and David Seawright (2012) 'Introduction', in Timothy Heppell and David Seawright (eds.) *Cameron and the Conservatives: The Transition to Coalition Government*, Houndmills, Basingstoke: Palgrave.

Hicks, Stephen, Craig Lindsay, Donna Livesey, Nick Barford and Richard Williams (2005) *Public Sector Employment*, London: Office of National Statistics (ONS).

Hill, Richard (2001) *The Labour Party and Economic Strategy, 1979–1997: The Long Road Back*, London: Palgrave.

Hills, John (2013) *Labour's Record on Cash Transfers, Poverty, Inequality and the Lifecycle 1997–2010*, Summary WP05, *Social Policy in a Cold Climate*, London: Centre for Analyses of Social Exclusion.

Hills, John (2017) *Good Times Bad Times: The Welfare Myth of Them and Us*, revised edn., Bristol: Policy Press.

Hills, John, Jack Cunliffe, Polina Obolenskaya and Eleni Karagiannaki (2015) 'Falling Behind, Getting Ahead: The Changing Structure of Inequality in the UK, 2007–2013', *Social Policy in Cold Climate, Research Report 5*, London: London School of Economics.

Hindmoor, Andrew (2004) *New Labour at the Centre: Constructing Political Space*, Oxford: Oxford University Press.

HM Treasury (2000) *Prudent for a Purpose: Building Opportunity and Security for All, 2000 Spending Review, New Public Spending Plans 2001–2004*, Cm4807, July 2000, London: HMSO.

HM Treasury (2002) *The Child and Working Tax Credits: The Modernisation of Britain's Tax and Benefit System*, London: HMSO.

HM Treasury, Ed Balls, Gus O'Donnell and Joe Grice (2004) *Microeconomic Reform in Britain: Delivering Opportunities for All*, Houndmills, Basingstoke: Palgrave.

HM Treasury (2007) *Budget* 2007, HC 342, London: HMSO.

House of Commons, Work and Pensions Committee (2009) 'DWP's Commissioning Strategy and the Flexible New Deal: Government Response to the Committee's Second Report of Session 2008–2009', London: HMSO.

House of Commons, Children, Schools and Families Committee (2010) *Sure Start Children's Centres*, Fifth Report of Session 2009–10, Volume I, London: HMSO.

Howell, Chris (2005) *Trade Unions and the State: The Construction of Industrial Relations Institutions in Britain*, 1890–2000, Princeton: Princeton University Press.

Hutton, Will (1996) *The State We're In*, new and revised edn., London: Vintage.

Hutton, Will (1999) *The Stakeholding Society: Writings on Politics and Economics*, Cambridge: Polity Press.

IFS→Institute for Fiscal Studies (2007a) *Poverty and Inequality in the UK*, London: IFS.

IFS (2007b) *The IFS Green Budget 2007*, London: IFS.

Iraq Inquiry, the (2016) Report of a Committee of the Privy Councilors, *The Report of the Iraq Inquiry*, HC264, 6 July 2016, London: HMSO.

Iversen, Torben and Anne Wren (1998) 'Equality, Employment, and Budgetary Restraint: The Trilemma of the Service Economy', *World Politics*, Vol. 50, No. 4.

Jackson, Ben and Robert Saunders (2012) 'Introduction: Varieties of Thatcherism', in Ben Jackson and Robert Saunders (eds.) *Making Thatcher's Britain*, Cambridge: Cambridge University Press.

Jenkins, Simon (2007) *Thatcher and Sons: A Revolution in Three Acts*, Harmondsworth: Penguin.

Jessop, Bob, Kevin Bonnett, Simon Bromley and Tom Ling (1988) *Thatcherism: A Tale of Two Nations*, Cambridge: Polity Press.

Jones, Nicholas (1997) *Campaign 1997: How the General Election was Won and Lost*, London: Indigo.

Jones, Nicholas (2002) *The Control Freaks: How New Labour Gets Its Own Way*, London: Politico's.

Joyce, Robert and Luke Sibieta (2013) 'An Assessment of Labour's Record on Income Inequality and Poverty', *Oxford Review of Economic Policy*, Vol. 29, Issue. 1.

Judge, Ken, Jo-Ann Mullingan and Bill New (1997) 'The NHS: New Prescriptions Needed?', in Jowell, Roger, *et al.* (1997) *British Social Attitudes, the 14th Report*, Aldershot: Ashgate.

Kahler, Miles and David A. Lake (2013) 'Introduction: Anatomy of Crisis: The Great Recession and Political Change', in Miles Kahler and David A. Lake (eds.) *Politics in the New Hard Times: The Great Recession in Comparative Perspective*, Ithaca and London: Cornell University Press.

Katz, Richard S. and Peter Mair (1995) 'Changing Models of Party Organization and Party Democracy: The Emergence of the Cartel Party', *Party Politics*, Vol. 1, Issue 1.

Kavanagh, Dennis (1987) *Thatcherism and British Politics: The End of Consensus?* Oxford: Oxford University Press.

Kavanagh, Dennis and Anthony Seldon (eds.) (1994) *The Major Effect*, London: Macmillan.

Kavanagh, Dennis and Peter Morris (1994) *Consensus Politics: From Attlee to Major*, Oxford: Wiley Blackwell.

Kavanagh, Dennis (1997) *The Reordering of British Politics: Politics after Thatcher*, Oxford: Oxford University Press.

Kavanagh, Dennis (2002) *Thatcherism and British Politics: The End of Consensus?* Oxford: Oxford University Press.

Kavanagh, Dennis (2007) 'The Blair Premiership', in Anthony Seldon (ed.) *Blair's Britain 1997-2007*, Cambridge: Cambridge University Press.

Keegan, William (2004) *The Prudence of Mr Gordon Brown*, London: John Wiley & Sons.

Kerr, Peter (2001) *Postwar British Politics: From Conflict to Consensus*, London: Rout-

ledge.

King, Anthony (1998) 'Why Labour Won-At Last', in Anthony King, David Denver, Ian McLean, Pippa Norris, Philip Norton, David Sanders and Patrick Seyd (eds.) *New Labour Triumphs: Britain at the Polls 2001*, Chatham, N.J.: Chatham House.

King, Anthony (2002) *Britain at the Polls*, Chatham, N.J.: Chatham House.

King, Desmond (1992) 'The Establishment of Work-Welfare Programs in the United States and Britain: Politics, Ideas, and Institutions', in Sven Steinmo, Kathleen Thelen and Frank Longstreth (eds.) *Structuring Politics: Historical Institutionalism in Comparative Analysis*, Cambridge: Cambridge University Press.

King, Desmond and Mark Wickham-Jones (1999) 'From Clinton to Blair: The Democratic (Party) Origins of Welfare to Work', *the Political Quarterly*, Vol. 70, Issue 1.

Kingdon, John W. (1995) *Agendas, Alternatives, and Public Policies*, 2nd edn., London: Longman.

Kitschelt, Herbert (1994) *The Transformation of European Social Democracy*, Cambridge: Cambridge University Press.

Korpi, Walter (1989) 'Power, Politics, and State Autonomy in the Development of Social Citizenship: Social Rights During Sickness in Eighteen OECD Countries Since 1930' *American Sociological Review*, Vol. 54, No. 3.

Korpi, Walter and Joakim Palme (2003) 'New Politics and Class Politics in the Context of Austerity and Globalization: Welfare State Regress in 18 Countries, 1975–95', *American Political Science Review*, Vol. 97, No. 3.

Langdon, Julia (2012) 'Derek Scott Obituary', *the Guardian*, 2 August 2012.

Lee, Simon (2008) 'The British Model of Political Economy', in Matt Beech and Simon Lee (eds.) *Ten Years of New Labour*, London: Palgrave.

Lee, Simon (2010) 'The Rock of Stability? The Political Economy of the Brown Government', in Matt Beech and Simon Lee (eds.) *The Brown Government: A Policy Evaluation*, London: Routledge.

Lijphart, Arend (1999) *Patterns of Democracy: Government Forms and Performance in Thirty-Six Countries*, New Haven: Yale University Press.〔アレンド・レイプハルト〕『民主主義対民主主義――多数決型とコンセンサス型の 36 カ国比較研究』(粕谷祐子・菊池啓一訳) 勁草書房, 2014 年。

Lindsay, Alexander Dunlop (1929) *The Essentials of Democracy*, Oxford: Oxford University Press.〔アレキサンダー・D・リンゼイ〕『[増補] 民主主義の本質――イギリス・デモクラシーとピュウリタニズム』(永岡薫訳) 未来社, 1992 年。

Lipset, Seymour Martin (1960) *Political Man: The Social Bases of Politics*, NY: Doubleday.

Lipsey, David (1994) 'Do we really want more public spending?', in Roger Jowell, *et al.*, *British Social Attitudes the 11th Report*, Aldershot: Dartmouth.

Lund, Brian (2008) 'Major, Blair and the Third Way in Social Policy', *Social Policy and*

Administration, Vol. 42, No. 1.

Lupton, Ruth, with John Hills, Kitty Stewart and Polly Vizard (2013) *Labour's Social Policy Record: Policy, Spending and Outcomes 1997-2010. Social Policy in a Cold Climate Research Report 1*, July 2013.

Machin, Stephen (2011) 'Changes in UK Wage Inequality over the Last Forty Years', in Paul Gregg and Jonathan Wadsworth (eds.) *The Labour Market in Winter: The State of Working Britain*, Oxford: Oxford University Press..

Macintyre, Donald (2000) *Mandelson and the Making of New Labour*, London: Harper Collins.

Mair, Peter (1997) *Party System Change: Approaches and Interpretations*, Oxford: Oxford University Press

Mair, P. (2011) 'Smaghi vs. The Parties: Representative Government and Institutional Constraints', paper prepared for the Conference on Democracy in Straightjackets: Politics in an Age of Permanent Austerity, Ringberg Castle, Munich, March 23-26.

Major, John (1999) *The Autobiography*, London: Harper Collins.

Mandelson, Peter and Roger Liddle (1996) *The Blair Revolution: Can New Labour Deliver?* London: Faber and Faber.

Mandelson, Peter (2010) *The Third Man: Life at the Heart of New Labour*, London: Harper Press.

MRS→Market Research Society (2006) *Occupation Groupings: A Job Dictionary*, 6th edn., London: Market Research Society.

Marshall, Bob and Richard Macfarlane (2000) *The Intermediate Labour Market: A Tool for Tackling Long-Term Unemployment*, York: Joseph Rowntree Foundation.

Marquand, David (1987) 'Beyond Social Democracy', *The Political Quarterly*, Vol. 58, No. 3.

Marquand, David (1999) *The Progressive Dilemma: From Lloyd George to Blair*, 2nd edn., London: Weidenfeld & Nicolson.

McAnnulla, Stuart (2012) 'Liberal Conservatism: Ideological Coherence?', in Timothy Heppell and David Seawright (eds.) *Cameron and the Conservatives: The Transition to Coalition Government*, Houndmills, Basingstoke: Palgrave.

McSmith, Andy (1993) *John Smith: Playing the Long Game*, London: Verso.

Melhuish, Edward and David Hall (2007) 'The Policy Background to Sure Start', in Jay Belsky, Jacqueline Barnes and Edward Melhuish (eds.) *The National Evaluation of Sure Start: Does Area-Based Early Intervention Work?* Bristol: Policy Press.

Merkel, Wolfgang (2001) 'The Third Ways of Social Democracy', in Anthony Giddens (ed.) *The Global Third Way Debate*, Cambridge: Polity Press.

Merkel, Wolfgang and Alexander Petring (2007) 'Social Democracy in Power: Explaining the Capacity to Reform', *Zeitschrift für Vergleichende Politikwissenschaft*, Vol. 1, Issue 1.

Merkel, Wolfgang, Alexander Petring, Christian Hankes and Christoph Egle (2011) 'The United Kingdom', in Wolfgang Merkel, Alexander Petring, Christian Henkes and Christoph Egle (eds.) *Social Democracy in Power: The Capacity to Reform*, London: Routledge.

Miliband, David (ed.) (1994) *Reinventing the Left*, Cambridge: Polity.

Minkin, Lewis (2014), *The Blair Supremacy: A Study in the Politics of Labour's Party Management*, Manchester: Manchester University Press.

Moran, Michael, Sukhdev Johal and Karel Williams (2011) 'The Financial Crisis and Its Consequences', in Nicholas Allen and John Bartle (eds.) *Britain at the Polls 2010*, London: Sage.

Mullard, Maurice and Raymond Swaray (2006) 'The Politics of Public Expenditure from Thatcher to Blair', *Policy and Politics*, Vol. 34, No. 3.

Mullard, Maurice and Raymond Swaray (2008) 'New Labour and Public Expenditure', in Matt Beech and Simon Lee (eds.) *Ten Years of New Labour*, Houndmills, Basingstoke: Palgrave.

Naughtie, James (2001) *The Rivals: The Intimate Story of a Political Marriage*, London: Fourth Estate.

Newton, Kenneth (1992) 'Caring and Competence: The Long, Long Campaign', in Anthony King, *et al.*, *Britain at the Polls 1992*, Chatham: Chatham House.

Norris, Pippa (2005) 'Elections and Public Opinion', in Anthony and Dennis Kavanagh (eds.) *The Blair Effect 2001-5*, Cambridge: Cambridge University Press.

Norton, Philip (2008) 'Tony Blair and the Office of Prime Minister', in Matt Beech and Simon Lee (eds.) *Ten Years of New Labour*, London: Palgrave.

Oborne, Peter, and Simon Walters (2004) *Alastair Campbell*, London: Aurum.

OECD (1999) *Employment Outlook*, Paris: OECD.

Park, Alison, Caroline Bryson, Elizabeth Clery, John Curtice and Miranda Phillps (2013) *British Social Attitudes 30*, London: NetCen Social Research.

Pattie, Charles and Ron Johnston (1996) 'The Conservative Party and the Electorate', in Steve Ludlam and Martin J. Smith, *Contemporary British Conservatism*, Basingstoke: Macmillan.

Paulson, Bruno (1994) 'The Economy and the 1992 Election: Was 1992 Labour's Golden Chance?', in Anthony Heath, Roger Jowell and John Curtice with Bridget Taylor (eds.) *Labour's Last Chance?: The 1992 Election and Beyond*, Aldershot: Dartmouth.

Pearce, Nick and Will Paxton (2005) 'Introduction', in Nick Pearce and Will Paxton (eds.) *Social Justice: Building a Fairer Britain*, London: Politico's.

Peck, Jamie (2001) *Workfare States*, London: Guilford Press.

Pierson, Paul (1994) *Dismantling the Welfare State?: Reagan, Thatcher, and the Politics of Retrenchment*, Cambridge: Cambridge University Press.

Pierson, Paul (2000) 'Not Just What, But *When*: Timing and Sequence in Political Proc-

esses', *Studies in American Political Development*, Vol. 14 Issue 1.

Pierson, Paul (2004) *Politics in Time: History, Institutions, and Social Analysis*, Princeton University Press.

Poguntke, Thomas and Paul Webb (2005) 'The Presidentialization of Politics in Democratic Societies: A Framework for Analysis', in Thomas Poguntke and Paul Webb (eds.) *The Presidentialization of Politics: A Comparative Study of Modern Democracies*, Oxford: Oxford University Press.

Policy Network (2014) 'Introduction: How Social Democracy Can Triumph in the 5-75-20 Society', in Policy Network, *Making Progressive Politics Work: A Handbook of Ideas*, London: Policy Network.

Pollard, Stephen (2005) *David Blunkett*, London: Hodder and Stoughton.

Potter, Allen (1966) 'Great Britain: Opposition with a Capital "O"', in Robert Dahl (ed.) *Political Oppositions in Western Democracies*, New Haven: Yale University Press.

Punnett, Robert M. (1973) *Front-Bench Opposition: The Role of the Leader of the Opposition, the Shadow Cabinet and Shadow Government in British Politics*, London: Heinemann.

Pym, Hugh and Nick Kochan (1998) *Gordon Brown: The First Year in Power*, London: Bloomsbury.

Quinn, Thomas (2004) *Modernising the Labour Party: Organisational Change since 1983*, Houndmills, Basingstoke: Palgrave.

Radice, Giles (1992) *Southern Discomfort*, Fabian Pamphlet 555, London: Fabian Society.

Radice, Giles and Stephen Pollard (1993) *More Southern Discomfort: A Year On– Taxing and Spending*, Fabian Pamphlet 560, London: Fabian Society.

Radice, Giles (1996) *What Needs to Change: New Visions for Britain*, London: HarperCollins.

Radice, Giles (2010) *Trio: Inside the Blair, Brown, Mandelson Project*, London: I. B. Tauris.

Rawls, John (1971) *A Theory of Justice*, Harvard: Harvard University Press.〔ジョン・ロールズ〕『正義論』改訂版（川本隆史・福間聡・神島裕子訳）紀伊國屋書店，2010年。

Reich, Robert B. (1998) *Locked in the Cabinet*, New York: Vintage.

Reid, Alastir J. and Henry Pelling (1996) *A Short History of the Labour Party*, 11th edn., London: Macmillan.

Rentoul, John (2001) *Tony Blair: Prime Minister*, London: Little, Brown.

Rhodes, Martin (2000) 'Restructuring the British Welfare State: Between Domestic Constraints and Global Imperatives', in Fritz W. Sharpf and Vivien A. Schmidt (eds.) *Welfare and Work in the Open Economy Volume II: Diverse Responses to Common Challenges in Twelve Countries*, Oxford: Oxford University Press.

Richards, Paul (ed.) (2004) *Tony Blair in His Own Words*, London: Politico's.

Riddell, Peter and Catherine Haddon (2009) *Transitions: Preparing for Changes of Government*, London: Institute for Government.

Rose, Richard and Phillip L. Davies (1994) *Inheritance in Public Policy: Change without Choice in Britain*, New Haven and London: Yale University Press.

Routledge, Paul (1998) *Gordon Brown: The Biography*, London: Simon and Schuster.

Rubinstein, William D. (2003) *Twentieth-Century Britain: A Political History*, Houndmills, Basingstoke: Palgrave.

Russell, Meg (2005) *Building New Labour: The Politics of Party Organisation*, London: Palgrave.

Sanders, David (1998) 'The New Electoral Battleground', in Anthony King, David Denver, Ian McLean, Pippa Norris, Philip Norton, David Sanders, and Patrick Seyd, *New Labour Triumphs: Britain at the Polls*, Chatham: Chatham House.

Scharpf, Fritz and Vivien A. Schmidt (2000) 'Introduction', in Fritz W. Sharpf and Vivien A. Schmidt (eds.) *Welfare and Work in the Open Economy Volume I: From Vulnerability to Competitiveness*, Oxford: Oxford University Press.

Scharpf, Fritz, translated by Ruth Crowley and Fred Thompson (1991) *Crisis and Choice in European Social Democracy*, Ithaca, N.Y.: Cornell University Press.

Schmidt, Vivien A. (2002) 'Does Discourse Matter in the Politics of Welfare State Adjustment?', *Comparative Political Studies*, Vol. 35, Issue 2.

Scott, Derek (2004) *Off Whitehall: A View from Downing Street by Tony Blair's Adviser*, London: I. B. Tauris.

Seldon, Anthony (ed.) (2001) *The Blair Effect: The Blair Government 1997-2001*, London: Little and Brown.

Seldon, Anthony (2004) *Blair*, London: Free Press.

Seldon, Anthony and Dennis Kavanagh (eds.) (2005) *The Blair Effect 2001-5*, Cambridge: Cambridge University Press.

Seldon, Anthony (2007) 'Conclusion: The Net Blair Effect, 1994-2007', in Anthony Seldon (ed.) *Blair's Britain 1997-2007*, Cambridge: Cambridge University Press.〔アンソニー・セルドン編〕『ブレアのイギリス―― 1997-2007』(土倉莞爾・廣川嘉裕監訳) 関西大学出版部, 2012 年。

Seldon, Anthony and Guy Lodge (2010) *Brown at 10*, London: Biteback.

Seyd, Patrick (1999) 'New Parties/ New Politics? A Case Study of the British Labour Party', *Party Politics*, Vol. 5, Issue 3.

Seyd, Patrick and Paul Whiteley (2002) *New Labour's Grassroots: The Transformation of the Labour Party Membership*, London: Macmillan.

Seymour, Richard (2016) *Corbyn: The Strange Rebirth of Radical Politics*, London: Verso.

Shaw, Eric (1994) *The Labour Party Since 1979: Crisis and Transformation*, London: Routledge.

Shaw, Eric (1996) *The Labour Party since 1945*, Oxford: Blackwell.

Shaw, Eric (2007) *Losing Labour's Soul? New Labour and the Blair Government 1997-2007*, London: Routledge.

Short, Clare (2005) *An Honourable Deception? New Labour, Iraq, and the Misuse of Power*, London: Free Press.

Smith, John (1994) 'A New Bretton Woods', *Fabian Review*, Vol. 106, No. 2, March/April 1994.

Social Exclusion Unit (1999) *Bridging the Gap: New Opportunities for 16-18 Years Olds Not in Education, Training or Employment*, Cm. 4405, London: HMSO.

Stewart, Kitty (2007) 'Equality and Social Justice', in Anthony Seldon (ed.) *Blair's Britain 1997-2007*, Cambridge: Cambridge University Press.

Stuart, Mark (2005) *John Smith: A Life*, London: Politico's.

Sutcliffe-Braithwaite, Florence (2013) '›Class‹ in the Development of British Labour Party Ideology, 1983-1997', *Archiv für Sozialgeschichte*, 53.

Taylor, Robert (2000) *The TUC: From the General Strike to New Unionism*, Houndmills, Basingstoke: Palgrave.

Taylor, Robert (2005) 'Mr Blair's British Business Model-Capital and Labour in Flexible Markets' in Anthony Seldon and Dennis Kavanagh (eds.) *The Blair Effect 2001-5*, Cambridge: Cambridge University Press.

Taylor-Gooby, Peter (ed.) (2005) *Ideas and Welfare State Reform in Western Europe*, Houndmills, Basingstoke: Palgrave.

Thatcher, Margaret (1987) Interview for *Women's Own*, September 23, 1987, Margaret Thatcher Foundation.

Thatcher, Margaret (1993) *The Downing Street Years*, London: Harper Collins. 〔マーガレット・サッチャー〕『サッチャー回顧録――ダウニング街の日々』上・下（石塚雅彦訳）日本経済新聞出版社。

Thompson, Noel (2006) *Political Economy and the Labour Party*, 2nd edn., London: Routledge.

Timmins, Nicholas (2001) *The Five Giants: A Biography of The Welfare State*, new edn., London: HarperCollins.

Titmuss, Richarch (1968) *Commitment to Welfare*, London: Allen Unwin.

Titmuss, Richard (1974) *Social Policy: An Introduction*, (Brian Abel-Smith and Kay Titmuss ed.) London: Allen & Unwin.

Toynbee, Polly (2002) 'The Third Way is Dead and Labour can be Itself at Last', *The Guardian*, 9 January 2002.

Toynbee, Polly and David Walker (2005) *Better or Worse? Has Labour Delivered?*, Harmondsworth: Penguin.

Toynbee, Polly and David Walker (2010) *The Verdict: Did Labour Change Britain?* London: Granta.

Waller, Robert (1995) 'The Polls and the 1992 General Election', in Ivor Crewe and Brian Gosschalk (eds.) *Political Communications: The General Election Campaign of 1992*, Cambridge: Cambridge University Press.

Watson, Matthew (2004) 'Endogenous Growth Theory: Explanation or *Post Hoc* Rationalisation for Policy?', *British Journal of Politics and International Relations*, Vol. 6 Issue 4.

Weaver, R. Kent (1986) 'The Politics of Blame Avoidance', *Journal of Public Policy*, Vol. 6, No. 4.

Webb, Paul (2000) *The Modern British Party System*, London: Sage.

Westlake, Martin with Ian St John (2001) *Kinnock: The Biography*, London: Little Brown.

Weir, Margaret (1992) 'Ideas and the Politics of Bounded Innovation', in Steve Steinmo, Kathleen Thelen and Frank Longstreth (eds.) *Structuring Politics: Historical Institutionalism in Comparative Analysis*, Cambridge Studies in Comparative Politics, Cambridge: Cambridge University Press.

Wickham-Jones, Mark (1996) *Economic Strategy and the Labour Party: Politics and Policy-Making, 1970–1983*, London: Macmillan.

Wickham-Jones, Mark (2002) 'Exocising Ghosts: How Labour Dominated the Economic Argument', in Andrew P. Geddes and Jonathan Tonge (eds.) *Labour's Second Landslide: The British General Election 2001*, Manchester: Manchester University Press.

Williams, Michael (2000) *Crisis and Consensus in British Politics: From Bagehot to Blair*, Houndmills, Basingstoke: Palgrave.

Wilkinson, Helen and Geoff Mulgan (1995) *Freedom's Children: Work, Relationships and Politics for 18–34 Year Olds in Britain Today*, London: Demos.

Worcester, Robert M. and Roger Mortimore (1999) *Explaining Labour's Landslide*, London: Politico's.

Wren, Anne, Màtè Fodor, and Sotiria Theodoropoulou (2013) 'The Trilemma Revisited: Institutions, Inequality, and Employment Creation in an Era of ICT-Intensive Service Expansion', in Wren, Anne (ed.) *The Political Economy of the Service Transition*, Oxford: Oxford University Press.

著者略歴
2009年　東京大学大学院総合文化研究科博士課程 単位取得退学
2009年　成蹊大学法学部 助教
2010年　成蹊大学法学部 准教授
2012年　成蹊大学法学部 教授
2013年　ケンブリッジ大学政治国際関係学部 客員研究員
2014年　欧州大学院ロベルト・シューマン・センター 客員研究員
現　在　成蹊大学法学部教授。学術博士。

主要業績
『保守の比較政治学——欧州・日本の保守政党とポピュリズム』
（共著，岩波書店，2016年）
『野党とは何か——組織改革と政権交代の比較政治』
（共著，ミネルヴァ書房，2015年）
『グローバリゼーションと福祉国家』（共著，明石書店，2012年）
『平等と効率の福祉革命——新しい女性の役割』
（G. エスピン－アンデルセン著，共訳，岩波書店，2011年）

政権交代の政治力学
イギリス労働党の軌跡　1994-2010

2018年 2月23日　初　版

［検印廃止］

著　者　今井貴子《いまいたかこ》

発行所　一般財団法人　東京大学出版会
代表者　吉見俊哉
153-0041 東京都目黒区駒場4-5-29
電話 03-6407-1069　Fax 03-6407-1991
振替 00160-6-59964　http://www.utp.or.jp/

組　版　有限会社プログレス
印刷所　株式会社ヒライ
製本所　誠製本株式会社

ISBN 978-4-13-036267-2　Printed in Japan

高橋進・大串和雄・城山英明編〈政治空間の変容と政策革新〉全6巻

1 城山英明・大串和雄編 政策革新の理論 四五〇〇円

2 平島健司編 国境を越える政策実験・EU 四五〇〇円

3 森田朗・田口一博・金井利之編 分権改革の動態 四五〇〇円

4 高橋進・安井宏樹編 政権交代と民主主義 四五〇〇円

5 S.ポプキン・蒲島郁夫・谷口将紀編 メディアが変える政治 四五〇〇円

6 城山英明編 科学技術のポリティクス 四五〇〇円

ここに表示された価格は本体価格です．ご購入の際には消費税が加算されますのでご了承下さい．